AN ILLUSTRATED ENCYCLOPEDIA OF MILITARY UNIFORMS OF THE 19TH CENTURY

争 霸 战 争、 统 一 战 争

十九世纪
军服、徽标、武器图解百科

克里米亚战争、德意志与意大利的统一、美国南北战争、
布尔战争、殖民战争

一部军服专业指南，超过500幅各国军人彩色绘图、战斗场景图与珍贵历史照片，
以纯粹、多元的军服角度，审视19世纪的世界战争

【英】迪格比·史密斯 著　　北府组 刘萌 译
杰里米·布莱克（大英帝国勋章获得者）　刘晓 顾问

吉林文史出版社
JILINWENSHICHUBANSHE

目录

AN ILLUSTRATED ENCYCLOPEDIA OF MILITARY
UNIFORMS OF THE 19TH CENTURY by Digby Smith

中文简体字版权专有权属吉林文史出版社所有
吉林省版权局著作权登记图字：07-2019-0044

图书在版编目（CIP）数据

争霸战争、统一战争：十九世纪军服、徽标、武器
图解百科 /（英）迪格比·史密斯著；北府组，刘萌译
. -- 长春：吉林文史出版社，2019.12
 ISBN 978-7-5472-6345-7

 I.①争… II.①迪…②北…③刘… III.①战争史
－史料－世界－图集 IV.①E19-64

中国版本图书馆CIP数据核字(2019)第274024号

ZHENGBA ZHANZHENG、TONGYI ZHANZHENG：
SHIJIU SHIJI JUNFU、HUIBIAO、WUQI TUJIE BAIKE

争霸战争、统一战争：
十九世纪军服、徽标、武器图解百科

著 /【英】迪格比·史密斯 译 / 北府组 刘萌
责任编辑 / 吴枫 特约编辑 / 朱章凤
装帧设计 / 王涛
策划制作 / 指文图书 出版发行 / 吉林文史出版社
地址 / 长春市福祉大路5788号 邮编 / 130117
印刷 / 重庆长虹印务有限公司
版次 / 2019年12月第1版 2019年12月第1次印刷
开本 / 889mm×1194mm 1/16
印张 / 15.75 字数 / 335千
书号 / ISBN 978-7-5472-6345-7
定价 / 169.80元

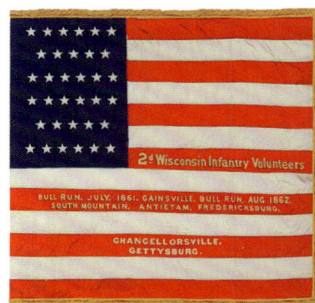

AN ILLUSTRATED ENCYCLOPEDIA OF MILITARY
UNIFORMS OF THE 19TH CENTURY

争霸战争、统一战争

十九世纪
军服、徽标、武器图解百科

克里米亚战争、德意志与意大利的统一、美国南北战争、
布尔战争、殖民战争

19 世纪的战争

　　19世纪是一个属于帝国主义、革命与内战的时代,最终,以旧秩序的衰落和新势力的崛起宣告落幕。这个世纪见证了海陆军武器技术的突飞猛进,如德国毛瑟步枪的巨大发展、无烟火药与加特林机枪的发明、终结木质战船的轰击炮(shell gun)的问世。武器装备的日新月异带来了战争战术与军服的彻底变革。装备新式武器的一方占据的优势,很快就随着另一方获得同样的武器荡然无存,火炮轰击与掘壕固守逐渐取代了刺刀见红的搏斗。军服设计的目的曾是最大限度地展示军威、震慑敌人与远距离识别敌我,而到了19世纪末,则转变为掩护、伪装甚至隐藏部队。

▲19世纪末,军服的颜色已发展到可以与地面融为一体。如1900年天津之战中,八国联军就身着实用的低饱和哑光军装。

◀1854年,第4禁卫龙骑兵团在伦敦街头集结,即将出征克里米亚。19世纪中叶的军服与拿破仑时代的一样,色彩鲜艳、绚丽夺目,这是为了在硝烟弥漫的战场上有着高识别度。

克里米亚战争

从1815年拿破仑战争结束到1854年克里米亚战争爆发，欧洲大陆总体上处于和平状态，没有爆发重大战争。但欧洲列强们的军队并非闲得无事，而是忙于应付小规模冲突与革命运动。众所周知，当时的欧洲爆发了两场重大革命。

1830年，法国爆发七月革命，一劳永逸地推翻了波旁王朝，将路易－菲利普（Louis-Philippe）送上王位。

其后爆发的欧洲1848年革命，影响更为广泛，对原有的统治秩序更具威胁。法国和普鲁士为之震动，前者君主制被推翻，法兰西第二共和国取而代之，奥匈帝国（Austro-Hungarian Empire）内部则变得涛澜汹涌，风云开阖。此外，意大利南部和北部也分别打响了反抗那不勒斯波旁王室和奥地利统治的斗争。

欧陆列强之争

1848年——这一革命引爆之年结束后，欧洲列强试图再次展现它们的力量。

▼ 拿破仑一世之侄——拿破仑三世，他的统治终结于一场颇具纪念意义的军事失败。他的伯父若是泉下有知，定会难以安息。

▲ 俄国沙皇尼古拉一世，他是个保守、集权的专制君主。俄罗斯帝国在其驾崩前夕达到了国力与疆域的巅峰。

俄国一直热衷于扩大其影响力和疆土，但新一轮的扩张使它再次卷入了和老冤家奥斯曼帝国的冲突当中。然而，克里米亚战争爆发的主因，是法、俄之间长久以来为国威而不断升级的矛盾到了爆发的边缘。法国当时处于拿破仑三世（拿破仑的侄子）治下，他重建了法兰西帝国（称"法兰西第二帝国"，以致敬他的伯父）。法、俄两大帝国的君主——拿破仑三世与尼古拉一世，在外交辞令上的火药味是愈来愈浓。

尼古拉一世企图侵占奥斯曼帝国的领土。英、法为维持大陆均势，打消俄国吞并巴尔干半岛的野心，对国弱势衰的奥斯曼伸出了援手。各国曾运用外交手段来避免发生武装冲突，如奥地利方面主办维也纳会谈等；但当俄方派军入侵摩尔达维亚、瓦拉几亚两公国时，奥斯曼帝国自恃有英法襄助，最终决定派兵抵抗。1853年10月，奥斯曼帝国对俄宣战，英法两国的舆论界皆表示了对奥斯曼的同情。1854年3月，法国向俄国宣战，英国不久后也加入了战团。1855年1月，撒丁王国同样加入到联军一方。

行政管理和军事上的失败

克里米亚战争以参战各方拙劣的指

▼ 1854年3月28日，担任中将的乔治·布朗爵士与他的参谋们。双角帽看起来与环境有些不搭调，尤其是夹在数顶军便帽之中。布朗将军参加过拿破仑战争，他在克里米亚之战中奉命指挥轻步兵师。

挥调遣而在军事史上闻名。尽管向克里米亚输送军队、物资和装备的过程（包括运输和登陆）相当顺利，但战争的准备方式已经过时，因而效率十分低下。这场战争本质上由一系列谬误、管理不当、愚蠢的军事指挥构成。其中统御得最好的军队应属法军，但他们所表现出的巨大缺陷也是显而易见的。各支军队的组织架构亟须改弦易张。

克里米亚战争期间，部队生活和战斗条件非常艰苦，疾病肆虐军中。此外，由于欧洲大陆已有40年没有爆发大战事，一些必备的战术尚未被军队掌握。如史所载，联军最终击败了俄国人，将这场军事灾难作为"加冕大礼"献给新任沙皇亚历山大二世（尼古拉一世驾崩于1855年3月）。在这场战争中，最让人刻骨铭心的一幕发生在巴拉克拉瓦之战

▲ *1854年9月20日，阿尔玛之战（battle of Alma）中的英国第23皇家威尔士燧发枪手团。是役，隶属于该团的卢克·奥康纳中士因作战英勇获得了维多利亚十字勋章。*

（Battle of Balaclava），英军轻骑兵如飞蛾扑火般向俄军发起了死亡冲锋，而这是由英军指挥官下达的错误指令造成的。

▼ *1854年10月25日，从死亡冲锋中归来的英国轻骑兵旅的幸存者。*

德意志与意大利的统一

18世纪末的德意志和意大利，处于邦国林立的分裂状态。在德意志，有不下于300个独立王国、侯国、公国、主教辖区以及自由市。拿破仑·波拿巴为改善这种情况做出了不少努力，他将不同的领土整合为规模更大的邦国，但此举在德意志与意大利引发了不少争端。

合并德意志各邦国

尽管德意志人有着相同的文化和语言，但各政治实体之间却各有所图。纵观欧洲历史，德意志人总是不免自相戕贼。1814—1815年，反法同盟领袖会于维也纳，共商殖民地与领土的"归还"问题（实际上就是瓜分拿破仑帝国），并在某种程度上企图将欧洲恢复到1789年时的版图。然而，数十年间欧罗巴的格局早已风起云涌，想要完成这项守旧的任务殊非易事。

根据维也纳会议的决断，大量德意志邦国被合并，普鲁士借此机会将德意志西部与萨克森的半数领土收入囊中。奥、普两国都想借法国战败分一杯羹，夺取觊觎已久的德意志地区的控制权。从表面上看，普鲁士获利最大，并最终在这场竞争中占据了上风。经过一系列战争，普鲁士巩固了对邻邦的控制，同时削弱了与之竞争的德意志诸邦，包括奥地利在内的影响力，后者在欧洲1848年革命中遭受重创。挫败对手的普鲁士开始更加自如地维护其霸权。1862年随着奥托·冯·俾斯麦就任首相，普鲁士在短短几年内完成了统一德意志的大业。普鲁士先是在第二次普丹战争（第一次是在1848年）中获胜，而后于1866年大败奥地利及其盟友，接着又在1870年送给法国耻辱性的一败。

俾斯麦通过战争与谨慎的外交实现

了统一德意志的目标。普鲁士首相"策划"了对弱敌丹麦、奥地利以及最后对法的三场成功的战争。这些胜利将德意志置于普鲁士的统治之下，最终成就了德意志帝国：1871年临近普法战争尾声时，德意志皇帝在凡尔赛加冕。德意志各邦国，除却奥地利，皆臣服于普鲁士，自此以后，这个统一的国家便以德意志帝国（又称"德意志第二帝国"）之名立足于欧洲。

意大利的统一

自罗马帝国覆灭以来，意大利便不再是一个统一的政治实体，而成了一个地理概念。文艺复兴时期，意大利诸邦之间不是纷争不休，就是屈服于国外强权。拿破仑曾将亚平宁半岛分为北南两部——北为总督治下的意大利王国、南为那不勒斯，但没能带来许多现代意大利人所希

▼ 1870年9月，奥托·冯·俾斯麦亲王在巴黎。俾斯麦想要炮轰巴黎以迫使法国投降，但这个提议被否决了。

▶ 那不勒斯国王约阿希姆·缪拉，1805—1815年在位。缪拉从拿破仑的长兄——约瑟夫·波拿巴手中接过了王座。

冀的一个统一的、独立的国家。1814年，拿破仑的倒台让奥地利再次执掌北意大利，意大利独立的希望只能靠秘密社团与暗中密谋苟延残喘。曾在拿破仑战争时期流亡撒丁岛的萨伏依王室（撒丁王国的统治者），趁波旁王室返回那不勒斯之际夺取了皮埃蒙特与热那亚。

尽管一直受挫，但意大利人从未放弃对统一的追求。受1830年与1848年革命的鼓舞，他们对统一的渴望演变成了政治运动。但在某种程度上，这股政治潮流受到了自视为统一意大利理所当然的领导者——萨伏依王室的操纵。王室在法国的支持下于1859年对奥宣战，并在战后吞并了不少公国，如托斯卡纳、

帕尔马及摩德纳等。

意大利爱国军人朱塞佩·加里波第（Giuseppe Garibaldi）忠于统一意大利的理想，为这一目标鞠躬尽瘁。他率领1000名红衫志愿军登陆西西里，击败了那不勒斯军队，并成功联合撒丁王国。在撒丁王国和加里波第的努力下，统一的意大利王国最终于1861年宣告成立。随后，威尼斯以及罗马也被其陆续吞并。

▶朱塞佩·马志尼（Giuseppe Mazzini）是一位意大利爱国者。他信奉民主主义，一直为推翻君主制而努力着。

▼1859年3月，奥军从伦巴第渡过明乔河，进入位于皮埃蒙特的塞斯托卡伦代（Sesto Calende），此举让法国有借口参战支援皮埃蒙特。

▲在1871年1月16日的舍那比耶之战（battle of Chenebier）中，法军阵中的卡拉永－拉图尔（Carayon-Latour）少校带领他的营试图冲破普鲁士人对巴黎的围攻。

美国南北战争

诸多原因导致了1861年4月美国内战的爆发，例如各州主权、税收、经济、奴隶制以及美国宪法的释读等问题，但从表面上看，南北双方在奴隶制上的巨大分歧是这场战争的幕后推手。

美国的西进运动引发了若干问题，如怎么处置北美原住民？在新开拓的土地上建立的州，应当成为蓄奴州还是自由州？南方的蓄奴州感到他们的生活方式遭到了威胁，因为一旦新立州以自由州的身份加入联邦，主张废奴的北方资本主义势力就会在国会中占据优势，并有能力通过废除奴隶制的法律，南方的财富与种植园经济都会为此付之东流。在南方农业经济中，棉花的地位如同国王一般，但南方九成的财富却只集中在一成人的手中。

国会就新成立的州是否加入联邦展开了激烈争论，最终达成妥协：每有一个自由州加入联邦，就必须建立一个蓄奴州。但废奴运动在北方的兴起，仍进一步激化了南北双方的矛盾。

反奴隶制起义

19世纪50年代，用暴力解决奴隶制问题的思潮在堪萨斯州广为流传。废奴主义者约翰·布朗与他的追随者谋划了一场奴隶起义。他们突袭了弗吉尼亚州

▼ 约翰·布朗是一个激进的废奴主义者，他选择用自发的、暴力的方式与奴隶制做斗争，这也促使了19世纪50年代堪萨斯流血事件的爆发。

▲ 1863年的葛底斯堡之战（Battle of Gettysburg）堪称北美大陆规模最大的会战，它同时也是美国南北战争的转折点。遭遇这一决定性的失败后，罗伯特·E.李麾下的北弗吉尼亚军团再无力发动持续性攻势。

的哈帕尔斯渡口，以占领政府的军火库，不料被罗伯特·E.李上校（J.E.B.斯图尔特中尉也在他身边）率领一个连的海军陆战队士兵制服。布朗被判处叛国罪，并于1859年执行绞刑。

这场小规模的武装起义将奴隶制问题推向了政坛的风口浪尖，国内舆论呈现出两极分化的趋势。分裂的局面已不可避免，只需一点儿火星就能点燃叛乱的炸药桶。1860年11月，亚伯拉罕·林肯当选总统成了战争的导火索。

联邦

1861年初，南方各州组成美利坚联盟国（即邦联），宣布脱离联邦，因为他们认为新任总统林肯会立即废除奴隶制。

尽管如此，奴隶制并不是1861年大多数年轻人应征入伍的主因，即使它给美国带来了诸多麻烦。

北方青年纷纷参军入伍，为了"旧旗帜"和保卫联邦而战。而一般南方人则是为了保护自己的权利和土地免遭北方人侵犯而战。约九成南方白人虽不蓄奴却无疑认可了奴隶制，但他们并不热衷于保卫蓄奴制度。直到1862年9月李将军在安提塔姆之战中败北，导致邦联第一次北侵宣告失败，林肯总统借机于1863年初宣布《解放黑人奴隶宣言》正式生效，奴隶制才一跃成为战争的主要关注点。

邦联

1862年末至1863年初，南方诸州又面临一大政治难题，即林肯决定在联邦军队中组建黑人军团。这些军团由被解放（或是征服，这取决于你的观点）的南方土地上释放的黑奴组成，希金森的南卡罗来纳第1志愿步兵团便是一例。由北方的黑人自由民构成的军团又是另一回事了，如在马萨诸塞州组建的著名的马萨诸塞第54志愿步兵团，由年轻的罗伯特·古尔德·萧上校指挥。这些黑人

▲攻城重炮在南北战争中发挥了举足轻重的作用——无论是防御还是进攻阵地，如1862年的夏洛之战（Battle of Shiloh），攻城炮就被用来加固防御阵地。

军团由自愿加入的白人老兵担任军官。

对此，南方邦联通过了一项法律，规定：（南方获胜后）凡是拿起武器的黑人战后必须重新为奴，即使他之前是自由人也不例外；此外，在战争中，任何联邦的白人军官俘虏皆可以被处决。怒不可遏的林肯对此回应道：如果他的任一士兵被敌方处决，他会以处死一个相应军衔的南方俘虏作为报复。邦联国会得知后，迅速撤销了此前的决策。

一场持久、血腥的战争将为南北之间漫长而艰苦的斗争画上句号，这是美国经历过的最严酷的考验。

◀1862年的华盛顿附近，宾夕法尼亚第31步兵团的一名联邦士兵与他的眷属和家当被安置在简陋的斯洛克姆军营中。

英军在南非的征战

1814年，荷兰将其在南非的殖民地转交给了英国，当地部分拥护荷兰统治的人为此心存芥蒂。1814年后，这些阿非利坎人（即布尔人，他们中不少是荷兰人的后裔）发觉自己逐渐被英国移民排挤并被边缘化。许多灰心丧气的布尔人开始向北移民，史称"大迁徙"。他们在渡过奥兰治河后遭遇了当地的祖鲁人，并于1838年击败他们，进入纳塔尔，建立起布尔共和国。

然而到1843年时，布尔共和国因内部动荡，被英国趁机一举吞并，大量布尔人只得移民到德兰士瓦。1845—1848年，随着"帝国进军"的步伐持续向北拓展，英国人再次进入布尔人的统治范围，双方冲突不断升级，并交上了火。

▼ 1879年1月22日爆发的伊散德尔瓦纳之战，是祖鲁武士们取得的一次压倒性胜利。英军参战部队的覆灭令维多利亚时代的英国举国震惊。

祖鲁人战败

1852年，英国政府承认德兰士瓦独立，两年后又承认了奥兰治自由邦。但在1868年，巴苏陀兰被英国吞并，成为

◀ 在伊散德尔瓦纳之战（Battle of Isandlwana）中，第24步兵团的内维尔中尉和科格希尔中尉试图从祖鲁人手中拯救自己的团旗。

王室的直辖殖民地。英国对布尔人领土的侵犯一直持续到1871年，发掘出金刚石的金伯利也在该年并入英国的开普殖民地（Cape Colony）。翌年，英国政府授予开普殖民地自治权。

1876年，将布尔共和国全部领土与英国殖民地合并为一个联邦的计划失败。一年后，德兰士瓦因为破产和祖鲁人对殖民地的不断威胁而被英国侵占。两年后，英军在布尔人的帮助下向祖鲁人开战并获得了决定性胜利，祖鲁王国支离破碎，国王本人也被俘虏。

第一次布尔战争与德国介入

1880年，布尔人和英国为了德兰士瓦的归属权再动干戈。结果在1881年，

▲ 1895年12月，利安德·斯塔尔博士为了支援起义，领导了一次对德兰士瓦的袭击，但那次起义并没有成功。这场袭击堪称第二次布尔战争的前哨战。

布尔人取得小胜，保罗·克鲁格成为德兰士瓦的总统。不久后，英国政府授予布尔人自治权，但仍控制着德兰士瓦的外交。1884年，德兰士瓦获得了更大限度的自治。与此同时，一个新的殖民强权进入了人们的视野，那就是德意志帝国。

德国的发展与其友善的态度似乎给布尔人提供了一个结交盟友的机会。1884年，德国吞并了非洲西南部，直接对英国在南非的利益造成威胁。翌年，为阻止德国以及布尔人的扩张，英国占领了贝专纳兰，直接导致非洲南部各国关系变得紧张。局势随着1886年德兰士瓦发掘出金矿进一步恶化，英国以及其他国家的人涌入该地区，这引起了布尔人的恐慌。

英国相继侵占祖鲁兰（1887年）、圣卢西亚湾（1884年）、蓬多兰（1893年）、汤加兰（1895年），将开普殖民地与纳塔尔的领土连接起来，以阻止德兰士瓦的扩张，并挫败他们获得印度洋出海口的尝试。

第二次布尔战争

英国将新近占领的马塔贝莱兰和马绍纳兰合并为一个新的殖民地——罗德西亚。1896年，英国人詹姆森对德兰士瓦的袭击使得战争一触即发。尽管袭击被布尔人挫败，但紧张的局势没有得到丝毫缓和。1897年，德兰士瓦与奥兰治自由邦签订条约成为军事同盟，前者开始整军备战。

1899年，布尔人与英方谈判破裂后，1万名英国士兵被派往南非。德兰士瓦与奥兰治自由邦展开了战争动员，保罗·克鲁格总统向英国政府发出最后通牒，要求英国停止向南非增兵，遭到英方拒绝。一场布尔人与英国人之间为期三年的恶战爆发了，布尔人最后虽然战败，但给英国造成了许多耻辱性的军事失败。

▼ 罗伯茨勋爵是英国维多利亚女王统治末期的杰出将领，屡打胜仗。这幅颇具风格的画作展示了当时的英军制服。

东方与西方的殖民战争

在欧洲历史的分水岭——1789年法国大革命前，绝大多数欧洲列强都拥有殖民地。革命引发的战争结束后，他们对夺取剩余殖民地的渴望是有增无减。

西班牙在美洲建立的殖民帝国领土不断缩水，而美国从西班牙的衰落中获利良多，接手菲律宾便是好处之一。与此同时，葡萄牙对其殖民帝国的控制力也在逐渐减弱，其他欧洲国家，包括比利时（已沿刚果建立了殖民地），将之视为可以瓜分其殖民地的良机。葡萄牙的非洲殖民帝国最终磕磕绊绊挺进到了20世纪，得益于其对第一次世界大战的贡献，它最终保留了在非洲的部分殖民地。

1900年时，已无多少地区尚未被欧陆列强染指。几乎整个非洲都臣服于欧洲的统治之下，亚洲大部分地区也难逃相同的命运。

▶这幅颇具风格的肖像画描绘了印度民族大起义期间，弗雷德里克·艾克曼（Frederick Aikman）中尉在围攻勒克瑙一战中荣获维多利亚十字勋章的事迹。

▲维多利亚女王，大不列颠及爱尔兰联合王国的统治者，于1876年5月成为第一位印度女皇。

英国

大不列颠是当时世界上头号经济强国，它不仅在对抗拿破仑的战争中获益良多，更在非、亚两洲的殖民事业上取得了非凡的成就。19世纪的英国大肆开疆拓土，最终建立起了"日不落帝国"。在这段时期，印度逐渐被英国控制，为此英国与进壤广地的俄国数起摩擦，阿富汗及波斯则被夹在这两大霸权之间。此外，英国还在非洲展土开疆，不仅直接与欧洲国家展开竞争，如参加在柏林召开的臭名昭著的瓜分非洲会议；还对不愿服从伦敦统治的殖民者及原住民领袖进行弹压。从大不列颠岛整装待发的红衣军、由殖民地居民组建的志愿军团、征召原住民组成的原住民军团以及从海外领土招募的军队——如加拿大及澳大利亚的志愿军（曾被派往南非与布尔人交战），共同构成了英国的战争机器。

法国

为了与英国竞争，同时阻止其他国家扩张，法国同样将目光放在了海外的新世界，积极开展殖民事业。法国人最终在东亚和非洲建立起了殖民地。这一过程始于1830年远征军开赴北非打击肆虐的海盗，此次行动很快便转变为了彻头彻尾的殖民征服活动。法国人随后在西非和亚洲扩张殖民地，控制了一些太平洋岛屿，并于19世纪60年代染指墨西哥。在这些殖民战争中，法军获得了宝贵的经验，法国军事改革家也从中获益不浅。在与北非原住民漫长而艰苦的战斗中，法军不得不采取新的作战方式，同时适应恶劣的作战条件。本土的应征士兵、外籍志愿兵（著名的外籍军团）和原住民部队，帮助法国完成了对阿尔及

利亚、塞内加尔、越南以及部分太平洋岛屿的征服，他们也为法国的其他殖民远征行动做出了贡献。

德国与意大利

同时期的欧洲第三大殖民强权——德国，虽然在1871年完成统一后才较晚地加入殖民竞争，但很快便在东非（第一次世界大战时，这里爆发了不少引人关注的战役）以及太平洋地区占据了有

▲法国人在西半球建立殖民帝国的尝试导致墨西哥爆发了残酷的游击战。

利之地。德国人用欧洲部队担任宪兵，同时也征募原住民部队。

意大利认为建立殖民帝国是赢得国际尊重的前提，因此它于18世纪下半叶进军非洲，但成败参半。

▼法国扶植的马克西米利安皇帝被起义军领袖贝尼托·华雷斯枪决，自此，法国结束了对墨西哥的殖民统治。

▼在美西战争中获胜的美国，不仅赢得了国际地位，还在加勒比海地区建立起了一个小型殖民帝国。

克里米亚战争

　　一开始，克里米亚战争只是俄罗斯与奥斯曼帝国之间多年历史积怨的最新插曲而已，双方之所以诉诸武力，表面上的原因是俄国试图解救奥斯曼帝国境内"处于暴政统治下"的基督徒。然而，英国却从这场冲突中看到了挑战俄罗斯黑海霸权的绝佳机会，法国早有此打算，于是两国结盟。不久后，撒丁王国也与英法联军站在了一起。和大多数战争一样，联军远征克里米亚半岛的行动也是欠缺考虑且计划不周的，尤其是英国军队，在指挥不利和后勤不继的双重困扰之下，整支远征军几乎都遭受了伤亡和疾病的侵袭，甚至一度濒临崩溃。在英国国内，公众对这种浪费士兵生命的行为发出了强烈抗议，这直接导致了政府的垮台。但是，这些不良状况反过来促使弗洛伦斯·南丁格尔（Florence Nightingale）护士创立了现代战地医护准则。此后，在海外作战的英国军队在医疗保障方面有了根本性的改善。

▲ 身穿平民服装的英国驻克里米亚最高指挥官拉格伦勋爵（左）与身穿戎装的奥马尔帕夏（中）和佩利西耶将军（右）形成了鲜明对比。实际上，拉格伦勋爵的指挥经验不如他的奥斯曼和法国同行。

◀ 这是1855年9月8日，法军攻占塞瓦斯托波尔的马拉科夫堡时的情景。在此战中受伤的法国将军皮埃尔－弗朗索瓦－约瑟夫·博斯凯（Pierre-François-Joseph Bosquet）将军正被一具担架抬离战场。

细细的红线

直到1877年，这场冲突才被正式冠以"克里米亚战争"的名头，盖因各方都是在前景未明的情况下被卷入战争的。战争的一方是俄罗斯帝国，另一方则是由奥斯曼帝国、英国、法国以及后来的撒丁王国组成的联军。

帝国之间的竞争

长期以来，英国政界人士一直担心俄罗斯东扩会威胁到他们在印度的统治。这种焦虑近乎偏执，因此他们对任何能阻碍俄国人的行动都持赞同态度。虽然这场战争最终被命名为"克里米亚战争"，但实际上双方的战斗不单单发生在克里米亚半岛，还发生在波罗的海和俄罗斯太平洋沿岸。

毫无疑问，奥斯曼帝国已经成了俄罗斯扩张的最大阻碍，这是由地缘政治决定的。两国在高加索山脉和波斯以东、波斯尼亚、塞尔维亚、摩尔达维亚（译注：这三个地区还有后面的瓦拉几亚当时都是奥斯曼帝国的附庸）的北部边缘，以

▲图为表现锡诺普海战的画作。1853年11月30日，俄罗斯海军分舰队对实力较弱的奥斯曼海军取得了一场压倒性的胜利，这标志着无装甲风帆战舰时代的结束。俄军使用的开花炮弹在这场海战中起到了决定性的作用。

及瓦拉几亚（今罗马尼亚南部）以西等地激烈对抗。俄罗斯沙皇尼古拉一世一直渴望为他的舰队弄到一个温暖地区的海港，这令俄国与奥斯曼帝国发生了正面冲突。于是1853年7月，俄罗斯军队入侵了摩尔达维亚和瓦拉几亚。同年10月5日，奥斯曼帝国向俄罗斯宣战。11月4日，一支奥斯曼军队在奥马尔帕夏（Omar Pasha）的领导下，在布加勒斯特附近的奥尔特尼察（Oltenitsa）击败了一支由米哈伊尔·德米特里耶维奇·戈尔查科夫（Mikhail Dmitrievich Gorchakov）将军率

领的、规模较小的俄罗斯军队。在战场东部，奥斯曼的黑海沿岸，一支俄罗斯海军舰队于1853年11月30日突袭了奥斯曼海军基地锡诺普（Sinope）。在这场海战中，俄军战舰首次在世界范围内将"开花弹"（呈球形，又名"爆破弹"）投入了实战。奥斯曼海军有7艘巡航舰、3艘轻型巡航舰、2艘明轮蒸汽巡航舰和4艘运

▼塞瓦斯托波尔城在被联军围困期间不断遭到炮轰，沦为一片废墟，而俄军部署在此地的海军基地也在陷落之后被联军彻底摧毁。

输帆船停泊在锡诺普，可谓兵力雄厚。但是，它们在俄罗斯海军上将帕维尔·斯捷潘诺维奇·纳希莫夫（Pavel Stepanovich Nakhimov）率领的6艘战列舰、2艘巡航舰和1艘双桅帆船的打击下溃不成军，奥斯曼海军除1艘蒸汽巡航舰侥幸逃脱以外，其余全部战沉或遭受重创。

海战中，俄军共有37人阵亡，奥斯曼军队的阵亡人数则达到了2960人。这一战役宣告了在海洋上横行几百年的木制风帆战舰彻底走向消亡。此后，装备蒸汽动力、装甲以及新型舰炮（使用开花弹）的战舰登上了战争舞台。

英国则从锡诺普海战中意识到：俄国海军或许会成长为一支能与自己相抗衡的海军力量。因此英国决心进行干涉，并站在奥斯曼帝国一方，以消除威胁。1854年3月28日，英国和法国向俄罗斯宣战。1855年1月，撒丁国王（他统治了现代意大利的大部分地区）也加入到了他们的行列。

远征军

英国派遣的远征军包括1个骑兵师、4个步兵师、1个轻装步兵师、60门大炮以及参谋人员和"战地支援"人员，总兵力约27000人。令政府颇感意外的是，这就是当时英军可以派遣的全部力量了。英国远征军的指挥权交给了拉格伦勋爵（Lord Raglan），在此之前，他甚至都没有指挥过超过一个营的军队。

法国远征军由阿尔芒·雅克·勒鲁瓦·德·圣阿尔诺（Armand-Jacques Leroy de Saint Arnaud）元帅指挥，直到他于1854年9月29日在军中去世为止。此后，弗朗索瓦-塞尔坦·康罗贝尔（François- Certain Canrobert，他被其英国盟友称作"那个杂种康罗贝尔"）中将接过了指挥权。与圣阿尔诺一样，康罗贝尔在北非的殖民战争中拥有非常杰出的服役记录。最初，法国远征军拥有2万名步兵、72门大炮；土耳其人则贡献了7000名步兵和少量大炮，但没有骑兵。这些部队要面对俄军的33000名步兵、

3400名骑兵和120门野战炮。

1854年5月31日，联军在黑海沿岸的瓦尔纳（Varna，位于今保加利亚）登陆，首要作战目标是赶走驻扎在此地的俄军部队。自知抵御不住的俄军，迅速从瓦尔纳撤走了。此后，直到当年9月5日，联军都一直逗留在此处，他们一边思考究竟该从何处着手打败俄国，一边把瓦尔纳及附近区域的粮食吃了个精光。最终，联军决定攻占位于克里米亚半岛西侧的塞瓦斯托波尔（Sevastopol），这是俄罗斯最重要的海军基地。9月24日，联军在距离目标以北40公里（25英里）的卡拉米塔湾（Kalamita Bay）登陆，所幸的是登陆过程中没有遭遇俄军。

在其他区域，战争也在如火如荼地进行着。1854年6月26日，一支英法联

▲事实上，存在很多记录克里米亚战争的战地照片。图中这张联军营地照片，就拍摄于1855年的一个温暖晴天。

合舰队在波罗的海展开了行动，他们不但前出至俄国首都圣彼得堡附近海域，还封锁了其位于喀琅施塔得（Kronstadt）的海军基地。8月21日，一支英国皇家海军分舰队炮轰了俄国海军位于白海的基地——科拉港（Kola，即现在的摩尔曼斯克）。1854年8月下旬，另一支英法联合舰队袭击了俄国位于堪察加半岛东南侧的海军基地——彼得罗巴浦洛夫斯克（Petropavlovsk），但这次行动是一次彻底的失败，共有209名联军将士在行动中丧生，而俄军只损失了115人。之后，联军结束了在太平洋的行动。

◀这是1854年，英军服务于乔治·布朗（George Brown）中将的3位参谋人员的一张合影。参谋人员的战场生活相对舒适，物资充足，与困窘不堪的士兵相比，生活条件大不相同。

克里米亚的日常生活

以我们现在的标准来看，1854年所有参战军队的服役生活都是极为严苛的，但相比当时的工人阶级而言，参军往往比作为平民在工厂里埋头干活拥有更大的上升空间，因此也相当具有吸引力。

英国军队

这是英军士兵过分注重整洁和闪亮仪容的时代：他们有许多纽扣和徽章需要擦亮，靴子要擦得铮明瓦亮，皮带要刷得洁白无瑕，营房也要保持一尘不染。除此之外，英国士兵不仅每天都要交替进行例行训练与疲惫不堪的列队行军，还要承担警卫职责，再加上步枪射击训练（pokey drill），于是一周七天从起床到熄灯都忙个不停。

战场上的士兵在生活中还要面对另外一种威胁——恶毒的老兵不会放过任何一个检举其"犯罪"的机会，哪怕是极轻微的过错。连长们每天都要召开"法庭"来处理这类"违法行为"，并给予士兵们轻微的惩罚，比如关禁闭、增加额外的队列训练或服劳役等。更严重的罪行交由少尉至上校级别的军官处理，若他们认为合适，就会施以更为严厉的处罚。如果士兵们真正犯下了严重的罪行，

▼ 1830年，待在营房的英军第60来复枪团（国王的皇家来复枪团）的士兵。

▲ 1855年，詹姆斯·巴克纳尔·埃斯特科特（James Bucknall Estcourt）少将和他的幕僚。除了身穿大衣的参谋人员之外，我们还可以在照片左侧看到一位来自掷弹兵或轻步兵连的军官，其肩部配有翼状肩章。

他们将会被移交给军事法庭处理。军事法庭所实施的惩罚包括在军事监狱中监禁数年，而在极端情况下，甚至会处以鞭刑乃至死刑。

英国的保守主义

备受尊敬的惠灵顿（Wellington）公爵虽然已于1852年去世，但他的思想和学说仍然主导着1854年的英国军队。尽管此时英军使用的武器装备已经不再与1815年滑铁卢战役时的完全相同，但后膛装弹的线膛步枪要到1867年才会出现，因此克里米亚战争爆发时，英军步兵和骑兵的战术并没有明显进步。

当时，英军陆军除了装备有老式的"布朗·贝斯"P1842式击发滑膛步枪之外，还刚刚投入使用了两种新型线膛步枪，即"米涅"P1851式击发线膛步枪（由法国上尉克劳德－艾蒂安·米涅发明于1849年）和"恩菲尔德"P1853式击发线膛步枪（口径为0.577英寸）。与传统的布朗·贝斯步枪一样，这两种新型击发

线膛步枪也是从枪口装填子弹的。1854年，英国军方特地为这些新武器印制了一本训练手册。但把这三种步枪都送到克里米亚前线，弹药补给就变得复杂了起来。就英军士兵的个人装具而言，自滑铁卢战役以来变化很小。但英军士兵头戴的沙科筒帽（shako）的形状却发生了些许改变，克里米亚战争时期的英军筒帽是前后都有帽舌的。另外，虽然英军士兵仍然在交叉式斜肩带上悬挂弹药包、佩剑和刺刀，但已经用较长的深蓝色长裤取代了英格兰和苏格兰低地军团原先使用的白色马裤和长鞋罩。此时，英军步兵团成员仍然穿着一件红色军服，其正面都配有代表该团的花边。英军骑兵和高地军团的军服配饰也与拿破仑战争时期相差无几。然而这些华而不实的

▲ 法国皮埃尔·博斯凯将军（1810—1861）和丹皮埃尔上尉在塞瓦斯托波尔城外扎营时的情景。

▲ 在1854年11月5日的英克曼之战（Battle of Inkermann）中，英军的乔治·卡斯卡特中将正率领部下对俄军阵地发起一次英勇进攻。

军服已不足以应对战争的磨损和恶劣的气候条件了。

不堪重负的供应和后勤系统加剧了前线部队的苦难。媒体最终向英国公众曝光了军队遭受的可怕境遇。在英国国内，每个人都被激怒了。国会反对党议员亨利·德拉蒙德（Henry Drummond）在一场关于政府战争行为的辩论中说道：

前线正在发生一场灾难，我把这归咎于一些人的无能。历史上从未有过这样的先例，一支连续赢得三次胜利的军队，却因为支持它的那些人的无能而走向灭亡——走向被彻底摧毁的境地。

1855年1月23日，英国阿伯丁（Aberdeen）勋爵政府因为上述丑闻而倒台。

其他联军部队

法国是英国在这场冲突中的主要盟友，自1815年以来，法军一直在北非作战。这些宝贵经验为他们在克里米亚的战斗提供了很多帮助，而这恰恰是英军不具备的。法国将帝国禁卫军、线列步兵和骑兵派往克里米亚，这些部队全都表现良好，特别是法国的非洲军团，具有很强的战斗力。

克里米亚战争爆发之前，奥斯曼帝国军队刚刚经历了一系列不受欢迎的改革，奥斯曼苏丹马哈茂德（Mahmud）二世试图通过改革将他的部队打造成一支更现代化、更欧洲化的军队。到克里米亚战争时期，这些改革已基本被奥斯曼军队接受了，土军在高加索战线的恶劣条件下仍然表现良好，取得了一定的战果。

出于种种政治方面的考虑，撒丁王国选择在战争的最后阶段介入，派遣1万人加入联军一方。这些部队于1855年1月及时抵达战场，正好赶上联军围攻塞瓦斯托波尔的战斗。

沙俄军队

克里米亚战争是促成俄国于1861年废除农奴制的一个重要因素：沙皇亚历山大二世（Alexander II）看到俄国那些由农奴组成的军队被英法两国的自由人所击败，认为解放农奴势在必行。克里米亚战争的失败还促使俄军在战后进行军事训练和武器装备方面的改革。就克里米亚战争而言，俄军中充斥着大量仓促招募来的、缺乏训练的应征士兵，因而伤亡非常惨重。

▼ 联军营地里的帐篷和驮着背包的骡子显示，这张照片拍摄于1844年那个可怕的冬天之后，当时联军士兵正在泥泞的棚屋和宿营地中忍受饥饿和寒冷的折磨。

英国指挥官和参谋人员

早在1805年，法国陆军和海军就为从士兵到将军乃至元帅的所有衔级都设立了明确的军衔等级标志，而英军却在制服徽标方面远远落后了。

将军

从1810年起，英国的将军和校级军官（少校及以上）才开始佩戴军衔等级标志，但具体军衔仍然只能靠制服、腰带和剑柄花结上的刺绣质量来分辨。

参加阅兵式或身穿宫廷制服时，将军们通常头戴一顶配有黑色帽徽、金色帽针以及红色与白色羽毛装饰的双角帽（bicorn）。同时，将军们身上穿着一套配有深蓝色饰带的红色上衣，衣服上带有金色的纽扣和贴边（facing），还配有带流苏的金色肩章。在英军中，将军佩戴的军衔等级标志最初是金色的V形臂章，这些V形臂章指向下方，位于袖子下部。其中，陆军元帅佩戴6枚等距间隔的V形臂章；上将佩戴4枚；中将同样佩戴6枚V形臂章，但分为两组；少将佩戴两组共4枚V形臂章；准将在袖口佩戴1枚V形臂章，并在前臂佩戴另外2枚。

参谋军官

将军的副官们所穿的制服与将军制服相似，但左肩不佩戴肩章，而是佩戴一条金色的饰绪。

通常，英军的参谋军官们穿着一件红色上衣，配蓝色饰带，但制服的纽扣、贴边和肩章均为银色，左肩上还佩戴着一条银色的饰绪。最初，军部为将军们设计的专属徽章包括互相交叉的军刀和指挥棒的图案，有时还配有星星和皇冠的图案。

军衔等级标志

正如剑桥公爵乔治亲王的骑马画像所展示的那样，将军们的肩章和鞍褥（马鞍衬垫）上都标有军衔等级标志。乔治亲王于1854年晋升为中将，在画像中，他的鞍褥上带有皇冠、交叉的军刀和指挥棒，以及巴斯勋章星章的标志。除了典型的红色上衣之外，英军的军官们还可以穿着一件朴素得多的深蓝色双排扣军常服，这种上衣配有及膝的下摆，它没有贴边，也没有军衔等级标志。双排扣军常服通常搭配一顶深蓝色的帽子，这种帽子上有黑色的帽舌，帽墙上缠着一条金色刺绣的帽带，帽顶还配有纽扣。英军的将军们通常系着一条金色和深红色相间的腰带，配着剑带和马穆鲁克式军刀（军刀上系有金色和深红色相间的剑绳和剑结）。

在恶劣的天气条件下，将军

▶ *陆军中将剑桥公爵，1854年*。剑桥公爵是一名陆军将军，他曾于1856—1895年担任英国陆军总司令。在克里米亚战争期间，他负责指挥位于战场东部的英军第1步兵师（下辖禁卫旅和高地旅）。剑桥公爵还曾参加过阿尔玛战役。图中的剑桥公爵身穿一件礼服，佩戴着嘉德勋章。他的鞍褥上还配有自己的军衔等级徽章。

们还可以增添一件深蓝色的船用大衣。这种大衣在克里米亚战争期间受到了各级军官的热烈欢迎。1855年，英军为低级军官引入了军衔等级标志，包括佩戴在衣领上的银色皇冠和星星。这里所说的"星星"通常指巴斯勋章星章的图案，但也有一些例外。例如，禁卫部队的军官们佩戴的"星星"是嘉德勋章星章（第3禁卫步兵团或被称为"苏格兰禁卫步兵团"，佩戴的是蓟花勋章星章）。在英军中，一名少尉在衣领上佩戴一颗星星；中尉在衣领上佩戴一顶皇冠；上尉同时佩戴两者，但皇冠在星星前方。此外，这些尉级军官的袖口上还绣着一条金色条纹，领口和前襟也各绣着一条金色条纹。

校级军官的袖口末端一般绣着两条金色条纹，如果所穿的衣服为三角形袖口，则在袖口折叠部分的顶部、底部和背面都绣上金色刺绣条纹，其制服领口的顶部、底部和前部也都绣有金色刺绣条纹。英军少校、中校和上校的制服，衣领上佩戴着银色的军衔等级标志（分别是星星、皇冠、星星和皇冠同时佩戴）。英军校级军官一般头戴一顶深蓝色的便帽，将军以下军官的便帽上通常没有金色刺绣，但上校便帽的帽舌边缘为金色。

变革

1856年，英军引入了奥地利式的军衔等级标志，此后他们开始在沙科筒帽的帽徽（皇冠）之上加装军衔徽章。其中，连级指挥官的军帽上没有帽带，少校所戴军帽的帽墙上缠着一条金色帽带，中校和上校缠着两条金色帽带。英军军官的军衔等级标志一直佩戴在衣领上，到1880年才转移到了肩章上。从那时起直到1902年，英军上尉在肩章上佩戴两颗星，中尉佩戴一颗星，下级军官的肩章上则什么都没有。克里米亚战争中，英军各步兵团主力连队的军官一般佩戴着一对带有流苏的金色肩章；掷弹兵连和轻步兵连的军官们除了佩戴肩章之外，还在肩章下方佩戴着红色的翼状耸肩，这些翼状耸肩带有金色的花边，甚至用镀金的金属链进行装饰。但是在战争后期，这些翼状耸肩被弃用，进行这种简化的主要原因是：官兵们发现戴着它们睡觉非常不舒服。

◀陆军少将 R. 达克斯爵士，1854年。这位将军穿着一套外表相当随意但非常实用的深蓝色军常服，这种军服在克里米亚战争中很受欢迎。可以通过以下部位来识别其军衔：军帽上的金色帽带、望远镜、金色和深红色相间的饰带和腰带，以及随身携带的弯刀。其镀金的长方形腰带扣上配有皇室纹章的图案。注意他携带的棕色皮革望远镜盒为圆柱形。

▲陆军少将 JL. 彭尼法瑟，1854年。彭尼法瑟将军在第2步兵师指挥一个旅，并在英克曼战役中指挥该师作战。图中显示的是他身穿一件朴素的军常服时的情景，注意他手臂上还搭着一件船用大衣。另外，英军将军所配的弯刀，其刀柄是由象牙做的，并带有黄金镶边，刀鞘则是镀金的。将军们身穿礼服的时候，头上要戴着一顶华丽的三角帽，上面配有下垂的、上白下红的羽毛帽饰。将军礼服是一件深红色的双排扣短上衣，其上有镶金边的肩章，此外还配有深红色和金色相间的饰带和弯刀刀结，腰上则系着金色的刺绣腰带和装饰性绳结。

英国步兵

直到1854年，英军步兵所穿的制服与1815年滑铁卢战役时相比仍然没有多少进步，克里米亚残酷的冬天将会证明它们与实战要求相去甚远。

英军士兵

来自英格兰和爱尔兰的线列步兵团成员通常头戴沙科筒帽，禁卫步兵戴着一顶熊皮帽，苏格兰步兵团成员则戴着一顶苏格兰无檐帽。在克里米亚战争期间，英军使用的主要是阿尔伯特式沙科筒帽（Albert shako）。这种军帽是1844年推出的，使用黑色毛毡制作，有前后两个帽舌，配有黄铜制作的下颚带固定纽扣（花结）、黑色皮革制成的下颚带，帽顶和位于帽筒底部的帽带也均用皮革制成；此外，筒帽上还配有皇冠图案的帽徽（由黄铜制作）以及代表所属连队兵种的绒球。其中，主力步兵连的绒球颜色为上白下红，掷弹兵连为白色，轻步兵连为绿色。另外，筒帽上还配有该名士兵所在团的团徽。掷弹兵连和轻步兵连成员在筒帽的中间佩戴较小的步兵团番号，其上部还配有手榴弹或猎号图案

▲ 第33步兵团军士长，1854年。图中的军士长将军衔等级标志佩戴在前臂上，采用这种做法的时间非常短暂。注意他头戴的筒帽上配有军官式样的帽徽和下颚带。

◄ 第4步兵团中士，1854年。从图中这位中士筒帽上的白色绒球、手榴弹图案的帽徽以及白色边缘的翼状肩章来看，他应该来自掷弹兵连。

► 第57步兵团二等兵，1854年。图中这位来自米德尔塞克斯郡团的士兵使用了全套行军装备。他随身携带的木制水壶上标有其所在团和连的详细番号。

的徽章。军士长和军官们的筒帽一般不使用绳状的下颚带，而使用由黄铜制成的鳞片状下颚带。1856年，英军对原有的沙科筒帽进行了改进，去掉了后部的帽舌。除了筒帽之外，英军还可以使用一种带有帽舌的深蓝色便帽。其中，普通步兵团成员所戴的便帽上配有黑色的帽带，禁卫军成员使用红色的帽带，苏格兰部队则使用红白相间的帽带。帽带上通常配有所在团的团徽或番号，不过掷弹兵连和轻步兵连配的是手榴弹或猎号徽章。下士和士兵的军便帽上面没有帽舌。

▲冷溪禁卫步兵团军官，1854年。图中这位军官穿着一件阅兵礼服。作为第2禁卫步兵团的成员，他的制服纽扣是成对排列的。他的衣领、肩章、背带上的方形镀金带扣以及制服纽扣上都带有嘉德勋章星章的图案。

英军各步兵团帽徽图案和制服贴边颜色一览表（参与了克里米亚战争的步兵团被打上了星号）

团名	帽徽图案	制服贴边颜色
第1步兵团或"皇家团"*	蓟花勋章和狮身人面像	深蓝
第2（女王的皇家）团	羔羊	深蓝
第3（东肯特）团*	一条龙	浅黄
第4（国王的）团*	英格兰雄狮	深蓝
第5（诺森伯兰郡）燧发枪手团	手榴弹	浅绿
第6（沃里克郡第1）团	被吊袜带围绕的羚羊	蓝
第7（皇家燧发枪手）团*	手榴弹	深蓝
第8（国王团）团	汉诺威白马	深蓝
第9（东诺福克郡）团*	铭文"Britannia"（不列颠尼亚）	黄
第10（北林肯郡）团	狮身人面像	深白
第11（北德文郡）团		林肯绿
第12（东萨福克郡）团	城堡和钥匙	浅黄色
第13（索美塞特夏郡第1）团*	号角、王冠和铭文"JELLALABAD"	蓝
第14（西约克郡）团*	老虎和铭文"INDIA"	浅黄
第15（约克郡东雷丁）团		白
第16（贝德福德郡）团		白
第17（莱斯特郡）团*	老虎和铭文"HINDOOSTAN"	珍珠灰
第18（皇家爱尔兰）*	狮身人面像	深蓝
第19（约克郡北雷丁）团*		草绿
第20（东德文郡）团*		白
第21（皇家苏格兰燧发枪手）团*	手榴弹	深蓝
第22（柴郡）团		浅黄
第23（皇家威尔士燧发枪手）团*	手榴弹	深蓝
第24（沃里克郡第2）团	狮身人面像	柳树绿
第25（国王的边民）团		深蓝
第26（苏格兰）团	星星和花环	暗黄
第27（皇家恩尼斯基伦燧发枪手）团	恩尼斯基伦城堡	浅黄
第28（北格洛斯特郡）团*	狮身人面像，后面还有一顶帽子	嫩黄
第29（乌斯特郡）团		嫩黄
第30（剑桥郡）团*	狮身人面像和铭文"XXX"	白
第31（亨廷顿郡）团*		白
第32（康沃尔郡）团	法国式号角	白
第33（约克郡西雷丁第1）团*	威灵顿公爵的王冠	红
第34（东兰开夏郡）团*		黄
第35（皇家苏赛克斯）团		橙
第36（赫里福郡）团	数字"36"，其上方为字母"FIRM"	柳树绿
第37（北汉普郡）团		黄
第38（斯塔福德郡志愿者）团*	斯塔福德绳结纹章	黄
第39（多塞特郡）团*	城堡和钥匙	柳树绿
第40（索美塞特夏郡第2）团	狮身人面像	浅黄
第41（威尔士团）团*	威尔士亲王纹章冠饰	白
第42（皇家高地团/苏格兰高地警卫）团*	狮身人面像	深蓝
第43（蒙茅斯郡）轻步兵团	号角	白
第44（东埃塞克斯）团*	狮身人面像	紫
第45（诺丁汉郡）团		林肯绿
第46（南德文郡）团*		淡黄
第47（兰开夏郡）团*		白
第48（北安普敦郡）团*		浅黄
第49（赫特福德郡）团*	龙和铭文"CHINA"	深绿
第50（西肯特）团*	数字"50"，其上方有皇冠和雄狮	黑
第51（约克郡西雷丁第2）团	法国式号角	橄榄绿

团名	帽徽图案	制服贴边颜色
第52（牛津郡）团	号角	浅黄
第53（什罗浦郡）团		红
第54（西诺福克）团	狮身人面像和铭文"MARABOUT"	鹦鹉绿
第55（威斯特摩兰郡）团 *	龙和铭文"CHINA"	深绿
第56（西埃塞克斯郡）团 *	城堡和钥匙	紫
第57（西米德尔塞克斯郡）团 *		柠檬黄
第58（拉特兰郡）团	城堡和钥匙	黑
第59（诺丁汉郡第2）团		白
第60（国王的皇家来复枪团）团	马耳他十字	红
第61（南格洛斯特郡）团	狮身人面像	浅黄
第62（威尔特郡）团 *	马耳他十字	浅黄
第63（西萨福克郡）团 *		深绿
第64（北斯塔福德郡）团	斯塔福德绳结纹章	黑
第65（约克郡北雷丁第2）团	老虎和铭文"INDIA"	白
第66（伯克郡）团		深绿
第67（南汉普郡）团	老虎和铭文"INDIA"	淡黄
第68（达拉谟）团 *	号角	深绿
第69（南林肯郡）团		柳树绿
第70（萨里郡）团		深蓝
第71（高地）团 *	法国式号角	浅黄
第72（高地）团 *	蓟花	淡黄
第73团		深蓝
第74（高地）团	圣安德烈勋章星章	黄
第75（高地）团	印度虎	黄
第76团	大象	红
第77（东米德尔塞克斯郡）团 *	威尔士亲王纹章冠饰	黄
第78（高地/罗斯郡的马夫）团	大象	浅黄
第79（卡梅伦高地人）团 *		蓝
第80（斯塔福德郡志愿者）团	斯塔福德绳结纹章	黄
第81（忠诚的林肯志愿者）团		浅黄
第82（威尔士亲王的沃尔）团 *	威尔士亲王纹章冠饰	黄
第83（都柏林郡）团		嫩黄
第84（约克和兰开斯特郡）团	冠状头饰和玫瑰	黄
第85（巴克斯郡志愿者）团	号角	黄
第86（皇家邓恩郡）团	竖琴	嫩黄
第87（皇家爱尔兰燧发枪手）团	手榴弹	深绿
第88（康诺特游骑兵）团 *	竖琴	嫩黄
第89（维多利亚公主的）团 *		黑
第90（佩思郡志愿者）团 *	号角	较深的浅黄
第91（阿盖尔郡）团	圣安德烈勋章星章	白
第92（戈登高地人）团	狮身人面像	黄
第93（萨瑟兰高地人）团 *	蓟花	黄
第94团		深绿
第95（德比郡）团 *		黑
第96（女王的皇家爱尔兰）团		浅黄
第97（阿尔斯特伯爵的）团 *		黑
第98团	龙和铭文"CHINA"	浅黄
第99（拉纳克郡）团		黄
第100（加拿大威尔士亲王）团	威尔士亲王纹章冠饰	蓝
第101（孟加拉第1欧洲燧发枪手）团	手榴弹	蓝
第102（孟加拉第1欧洲燧发枪手）团	手榴弹	深蓝
第103（孟买第1欧洲燧发枪手）团	手榴弹	白
第104（孟加拉第2欧洲燧发枪手）团	手榴弹	深蓝
第105（马德拉斯第2欧洲来复枪）团	法国式军号	浅黄
第106（孟买第2欧洲来复枪）团	法国式军号	白
第107（孟加拉第3欧洲步兵）团		白
第108（马德拉斯第3欧洲步兵）团		淡黄
第109（孟买第3欧洲步兵）团		白
来复枪旅（身穿深绿色制服）	马耳他十字以及号角	黑

步兵团的区分标志

除了一些特例之外，所有英军步兵的帽徽都是由团番号、皇冠和皇室花押组成。1837—1901年，英国皇室花押为"VR"（代表维多利亚女王）。军官们佩戴的帽徽如23—24页表格所示；士官和士兵佩戴的帽徽通常只有所在团的番号。事实上，大多数（但不是全部）英军帽徽都包含团番号的阿拉伯数字和皇冠图案。

此时，英军共有3个禁卫步兵团，他

▼第42步兵团二等兵，1854年。正如图中这名高地士兵所展现的那样，英军在克里米亚的第一个冬天严重准备不足。

◀纽约第7民兵团列兵，1861年。纽约第7民兵团作为一流的游行部队而闻名。1861年，它在第一次紧急召唤中被征召，暂时为政府服务。该团的制服颜色是流行的灰色，灰色在内战初期是南北方军中常见的一种颜色，这使得两军在战场上不好识别出己方或敌方人马。

以州旗、州名或者州座右铭的等稀奇古怪的方式表示的，不一而足。此外，志愿民兵中还有一些极具异国风格的兵团，如祖阿夫部队、猎兵部队。这样的例子还有很多，譬如"蓝衣团""绿衣团""军校学员团"、祖阿夫学员团和步枪团。波士顿就有一支穿红色制服的骑兵部队，而许多制服鲜艳的骑兵队都以欧洲风格的轻骑兵服饰为傲，且通常在与制服配套的帽子上配上夸张的饰品。

观察欧洲风格的制服对美国正规军、志愿军和民兵的影响，就会发现一个有趣的现象：在当时的欧洲，占主导地位的那个国家，其制服也替美国军服的风格定下了基调。

美国内战爆发时，法国被认为是欧洲军事力量最强的国家，这直接影响了美国的军服风格。法国轻步兵和猎兵的制服在美国所有志愿民兵部队中都特别流行。天蓝色和红色的肥腿裤、带各色小绒球的法式高筒军帽、法军平顶帽、军便帽，就是民兵部队有多种风格的军服的证据。尽管深蓝色、灰色和深绿色是主色调，但各类军服的颜色还是相差很大。

志愿民兵

志愿民兵是以小队为单位建立的，规模小的可以组成步兵连或者炮兵组，规模大的可以组成志愿民兵团。志愿民兵里没有民兵旅和民兵师。

尽管有些州已经对志愿民兵的编队、人员分配和制服制定了条例，但这些条例常常被漠视。其部队番号，有用简单的数字表示的，如纽约州步兵团，也有

费城轻骑兵

有一支特别的志愿民兵部队维持了他们一直以来的优良传统，其制服从众多颜色、布料和熊皮衣中脱颖而出。费城轻骑兵队在独立战争前就已经成立了，并且在独立战争中表现勇敢，尽管它只有一个连的实力。内战期间，费城轻骑兵队两次被征召上战场，参与了第一次

▲纽约第12民兵团列兵，1861年。纽约第12民兵团士兵身穿当时流行的法国猎兵风格的军服，具有那一时期法国轻步兵的特征。法国对美国志愿兵和民兵组织的影响非常深远，尽管这些影响会随着战争的持续与战斗部队一起消失。

奔牛河战役和葛底斯堡战役，至今它还作为宾夕法尼亚国民警卫队的一部分而存在。费城轻骑兵凭借自己的效率和敏捷成了一个标杆，即使美国大多数民兵部队都已消失，它还依然存在。

常备军

1861年时，美国军队还非常弱小，且军官们不是缺乏领导经验，就是缺乏率领大部队作战的经历。自1846—1848年的美墨战争结束以来，美国已经很久没有打过全面战争了。虽然仍旧保留着在战斗中组建师级部队的传统，但在美墨战争中统兵的高层指挥官却没能在南北战争中占据主导地位。

学习过程

尽管与邦联军相比，美国联邦军的兵力较为雄厚，达到16000名官兵（1861年1月1日，美国军队的兵力是：1098名军官、15304名应召士兵），但从传统而言，他们并没有为内战的爆发做好准备。按照那个时代的标准，他们不仅太弱小了，而且指挥官中居然没有一个指挥过团级以上的部队。此外，团与团之间根本没有过合作，几乎就没有两个及两个以上

的团在任何重大时间段待在一起过。

双方都没有在军事上做好准备。大部分军队分散在美国西部广阔无垠的土地上，试图牵制、约束平原上那些怀有敌意的部落，并对渴望土地的美国白人蓄意入侵印第安人领地的行为保持警惕。这些部队大部分被召回东部，他们零零星星地进入华盛顿，开始慢慢具备去南

▲**步兵的成套装备，1858年**。图中所示物品乃美国步兵在那个时代的承重装备。1.皮带和背包，这两样东西通过带子连接成为一套用品。2.腰带和刺刀。3.挎包或者背包，包的背面有部队番号。

◀**美国正规军步兵团的军士，1858年**。图中所示的军服是19世纪50年代美国步兵团的军礼服，很明显受了法国的影响，但在内战爆发前不久这种影响就有所改变，尤其是沙科筒帽，变得更有"美国"味。

▶**美国步兵团军官，1858年**。这位军官穿着19世纪50年代中期美国军队规定的制服（帽子变成哈迪帽之前）。这套军服摘去金色肩章和军帽后，就成了步兵在内战时期穿的军服。

方镇压叛军的素质。有些军官确实去了南方，但却加入了邦联军队。作为地地道道的南方人，是忠于自己的家乡，还是忠于服役过很多年的部队，他们犹豫不决。另外一些南方人，如约翰·吉本（有一天，他会获得将军军衔，并且指挥著名的"铁旅"波托马克军团），则忠实于联邦部队，但他的家人却为南方而战。

组织

联邦的步兵部队非常优秀，骑兵团不久也由5个变成6个，但是炮兵部队的情况却非常糟糕。4个（后来是5个）炮兵团下辖的连队很少有完全装备了野战炮或马匹的，而且他们要么是被雇来当步兵的，要么是被配备给沿岸堡垒的。大部分正规军士兵被召回后，作为整支部队的一分子继续服役，或者被提拔为干部，训练那些为了拯救国家而急匆匆决定当志愿者的新兵。退役的军官或者那些已经签字要回来继续服役的退伍军人，则常常跟新来的志愿兵待在一起。

内战爆发后，第5和第9步兵团被留在西部地区，密切关注印第安人，第3炮兵团的部分士兵留下来和他们一起。不久后，美国南卡罗来纳州查尔斯顿港口的萨姆特要塞在邦联的炮击下陷落。联邦政府随之增加了正规军的在编人员。国会投票通过后，军队扩张至19个步兵团、6个骑兵团、5个炮兵团、1个工程营；同时，各类服务部队也进行了扩建。然而，所有这些单位并非都能满员，而且有时在战场上，步兵营会由营里经验最丰富的或资历较老的上尉指挥。

正规军给联邦政府带来的优势和经验是无可计量的。国会的过度节俭和对常备军与生俱来的不信任，对战事产生了不良影响，不仅使战争时间延长，还使其变得更加惨烈和血腥。永远不要说，要是有一支强大的、力量集中的正规军就能更快地镇压南部邦联军；也不要说，要是一支强大的、有能力的正规军已做好在1861年进军南部地区的准备，邦联军的士气和决心就会受到影响。

步兵

19世纪50年代，美国步兵军官和应召士兵的军服很明显受到了法国的影响，但是这种军服在1859年被双排扣的长上衣、淡蓝色或深蓝色的裤子以及哈迪帽替代。短上衣如今在联邦军中是最常见的军常服，并且在战争期间，大部分步兵都穿这种军服。

步兵制服的颜色最开始是白色，后来变成了浅蓝色或天蓝色，这是一种很独特的颜色，通常能在表示军衔的徽章上看到，抑或是在军乐团制服前面的穗带或滚边上看到。当所有级别的军礼服都换成带有黄铜纽扣的长上衣时，这种军服就很少穿了，

不过在作战时，军官们通常还是穿着更舒服和实用的短上衣。军士浅蓝色的裤缝上有一条蓝色条纹，没有绑腿。步兵不穿靴子，骑马的军官除外，但他们的鞋子坚硬又结实，需要好好进行磨合。大部分士兵都会把裤子塞到袜子里，让袜子充当绑腿，同时也是为了在行军或战斗时，不让沙砾或其他脏东西弄脏裤子。

▼ *美国炮兵部队军官，1859年*。炮兵是美国军队的精英部队。1847—1848年，炮兵通过在墨西哥战争中的表现获得了这样的地位，其采用的军服使他们的整体形象显得更加锐气。在战斗中，沙科筒帽被平顶帽取代，常规的横肩章被法式竖肩章（立式肩章）取代。

黑色皮制品作为步兵的个人装备，包括一根有铜扣的腰带，可以用来挂刺刀、刀鞘和火帽袋（装着能使步枪开火的火帽）；一根斜挎在士兵左肩上的皮制肩带，上面固定着一个黑色弹药包。包裹上同样有一根黑色皮带，这根皮带常常以不常见的样子交叉绑于胸前。之所以会这样，是因为设计人员为包裹多留了一条带子，这条带子原本是用在腰带前面挂两个弹药包的。由于这种情况从未发生过，士兵们只好尽他们所能地利用这条带子。这种错误之所以会发生，是因为负责生产和负责设计装备的两个部门没协调好。随着战争的继续，大多数士兵都会丢弃他们的背包或包裹，把个人用品放在卷成卷的毯子里。他们将所有东西裹在毯子里，老兵们会裹得小得不能再小（某种程度来说，这得两人合作，比如一人只带咖啡，一个只带糖），然后将毯子斜背在一个肩膀上，并固定在腰部位置。最后只剩下必要的作战装备了，如子弹，这显然更方便。

有一件用肩带挂在右肩膀上的装备是必不能少的，那就是帆布包。这个包里装的是一些士兵在行军途中或休息时，立刻就需要或想要的东西。这个肩膀上还有带子系着士兵的饭盒，有趣的是，这条带子通常是白色的。由于步兵的其他所有装备都是深色的，在深蓝色军服的背景颜色下，这条白带子就显得格外明显。

炮兵制服

作为骑马装备，轻炮兵的军服跟骑兵的军服很相似，只是束在短上衣外的带子用红色代替了骑兵和龙骑兵团的黄色与橙色。在战场上，炮兵穿的军服都是一样的，尤其是炮兵连成员都是骑乘炮兵时。挂满装

◀联邦第2骑兵团骑兵，1862年。图中所示的服装是美国骑兵部队的制服。需要注意的是，这名骑兵衣领上的两道装饰本来是美国正规骑兵部队所特有的，但在战争期间，正规骑兵部队和志愿骑兵部队都在使用。图中这名骑兵的装备相当好。作战时，他们常常会配备手枪和卡宾枪。

◀野战炮兵军官，1863年。图中的军服是联邦军野战炮兵军官在美国内战期间作战时常穿的军服。这名军官穿着长上衣和靴子，实际上很多炮兵军官喜欢穿紧身夹克，因为他们骑马。作战时，他们会戴上图示上的帽子或平顶帽。

野战炮兵军官戴的可能是平顶帽或军便帽，而不是阔边帽，穿的或许是缝有自己军衔的应征士兵短上衣，以此代替自己的双排扣大衣。随着战争的继续，军服的样式变得越来越简单。整个战争期间，全部军官都会佩一把剑，作为身份的象征，同时也可用作贴身武器使用。

骑兵部队

1861年战争爆发时，骑兵部队只有2个龙骑兵团、2个骑兵团和1个骑乘步枪团。同年，另一个骑兵团建立了。此后不久，这6个团按照1—6的番号，全部被重新定为骑兵团。这自然引起了老团里一些人的不满，因为他们的军服和称号一直以来都是他们的骄傲。于是以前的荣誉标志被尽可能多地保留下来，而规章制度之类的东西则被忽略了。

龙骑兵团

2个龙骑兵团的士兵都有一套专门为了接受部队检阅穿的军礼服，以及一套在战场上穿的由军礼服修改而成的军常服。行军时，裤腿一般会裹起来放进靴子里。手枪也可能插在靴子里，因为放在靴子里比放在挂腰带上的手枪皮套里好拿出来。龙骑兵团的军服上有橙色的穗带和橙色的饰物，橙色是龙骑兵部队特有的颜色。当所有骑兵部队被重新改编后，2个龙骑兵团毋庸置疑地将他们特有的军服保留了下来，直到被穿坏，因为他们讨厌当个纯粹的骑兵。

▲骑兵团军士长，1861年。在战争初期，这位穿着整洁的骑兵军士着部队规定的军服。沙科筒帽这时已被哈迪帽取代了，不过也有例外（指被法国军用平顶帽取代）。肩章和手套会在作战时戴上，靴子也会被穿上。

饰的沙科筒帽很快就被军便帽或宽边软帽代替，但自以为是或趾高气扬者依旧保留着这种帽子。骑乘炮兵连一直以他们的效率和服装自豪，他们视自己为部队的精英，毕竟他们在1812年战争中颇负盛名，在美墨战争中同样表现得智勇双全。

志愿步兵部队

美国内战期间，邦联军和联邦军中最好的步兵部队毫无疑问是正规的陆军步兵——他们在战场上比其他任何部队都擅长作战，志愿军部队只能羡慕地在一旁看着。

稻草脚（the strawfeet）

志愿步兵部队中的很多人都是毫不犹豫地离开农场前来参军的，这甚至是

▲ 1863年1月爆发的默夫里斯伯勒战役（The Battle of Murfreesboro），又称"石头河战役"（The Battle of Stones River）。这是一场非决定性战役，双方打了个平手，但战略主动权属于联邦军。

他们第一次接触城镇生活。有的人甚至分不清左右，但他们知道干草和稻草的区别。当教官命令他的新兵在操练时把一些干草绑在一只脚上，把稻草绑在另一只脚上时，新兵们都能明白，这就是"稻草脚"的由来。从此，"稻草脚"成了新兵或新队员的绰号。不过，大部分新兵确实十分无知。

◀宾夕法尼亚第42志愿步兵团士兵，1862年。该团又被称为"宾夕法尼亚第13预备队"，他们在帽子上加了鹿尾作为头饰，无论戴的是平顶帽还是宽边软帽。他们卓越的战斗表现受到了军队的奖励——后来在战争中成立了"雄鹿轻步兵旅"。这支部队也因颇具创意且有效的战场搜索能力而闻名。

各志愿步兵团之间的差别很大。通常认为，他们的制服是浅蓝色的裤子、蓝色的大衣或宽松上衣、黑色的皮制装备，戴平顶帽或宽边软帽。大部分步兵的制服确实是这样的，但这并不适合那些为了自豪感和集体荣誉而战，即使在战斗中遇到了最坏的情况也会奋力拼搏的士兵，他们穿的是某种特殊制服。

志愿军和正规军的制服风格都受到了欧洲的影响。19世纪50年代，法国军队被认为是欧洲最优秀的军队，1859年法军在意大利北部大败奥地利更加深了这一印象，是以美国军队的军服有着明显的法国印记。19世纪50年代的美国正规军制服，毫无疑问深受法国影响，义勇兵的阿拉伯式制服在北部地区风靡。许多民兵组织的打扮要么是义勇兵、狙击兵式的，要么是猎兵式的，这取决于那时正在服兵役的法军部队采用何种制服。

祖阿夫部队

内战期间，祖阿夫风格的部队在美国非常盛行，他们仿照的是那些在非洲打仗的法军精锐部队。这些法军一般穿着非常宽松的红色灯笼裤、蓝色短上衣，打着短绑腿，头戴猩红色土耳其毡帽，有时候也裹一条包头巾。短上衣上绣有鲜艳的黄色花边纹饰，使整套军服看起来非常引人注目。内战爆发前，祖阿夫风格的军服就已经在北方风靡起来

▼布鲁克林第14团中士，1862年。布鲁克林第14团士兵穿着法国猎兵风格的制服，他们在服役期间赢得了卓越的声誉。该团在纽约志愿团名单上的官方编号是84，但该团更喜欢，也通常被称为"布鲁克林第14团"——这是他们历史悠久的部队编号。步兵队旗附有一截光滑的、能轻松插进步枪枪管的木棍，这是18世纪法国军队的惯例。

▼纽约第165团（"杜里埃的祖阿夫"第2营）列兵，1864年。1864年，纽约第5志愿团恢复了元气，但新兵如此之多，于是又新成立了一个团。新兵团的制服跟第一个团的几乎一样，这两个团以及宾夕法尼亚第114志愿步兵团的制服是最接近法国轻步兵制服的。

▼纽约第146志愿步兵团列兵，1863年。1863年年中，纽约志愿步兵团采纳了这种祖阿夫风格的制服，并在战争剩下的日子里一直穿戴。这个团是公认的祖阿夫部队，这种样式的制服实际上来自法军中的阿尔及利亚散兵（通常被叫作"狙击兵"）。这个团的军官制服与士兵的不一样，其样式多种多样。

官们穿着深蓝色的外套、裤子以及普通的平顶帽，士兵们穿的是祖阿夫风格的灰色夹克，戴平顶帽，浅蓝色的裤子有时卷起来裹进棕色的短绑腿里，夹克里面穿着蓝色衬衫。士兵的军衔在袖口处，军官的军衔则在肩章上。

有些团拥有好几套不同颜色的祖阿夫式军服，纽约第10志愿步兵团便是这样，他们第一套的颜色是深蓝色，后来变成了棕色，而且配有猩红色土耳其毡帽、白色包头巾和天蓝色裤子（卷在白色绑腿里）。直到军官们再一次穿上平常的外套，整个团的军服才最终变成下装是天蓝色的裤子，上装是步兵的深蓝色短上衣。

纽约第146志愿步兵团完全穿着祖

◀宾夕法尼亚第155志愿步兵团列兵，1864年。这个志愿团在战争初期穿着天蓝色裤子、深蓝色外套以及法国军用平顶帽。1863年年中，这支部队开始按照祖阿夫部队的方式进行军事训练和着装。图中这套帅气的祖阿夫传统风格的深蓝色制服，是部队在1864年初配给的。从那时起，不论是作战还是驻防，他们都穿着这套制服。

▶宾夕法尼亚第114志愿步兵团列兵（科里斯的祖阿夫），1864年。从1862年成立以来，该团在服役期间一直穿着最接近法军设计的祖阿夫制服。这支杰出的部队在1863年7月的葛底斯堡战役中遭受了沉重打击。第二年，该团被指定为波托马克军团的特遣队，并为军部提供军乐队。

了，它是那时最受欢迎的外来制服。战前，最著名的义勇兵组织是法莲·埃尔斯沃斯（Ephraim Ellsworth）军校生组成的义勇军团，他们周游全国，进行祖阿夫部队式的操练，展示了活力和锐气。

在美国军队中，祖阿夫风格的军服有很多种。有的式样非常简单，而且在战争初期和中期，也并非所有志愿军部队都穿着那么鲜艳，如印第安纳第11志愿步兵团（又叫"华莱士的祖阿夫"）。军

阿夫式的制服，只不过带有黄色和天蓝色的花边与装饰，猩红色土耳其毡帽、包头巾和白色绑腿同样是有的。军官们穿着整洁的、不那么正式的深蓝色紧身夹克和裤子，头戴镶有金边的红色平顶帽。应募士兵的制服跟法国狙击兵的制服（阿尔及利亚的土著军队为法国服役期间穿的浅蓝色祖阿夫式制服）很相似。

宾夕法尼亚第155志愿步兵团穿的同样是祖阿夫式制服，但是夹克和裤子是深蓝色的，有黄色的装饰和白色的绑腿。军官们穿的是一样的制服，只不过戴的是平顶帽而不是猩红色土耳其毡帽。

▶联邦军队的一支祖阿夫部队正围着篝火讨论，只有军官才会拥有这个尺寸的帐篷。

有一些团的士兵跟他们的法国同行穿着相同颜色的祖阿夫式制服。宾夕法尼亚第114志愿步兵团穿的就是深蓝色的短夹克、红色的裤子，戴着土耳其毡帽和包头巾（纽约第5和第9志愿步兵团穿的也是这套制服），夹克上镶有红色花边。

根据法军的传统，宾夕法尼亚第114志愿步兵团也有一位随军女小贩，名叫玛丽·泰伯（Mary Tebe）。不管是行军，还是作战，她都会跟着，为士兵提供一些给养。她穿的是经过修改的祖阿夫式制服。有趣的是，不同的个人回忆录和

著作中常常说起她，官方报告或记录中却没有。

一些部队开始穿的是祖阿夫式的制服，但正如前面提到过的，最终都换成了联邦军队规定的步兵制服。不过有一些部队，例如著名的波托马克军团中的部队，因杰出的战场表现而被允许换成祖阿夫式的制服，以此作为精锐部队的一种标志。

猎兵式制服

一些志愿兵团采纳了法国风格的猎兵式制服——它与祖阿夫部队的制服很相似，但其独特的风格和细节使其脱颖而出。通常，猎兵式制服比祖阿夫式制服饰物更多、款式更简单，因此在战场上看起来比一般制服更整齐。一般来说，美军版法式制服的设计均源自法军猎兵部队所穿的制服。

纽约州第12民兵团穿着深蓝色制服，衣领和袖口上有白色滚边，上臂处有白色军衔。（需要注意的是，白色是步兵"老部队"所属的颜色）浅蓝色的军用平顶帽是规定要戴的帽子，与天蓝色的猎兵长裤相得益彰，不过这种裤子没有

▲宾夕法尼亚第114志愿步兵团的随军女小贩，她穿着有红色滚边的祖阿夫风格短夹克与蓝裙子，裙子下面是红色的裤子。

◀新罕布什尔州第7志愿步兵团列兵，1863年。这个团，如"铁旅"的5个团一样，穿着稍加变化的深蓝色裤子、长外套和哈迪帽。鼓手一般穿军乐团的制服，但可能戴着法国军用平顶帽，至少在作战时是这样。该团在南卡罗来纳州打仗，在那里，制服穿起来一定又热又不舒服。

▶威斯康星第2志愿步兵团（铁旅）列兵，1863年。威斯康星第2志愿步兵团是著名的"铁旅"中的一个团，由训练部队的指挥官约翰·吉本将军重新组建。他选择的是正规步兵的制服，包括长上衣和哈迪帽。因为这支部队的帽子都是黑色的，因此得了个"黑帽队"的绰号。图中所示的制服是他们服役一段时间后的装束。

祖阿夫版本的宽松。大衣的下摆达到大腿部位，尽管没有长礼服那么长，但仍是足够长的。军官们穿的是寻常的长礼服与天蓝色裤子，再加一顶天蓝色的军用平顶帽。

鼓手穿着跟应征士兵大致一样的制服，但他们有一件拥有白色和天蓝色装饰的祖阿夫式短夹克。军乐团的指挥官，穿着长礼服，肩章上有沉沉的金色流苏

▶威斯康星第2志愿步兵团（铁旅）鼓手，1863年。这个鼓手属于"铁旅"，可以代表组成这个旅的4个步兵团中的任何一支。最初，这支队装备的是约翰·吉本将军发的白色短绑腿，但这些绑腿要么被破坏，要么被士兵们丢弃。有时候，士兵们会把他们的裤子裹进袜子里——这跟使用绑腿的目的是一样的。

和金色花边，胸前也有金饰带，天蓝色的装饰性肩带斜挂在肩头，头上戴着黑色熊皮帽和白色羽饰。

纽约第44志愿步兵团，也被称为"人民的埃尔斯沃思团"或"埃尔斯沃斯的复仇者"。这个团的第一套制服是改过版的猎兵制服，全身都是深蓝色，帽子是平顶帽。随后，他们的统一制服换成了美国步兵规定穿的制服——深蓝色的外套、天蓝色的裤子。但有证据表明，1864年时，他们还穿着猎兵制服。

纽约第14民兵团，作为纽约第84志愿步兵团为联邦军服务。然而，由于军人的骄傲，他们一直称自己为"布鲁克林第14民兵团"。他们穿着颜色鲜艳的蓝色猎兵短上衣与红色裤子，缠着白色绑腿，戴着红色法国军用平顶帽。

他们在波托马克军团服役期间，一直都穿这套军服。他们的鼓手穿的是一种胸前有装饰物的蓝色短夹克和红色裤子，戴红色平顶帽。

宾夕法尼亚第83志愿步兵团很显然是第一支穿蓝色夹克、蓝色裤子和黄色衬衣的部队。如今已没有这套军服的照片了。后来，他们配发的制服换成了法国万塞讷猎骑兵的制服，这套制服包括深蓝色紧身上衣、灰色裤子、白色绑腿，以及顶部有羽毛的法国沙科筒帽或法国风格的工作

帽。很明显，这套制服没有穿到1862年3月，因为这时他们奉命穿戴美国陆军的野战服。

应该指出的是，配给祖阿夫部队和猎兵部队的野战装备、个人装备和武器都是按照美国标准发的。军官和军士穿的是平常的制服，系红色腰带，级别较高的军士有权佩剑。

◀联邦步兵团军官，1861—1865年。图中所示的就是一个穿着讲究的步兵军官出现在营地或战场上的样子。在整个战争期间，法国军用平顶帽始终都很受欢迎。这是一种戴起来很舒服的帽子，有些完全是按照法国风格设计的，有些则更美国化。军官带军衔的肩章在图上显示得很清楚。

其他独特的制服

　　宾夕法尼亚第42志愿步兵团也被称为"凯恩步枪团""宾夕法尼亚第13预备队"。而非官方的"鹿尾"头衔，灵感则来自于该团的人将鹿尾巴戴在帽子前面的习惯，包括军官。该团拥有宾夕法尼亚州射击百发百中的成员，善于小规模战斗和在松散队形时战斗。

　　鹿尾轻步兵旅成立于1862年底，该旅包括宾夕法尼亚第149、第150团，其官方名称为波托马克军团第1军第3师第2旅。鹿尾团的制服是平常的深蓝色上衣或衬衣，搭配浅蓝色的裤子。帽子要么是军用平顶帽，要么是阔边帽，无论是哪一种，都装饰了著名的鹿尾。1862年夏天，该团装备了夏普斯步枪，不久后又配备了斯宾塞连珠枪。

　　1862年初，炮兵军官约翰·吉本负责指挥波托马克军队中的西旅。西旅由威斯康星第2、第6和第7志愿步兵团和印第安纳州第19志愿步兵团组成。（后来，密歇根第24志愿步兵团加入了该旅）这些未经训练的新兵给吉本留下了深刻的印象，他决心将这支旅训练成军中训练有素、不屈不挠的部队。

　　经过最初的抗拒后，该旅的军官和士兵都开始致力于努力训练。吉本还设法为部队搞到了独特的制服：白色绑腿和手套，正规军的长礼服和规定的哈迪帽，黑色的哈迪帽侧面还有雄鹰图案的徽章。尽管浅蓝色、天蓝色是步兵所属的颜色，但该旅的鼓手也穿着同样的制服，此外跟通常乐手的制服一样，外衣胸前有编织物。

　　官兵们骄傲地穿上了他们的新制服，就算他们不是波托马克军队中最好的一个旅，也是第二好的那个旅。他们参与的第一场战斗发生在第二次奔牛河战役（第二次马纳萨斯战役）之前，在布劳纳农场与著名的"石墙旅"打了场遭遇战。这场战斗，双方打成了平手，但"铁旅"的"稻草脚"很快就声名远扬。战争结束后，通过对比各部队的记录发现，"铁旅"的人员伤亡率最高，比联邦军队的任何

一个旅都高。

　　战争初期，有两个正规神枪手团通过招募成立了。伯丹招募和建立的神枪手部队被称为"伯丹的神枪手"，他们的正式名称为合众国第1、第2神枪手团。他们穿着独特的深绿色上衣和裤子，配

深褐色绑腿和平顶帽（或宽边软帽）。如果作战时很难保持全身军服都是绿色，那么士兵们会用天空蓝色裤子搭配绿色长上衣。大衣可能是正规的淡蓝色，但也可能是中灰色。

　　有一支有趣的部队在西部战区作战，

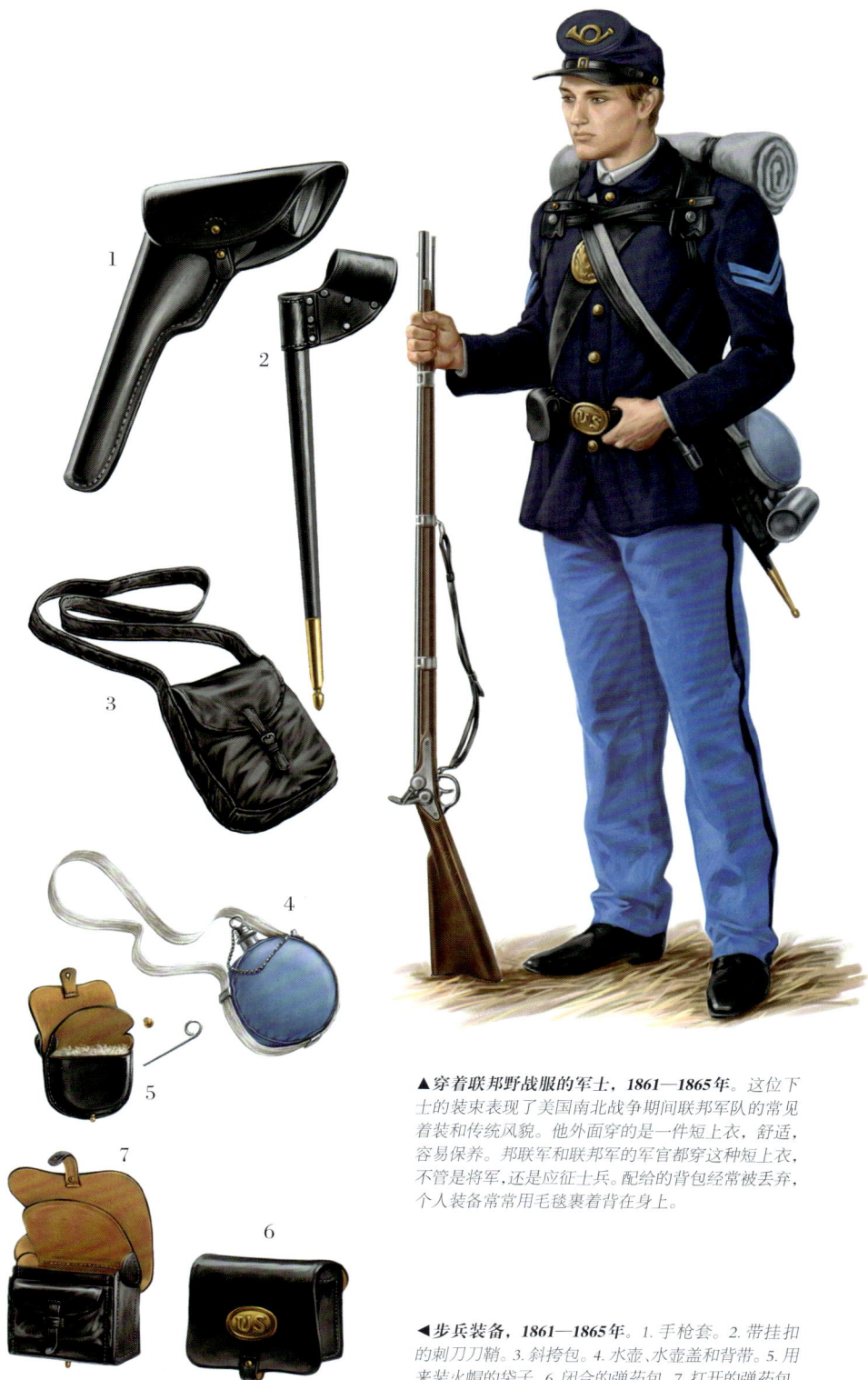

▲穿着联邦野战服的军士，*1861—1865年*。这位下士的装束表现了美国南北战争期间联邦军队的常见着装和传统风貌。他外面穿的是一件短上衣，舒适，容易保养。邦联军和联邦军的军官都穿这种短上衣，不管是将军，还是应征士兵。配给的背包经常被丢弃，个人装备常用毛毯裹着背在身上。

◀步兵装备，*1861—1865年*。1.手枪套。2.带挂扣的刺刀刀鞘。3.斜挎包。4.水壶。5.用来装火帽的袋子。6.闭合的弹药包。7.打开的弹药包。

◀合众国神枪手团列兵，1862年。两个神枪手团都是正规军，其所有士兵都是神射手。他们最初穿的是绿色制服，配备的是夏普斯步枪。

团、伊利诺斯第98团、伊利诺斯第123团和伊利诺斯第92团也跟着成为骑兵部队。当他们是骑马步兵时，他们没有装备军刀，但装备了没有花边的骑兵紧身夹克。他们的鼓换成了小号，而且可能配给了队旗。根据各方面的记述，他们

▼联邦步兵部队鼓手，1861—1865年。长上衣是部队规定的样式，披肩的颜色和长上衣一样。每支部队都有不同的部队颜色作为区分，这是战争爆发后才开始采用的。他的鼓也是部队规定的样式。

▼第9伤员队军官，1864年。图中所示的伤员队，配给的是制式制服，尽管这种制服并不受欢迎，尤其是在军官中。应征士兵当值时被允许穿士兵的工作服——深蓝色的短上衣和天蓝色的裤子，军官则最终穿回了深蓝色的长外套。

它在联邦军队中独一无二。为了应付邦联军对联邦军后方交通线造成的麻烦，由约翰·T.怀尔德上校指挥的一个步兵旅被组织起来。他们装备得像骑兵部队，但却是按照骑兵风格作为骑马步兵行动的，也就是迅速移动时骑马，作战时步行。最后，怀尔德上校的印第安纳第17志愿步兵团成了骑兵部队，穿上了骑兵制服。不久，另外4个团——印第安纳第72

是一支非常成功的部队，在扫清联邦后方的游击队和敌军骑兵方面表现优异。

老兵

老兵预备队，成立于1863年4月，最初被称为"伤员队"，其成立的目的是解放卫戍部队，以便能被派往战场。这种团最终达到24个，每个团下辖2个营：第1营是由仍能携带武器的士兵组成，第2营则是由只有一只手臂的士兵组成。按照最初的规划，每个团会有第3个营——由这些单位里只有一条腿的士兵组成。由于没有足够的人组成这样一个营，所以这个营从来没有存在过。

应召士兵的制式制服是浅蓝色的上衣和裤子，军官的制式制服是浅蓝色的长上衣和裤子。军官们的制服并不怎么受欢迎，他们被允许穿规定的深蓝色上衣。士兵的紧身上衣上有肩章，除此之外跟骑兵的夹克几乎相同。为了方便做杂役和站岗，第1营的人通常穿深蓝色的短上衣和浅蓝色的裤子。

▶轻骑兵旅列兵，1863年。这支部队是约翰·怀尔德上校的心血结晶，他们制服统一。为了扫除联邦军后方的游击队和其他让联邦感到困扰的人，他们重新装备成了骑马步兵。其所穿的紧身夹克跟骑兵制服有很大区别，但骑兵的其他装备在该部队中保留了下来，如军号和队旗。

外籍兵团

联邦为应付内战而招募的步兵团中，有很大一部分外籍兵团，如由德国人、爱尔兰人、苏格兰人和法国人组成的部队，以及一个意大利团。这些部队都有特定的服饰，用来彰显他们的民族特色，同时也丰富了联邦军队。

许多由德国人组成的军队有着不愉快的经历，他们在由土生土长的美国人组成的部队中不太受欢迎。这或许因为德国人有很重的口音，抑或是英语十分蹩脚，但是他们乐意战斗。一些士兵，也包括一些将领，是从德国各州来的前陆军军官，他们很了解自己的职业，也被证明是考虑周到、善于鼓舞人心的人，如炮兵专家休伯特·迪尔格（Hubert Dilger），他手下的人，不管是不是土生土长的都跟着他多次冲到炮火中去。

波托马克军团的第4军很大一部分都是德国人，这些德国人被土生土长的美国人称为"荷兰人"。总的来说，这个军的名声不太好，在1863年5月的钱斯勒斯维尔战役中，他们被"石墙"杰克逊吓得奔逃，没有帮上忙；而且在葛底斯堡战役的第一天，他们又一次撤退，损失惨重。

形式多样的制服

大多数由特定种族组成的兵团都穿着标准的步兵、骑兵或炮兵制服。然而，他们的制服跟制式制服有一些有趣的变化，尤其是在战争初期。

比如，纽约第79团就是一支在制服方面很有苏格兰风味的部队，士兵们都配给了苏格兰裙。不过苏格兰裙可能不会在作战时穿，但苏格兰裤子却会。这支充满活力的部队在战争初期因严重不服从命令犯下了错误，作为惩罚，属于他们的部队颜色被剥夺。之后，这个灰

◀**纽约第79民兵团列兵，1861年**。该团的制服清单表明，该团既有短裙，也有紧身的格子呢绒裤。最初需要志愿兵时，该团人员并不足，但该团还是征募了足够多的人去参加1861年的第一次奔牛河战役。奇怪的是，该团没有穿苏格兰式的军服，而是穿着普通的深蓝色制服。然而有证据表明，苏格兰制服在战争期间被保留了下来。

▶**纽约第55志愿步兵团列兵，1862年**。该团成立于1861年，指挥官为法国人菲利普·里吉斯·德·特罗布里恩男爵（baron philippe regis de trobriand）。这是另一个民族团，由法国人或冒牌法国人组成。如图所示，该团的制服很特别。1862年，该团减少到4个营，后与纽约第38志愿步兵团合并。

爱尔兰旅

联邦军队中最著名的外籍部队是由3个纽约团和1个马萨诸塞州团组成的爱尔兰旅。他们的队旗是翠绿色的，以传统的爱尔兰竖琴为中心，指挥官为爱尔兰民族主义者托马斯·马尔（Thomas Meagher）。爱尔兰人穿着普通的联邦军制服，但一些资料显示，他们有绿色的袖口和滚边，如果确实是这样，那这点区别很可能在战争早期就消失了。在联邦军队中还有其他的爱尔兰军团，但都没有这支旅声名远播。

▶纽约第39志愿步兵团列兵，1861年。这个团成立初期过得很艰难，花了很长一段时间才稳定下来。内部混乱结束后，该团迎来了一名新的指挥官，并在他的带领下成为一支优秀的作战部队。然而，到那时，原来的制服——意大利著名的狙击兵团风格的制服（如图所示）消失了，配备的是联邦步兵的制式制服——深蓝色大衣和天蓝色裤子。

在是太难了；第二，随着战争的进行，用现成的制服替换破旧的衣服更容易，而且正规军的制服在野外更好保养。当然，情况并非总是如此，尽管几年后还是成了惯例。他们跟想保留祖阿夫军服的团一样，也想保留自己的特色制服，但跟随军队在各种地形打仗的事实导致制服和装备很容易损坏。加里波第禁卫军是以意大利爱国者加里波第命名的，19世纪50年代和60年代，加里波第努力促进了意大利的统一。他们引人注目的制服包括深蓝色的长上衣，以及与之配套的镶有红色滚边的裤子。他们还发了红色内衣、左边有羽毛装饰的圆毡帽，这跟著名的意大利轻步兵——撒丁军队的制服有些相似。他们还很可能穿一件红色的衬衫当外套，这或许是受意大利统一战争期间加里波第拥护者的启发。

头土脸的团得到了一个新指挥官，而这位指挥官对该团进行了改造。

一般说来，战争初期以及部队草创之时，服装会比较多样化，但这种现象最终都会得到整改，使行伍之间目力所及均是正规制服。美国的正规制服就是蓝色上衣和浅蓝色裤子。这种情况甚至在伯丹的两个神枪手团这种专业部队中也发生过。总的来说，有两个原因：第一，对于小规模但有特殊要求的部队来说，要在战场上得到足够数量的替换制服实

▶纽约第88志愿步兵团（爱尔兰旅）列兵，1863年。爱尔兰旅，一支优秀的作战部队，被分配到著名的第二军。最初，该军军长是埃德温·"公牛"·萨姆纳（Edwin "Bull" sumner），他是旧军队中的中坚分子，最骄傲的是他的军队从未失去过一面旗帜或一把枪。爱尔兰旅很大一部分名声来源于安提塔姆会战和葛底斯堡战役，这也是它出名的原因所在。

黑人军团

无论是在官场上还是在军队内部，都有很多反对黑人参军的意见。但是，致力于推动美国黑人进步和作为作战部队参战的军官和政府官员，还是占了上风，他们安排之前是奴隶的黑人和北部的自由民入伍。1862年末到1865年，有超过18万名黑人加入联邦部队。他们一般在次要战区作战，虽然如此，那里的

▲这幅印刷品，展示了1863年7月发生在南卡罗来纳州查尔斯顿市外的瓦格纳堡战役的血雨腥风。在这场战役中，肖上校先他麾下的士兵而亡。

战斗和主战区一样冷酷无情。他们的参与证明了黑人可以而且会战斗，黑人军团也是联邦军队300个战斗团中的一个。

战争期间，南北双方最有争议的部队就是黑人军团。黑人部队毫无例外属于联邦军，而且在战争初期他们并不存在。直到1862年底，北方自由民组成了第一个为联邦战斗的黑人军团。马萨诸塞州是第一个开始行动的北部州，招募了著名的马萨诸塞第54志愿步兵团。通过白人老兵的指挥，该团成了精英团，并成为波士顿废奴主义者的宠儿。该团指挥官为罗伯特·古尔德·肖（Robert Gould Shaw）上校，他

是一个受过伤的支持废奴的老兵的儿子。志愿兵中有这么多黑人，以至于第二支黑人部队——马萨诸塞第55志愿步兵团很快也成立了。托马斯·温特沃斯·希金森（Thomas Wentworth Higginson）指挥的南卡罗来纳第1志愿步兵团，也是这样的一个团。该团军服是军中各种风格的独特组合。毫无疑问，是希金森设

◀马萨诸塞第54志愿步兵团指挥官，1863年。罗伯特·古尔德·肖上校的这张画像，展现了联邦陆军军官在战争期间的制式制服。肖上校率领他的军团在南卡罗来纳州的瓦格纳堡作战时，不幸阵亡。他在他的部队里很受尊敬和爱戴，他的部队是联邦军第一个黑人军团。

▶马萨诸塞第54志愿步兵团军士，1863年。这位士官是刘易斯·道格拉斯（Lewis Douglass），弗雷德里克·道格拉斯（Frederick Douglass）的大儿子。弗雷德里克对马萨诸塞第54团的形成起了很大的作用。作为该团军士，刘易斯参与了瓦格纳堡的血腥攻坚战并幸存了下来。

▲*南卡罗来纳第1志愿步兵团军士，1863年。*由以前是奴隶的黑人组成的南卡罗来纳第1志愿步兵团，指挥官为托马斯·温特沃斯·希金森，他与罗伯特·肖上校一样，出身于拥护废奴主义的新英格兰家庭。他的部队服装统一，纪律严明。和其他黑人部队一样，拥有一个能够胜任职务的军士是个大难题，因为他们必须能读能写。

计了这种军服，在该团的照片中，他们显然为自己的外表而自豪，通常比白人军团还要自豪。然而，这种制服大约不容易在艰苦的战斗中保存完好，因此到

服役结束时，该团很可能穿着标准的深蓝色上衣和天蓝色裤子。他们做得如此之好，以至于内战结束后，4个黑人团——2个骑兵团和2个步兵团，被派去平原对抗印第安人。他们得到了精良的装备，尤其是以"水牛兵"出名的第9和第10骑兵团。

重型炮兵实际上会穿着轻炮兵的制服，它无疑更时髦、更容易保养，而且可能更舒服。

▲*美国有色人种部队重型炮兵连炮手，1864年。*美国内战时期的黑人部队主要是步兵，但也有炮兵和骑兵部队。图上这位重炮兵，负责作战时操作攻城炮，他的制服与他所属的部队和级别都很符合。他右手拿着推弹器和用来清洗炮腔的炮刷，以便在一轮射击后装填好发射药包，左手则拿着无处不在的水桶。

炮兵部队

自华盛顿向野战炮兵指挥官亨利·诺克斯将军表扬野战炮兵在1778年蒙茅斯战役中的优秀表现，称赞"没有其他炮兵能比我们的炮兵表现得更好"以来，野战炮兵就一直是美国陆军的精英部队。

联邦优势

在战争的前半阶段，联邦军队的炮兵部队一直占有优势。安提塔姆会战被邦联的丹尼尔·哈威·希尔（D.H.Hill）将军描述为"炮兵的地狱"，可以毫不夸张地说，邦联军的炮兵是被吹离战场的。第二年，在葛底斯堡战役中，由乔治·皮克特（George Pickett）发起的徒劳而又血腥的皮克特冲锋被亨利·亨特（Henry Hunt）将军的炮火摧毁了。邦联军皮克特师麾下的阿米斯特德旅的幸存者，到达联邦军所处的公墓岭山脊后，被联邦军的步兵和近距离炮火摧毁。

▼休伯特·迪尔格上尉，俄亥俄州第1轻炮连军官，1863年。图中的休伯特·迪尔格上尉穿着他平时在战斗中穿的制服。他的外套放在马鞍上，下身穿着应征士兵的裤子。迪尔格是炮兵部队最好的指挥官之一，他是德国移民，以前服役于巴登的骑乘炮兵部队。据称，他与巴登大公的妹妹牵扯不清后便迅速移民到了美国。

野战炮、骑兵炮和重型火炮

那时，美国陆军的战炮有三种：野战炮、骑兵炮和重型火炮。野战炮，有时被称为"轻型火炮"，有时又被称为"步兵炮"。炮手实际上应该与他们的大炮一起前行，但由于那个时代拖炮车和弹药车的优秀设计，炮手是坐在弹药车上进入战场的。两个弹药箱就是一个座位，当弹药车跑得比步行快时，炮手可以握住车上的把手防止摔倒。战争初期，联邦有4个正规炮兵团，每个团下面有12个连。一般说来，每个团最多有2个连装备了野战炮或骑兵炮，通常是为了那个神圣的词语——"节约"。这个团的其他连队将会作为国家的海防部队或步兵服役。有时，炮兵也会作为骑兵在边远地区服役，因此他们像骑兵一样熟悉马匹。南北战争第一枪打响后，5个炮兵团在1861年7月被批准组建。正是在这个时期，术语"炮兵连"（battery，规模不变）取代了使用已久的"连"（company）。

骑乘炮兵，也被称为"飞行炮兵"，是精英中的精英。他们与骑兵同时诞生，所有的炮手都单独骑马，不过他们中每四人仅有一人是驭手。和骑兵一样，联邦的骑乘炮兵同样是战争中最好的炮兵。他们装备了精良的3英寸线膛炮——邦联军俘获到一门这种大炮时，会觉得特别珍贵。

重型火炮用来围攻城镇、堡垒和海岸，重型火炮兵的打扮和装备跟步兵一样。经过艰苦的荒野战役（batter in the wilderness）和斯波齐尔韦尼亚战役（batter of spotsylvania）后，许多重型炮兵团从他们坚守了两年多的华盛顿防御工事中撤出，投入战场。在激烈的战斗中，这些团伤亡惨重，人员很快就所剩无几了。

野战炮兵和骑乘炮兵都穿轻型炮兵的制服，其束腰的宽松上衣与骑兵的短上衣类似，只是装饰的穗带是炮兵所属的红色，而不是骑兵的黄色。号手的制服跟骑兵的一样，不过穗带是红色的，他们骑着白色或灰色的马，在充满烟雾、咆哮的混乱战场上很容易被辨认出来。

炮和炮术

自1815年拿破仑时代结束以来，美国的炮术取得了一定的进步：射程有所提高，铸造炮管的技术与线膛炮也被引进。在大部分野战炮用青铜或黄铜铸造之前，许多炮都是用铁铸造的，最常用的两种膛线火炮——3英寸线膛炮和10磅帕罗特线膛炮，都是用铁做的。帕罗特线膛炮的后膛用铸铁和锻铁进行了加固，这使它显得不美观，炮管的线条也不规则。虽然它偶尔会炸膛，但它还是优秀的野战炮。3英寸线膛炮很轻，是一种很好的骑兵炮，深受交战双方士兵的喜爱，邦联士兵尤其珍视俘获的3英寸线膛炮。它可能是战争期间最好的野战炮。M1857型12磅拿破仑炮，是以它的设计者法国皇帝拿破仑三世命名的，这是一种由黄铜制成的滑膛炮，深受野战炮兵的青睐。虽然它没有线膛炮的射程远，但它可以发射更重的弹药，这在丛林地区的近距离战争中很有用处，比如荒野战役和斯波齐尔韦尼亚战役。

◀骑乘炮兵部队炮手，1861—1865年。这名炮手拿着一根蜗杆，站在他的大炮旁边。虽然这里展示的是10磅帕罗特线膛炮，但乘骑部队通常配备的是优秀的3英寸线膛炮。帕罗特线膛炮常常炸膛，这使得它在炮兵中并不怎么受欢迎。帕罗特线膛炮由铁制成，大炮的后膛还进行了加固，以防止炸膛。

弹药

炮兵发射一种圆形炮弹，这是一种能有效对付防御工事和编成队形的部队的实心铁球。它在撞击地面后仍然有用，因为它能以惊人的运动速度继续前进。这种类型的射击，叫作"跳弹射击"，可以使炮击的范围更广，对个人和编队来说十分危险。一枚12磅的炮弹能炸掉一只脚、一条腿，严重摧毁人身上的器官，或者炸飞一群人。只有当它停止滚动时才是安全的。

▶ *身穿军便装的骑乘炮兵军官，1861—1865年。这名骑乘炮兵军官身穿一件不常在战斗中穿的长礼服。平时，长礼服被骑兵指定的紧身夹克代替；只有在营地、驻防区或休假时，他们才可能会穿长礼服。*

▼ *M1857型12磅拿破仑榴弹炮及炮弹。美国内战期间，这种滑膛炮很受交战双方的青睐。这是法国皇帝拿破仑三世在19世纪50年代设计的，它是一种优秀的武器，尽管它没有线膛炮的射程和精确度。*

▲ *骑乘炮兵部队炮手，1861—1865年。这名炮兵身穿带红色（炮兵部队兵种色）滚边的紧身夹克，手持蜗杆。这种工具是用来清理发射后的残药和残片的，以免妨碍新一轮炮击。在战斗中，紧身外套可能被放在一边，炮手们穿着衬衫工作。*

▼ **马萨诸塞第9团旗手，1863年。** 旗手标记了炮兵部队指挥官所在的位置。这名旗手属于联邦炮兵部队，他们在葛底斯堡战役的第二天阻止了邦联步兵。

▶ **骑乘炮兵号手，1861—1865年。** 这名号手的靴子上没有马刺，他代表了骑兵部队的声音。号兵发出的声音可以被战斗中的步兵听到，它就像鼓一样能高过战场上的噪音，因此号兵常常与炮兵指挥官待在一起。

　　另一种圆形炮弹是榴弹，这是一种空心的铸铁球，里面装满了火药粉末，射击时要靠引信引爆。还有一种更有效的炮弹，那就是球形弹丸，又被称为"榴霰弹"，它与榴弹很相似，但里面装满了霰弹。榴霰弹对野外的军队来说是致命的，尤其是它在空中爆炸的时候。最后是普遍存在的霰弹筒，它通常被错误地称为"葡萄弹"，非常具有杀伤力，特别是在近距离时。霰弹筒基本上就是一个装满了铁球的罐子，这些铁球在射击后会破裂，使野战炮打出霰弹枪的效果。

▼ **3英寸线膛炮，1861—1865年。** 这无疑是战争期间最好的野战炮。它是专门为骑乘炮兵设计的，既轻便，准确度又高。

骑兵

美国骑兵部队的规模很小，即使它一直存在，也不会有所改变。骑兵的组建、维持费用很高，培养一名称职的骑兵就需要花费大量时间和精力，更不要说一支骑兵部队的指挥官。此外，美国北部大部分地区树木密布，不利于骑兵作战，再加上美国陆军中德高望重的司令官温菲尔德·斯科特（Winfield Scott）建议保

持小规模正规骑兵，因此在战争期间联邦只组织了6个骑兵团。虽然这6个正规的骑兵团非常优秀，并且有着光荣的传统，但是随着军队的迅速扩张，培养、训练志愿骑兵团与新提拔的指挥官因为缺乏经验，就显得相当吃力。

1863年夏天，在来自密西西比州的格莱姆斯·戴维斯（Grimes Davis）和约翰·巴福德（John Buford）等指挥官的领导下，联邦的骑兵开始进入角色。根据计划，他们成功突袭了白兰地车站，在那里，联邦骑兵突击并差点打败邦联军骑兵的代表人物詹姆斯·斯图尔特（J.E.B.Stuart），他是北弗吉尼亚军团的骑兵指挥官。这一战，使联邦军骑兵成长为了真正的骑兵部队。此后就是一个不断成长的过程了，战争的最后一年，联邦军队的骑兵已经成为一支不可忽视的力量，在各方面都比邦联军的同行优秀。

▲在1862年6月爆发的七天战役中，美国第5骑兵团在盖恩斯磨坊之战中发起了孤注一掷的冲锋。他们在这场从一开始就注定要失败的进攻中损失惨重。

▼约翰·雷诺兹（John Reynolds）将军是一位杰出的指挥官。他在葛底斯堡战役第一天遭受的损失对波托马克军团来说，是一个沉重打击。

◀宾夕法尼亚第6志愿骑兵团军官，1863年。宾夕法尼亚第6志愿骑兵团的这位军官穿着规定的制服。有趣的是，这个团的军官穿的深蓝色裤子其样式是天蓝色裤子的。他上身穿着普通的紧身短夹克，衣服上没有兵种色滚边，这种滚边在应征士兵和军乐队的制服上都有。

骑兵改革

联邦的骑兵团一点儿也不缺志愿者，但骑兵不仅仅是一个人和一匹马。北方的男孩一般都不擅长骑马，毫无疑问，这些刚刚成为骑兵的士兵们在面对新征召的坐骑时相当惶恐。同样，这些马对新主人也有类似的感觉。

训练人和马进入战斗状态需要相当长的一段时间，组建骑兵团、旅和师同样如此。

联邦军骑兵的基本服装是：深蓝的紧身夹克、深蓝或浅蓝的裤子以及带马刺的马靴。紧身夹克对骑兵来说非常时髦，而且很实用。他们戴的是法国军用平顶帽或宽边帽子。虽然一般来说，任何优秀的服装样式都可能随着战争的继续而消失，但骑兵制服保持整洁的时间或许比其他兵种都长，这延缓了它的退场时间。

骑兵部队的传统颜色是明亮的黄色，这在紧身夹克上非常突出。紧身夹克的衣领、袖口和接缝处有兵种色滚边，衣领上还有一两条短的装饰带和一枚黄铜纽扣。

一般来说，志愿骑兵部队的衣领处用一条装饰，正规骑兵部队用两条，但这种区别并不总是存在。这就惹恼了正规军，他们会送一些菜鸟志愿骑兵回骑兵部队，这些骑兵不仅鼻子受了伤，自尊心也同样受到了伤。服役时间久了之后，志愿兵通过战役和战斗逐渐熟练了各种技能，最终和正规军之间的差异变得模糊。实际上，在才能和熟练程度方面，正规骑兵部队只接受宾夕法尼亚第6志愿骑兵团的士兵是他们中的一员。

◀宾夕法尼亚第6志愿骑兵团（拉什枪骑兵）骑兵，*1862年*。这是交战双方部队中唯一一支装备了长矛的骑兵部队。长矛被抛弃后，该团开始有了非常出色的表现。他们穿着战争初期骑兵部队的典型军服。因为不切实际，肩标很快就被丢弃了。

▶美国正规骑兵团军士，*1862年*。作为每支有效率的部队必须拥有的存在，严肃的士官都是按照规定穿着制服的，包括代表军衔的肩带。骑兵部队准许拥有防护手套。随着战争的继续，肩标会消失，裤子也会被塞进马靴里，马靴里还可能插着一把手枪。

武器装备

骑兵通常装备了军刀、手枪和卡宾枪。手枪放在挂在腰带上的枪套里，这样，隶属于马鞍前部一侧的枪套就没什么存在的必要了。军官和士兵都喜欢左轮手枪，而且许多人不止携带一把，因此为了方便拿取手枪，有时腰带上会挂有额外的枪套。可以携带的手枪有很多种，但十分普遍的柯尔特手枪是大家的最爱。来复卡宾枪也很受欢迎，而且随着战争的继续更加明显。骑兵在火力输送方面比起步兵占有巨大优势，再加上骑兵强大的机动能力，这使骑兵能有效阻止大规模步兵行动，直到己方步兵抵达战场。一个出色范例是，1863年7月，巴福德将军在葛底斯堡战役的第一天与大规模的南方步兵进行了两小时的对抗。

很自然地，骑兵装备有一把重剑。任何一个有雄心的骑兵，理想都是来一场果断的冲锋，或与对方的骑兵对阵，或踩踏敌方的步兵。通常，手枪是作战时的首选，佩剑可能是累赘。剑既可以挂在手枪带上，也可以附在马鞍上——如果骑兵需要下马作战，这种安排将更好。不过事实上，有好几次交战都用上了佩剑。1863年6月在弗吉尼亚白兰地车站，挥舞着佩剑的骑兵们相互纠缠了一下午。战后，对此感到非常惊讶的邦联军队都说，此战成就了联邦军队骑兵的威名。

▼美国第2骑兵团号手，1863年。号手传统上骑白马或灰马，这样他们就容易在战斗中被认出来。骑兵们如果不想下马作战，就必须好好照顾他们的马匹。

1864年，在谢南多厄河谷战役中，联邦的骑兵师向邦联步兵发起了冲锋，踩踏并粉碎了他们。骑兵的时代还未结束。

宾夕法尼亚第6志愿骑兵团和新泽西第3志愿骑兵团

两个有趣的志愿团在战争中为自己取了名字：宾夕法尼亚第6志愿骑兵团和新泽西第3志愿骑兵团。宾夕法尼亚第6志愿骑兵团又叫"拉什枪骑兵"，因为他们是美国骑兵部队中唯一一支装备了长矛的骑兵团。不过，他们坚持使用

黄色的花边装饰，制式军便帽没有帽舌，并且需要歪向一边戴着。别致、有趣的帽子，是这个团与众不同的地方。他们的斗篷夹克，是穿旧了的皮上衣或者外套，不过打仗时并不穿。他们加入波托马克军团的时间相对较晚，但却非常优秀，建立起的可信记录几乎没有其他团能够打破。

密歇根旅

密歇根旅是乔治·卡斯特作为将官带领的第一支部队，他给士兵们配发了一条独特的红色围巾，以便在战场上进行区分。这个特点，连同他亲自设计的军服，以及部队在效率方面获得的名声，使密歇根旅比其他骑兵部队更加优秀。与卡斯特后来糟糕的名声相反，他作为一个骑兵指挥官是非常优秀的。

◀**密歇根旅军士，1863年**。密歇根骑兵旅是在新成为"晨星之子"的乔治·卡斯特的指挥下成立的。总的来说，这是一支很有能力的部队。随后，卡斯特给士兵们发放了红围巾作为部队标志。

▶**新泽西第3志愿骑兵团骑兵，1864年**。这个团外号"蝴蝶"，穿着轻骑兵风格的制服。他们参战时间较晚，直到1864年初才被征召入伍服役。该团被派往波托马克军团骑兵部队，创下了作为一支优秀骑兵部队的可信记录，并参与了谢南多厄河谷战役。官方将其命名为"美国第1轻骑兵团"，他们自己则喜欢被称为"新泽西第3志愿骑兵团"。

长矛一年后发现，长矛在树木葱郁的地势中几乎毫无用处，于是丢弃长矛，和其他骑兵团一样配备了卡宾枪。拉什枪骑兵穿的是志愿骑兵团的制服，不过他们最初可能穿的是深蓝色的裤子，后来则变成了天蓝色。

新泽西第3志愿骑兵团，即美国第1轻骑兵团。他们穿着轻骑兵风格的制服，据说是仿自当时奥地利轻骑兵团的制服。他们的深蓝色紧身短上衣在胸前位置有

◀1862年5月底6月初的卡斯特中尉（右）与他的囚犯——前西点军校同学，邦联军队的华盛顿中尉（Lieutenant Washington）。

海军

内战初期，美国海军的规模非常小，但精心设计的船舶、世界级的专业水平和极佳的声誉已在1812年战争和1846—1848年美墨战争中确立了起来。南北战争，则使海军从蒸汽动力部队发展成更现代化的装甲战舰，并最终在世纪之交成为一支可以在全球范围内投放武力的大白舰队（Great White Fleet）。

军礼服

内战爆发前，美国海军军官穿着漂亮的深蓝色燕尾服和深蓝色的裤子。所有海军上校（上校是美国海军当时最高的永久性军衔。第一位海军上将是在内战期间被任命并晋升的，此前并未有这一军衔）佩戴着当时流行的黄金肩章，领口与袖口上的海军军衔，为不同长度的金色花边实现的某种组合。所有军官的裤子都有金色的条纹，宽度为2.5—3.8厘米（1—1.5英寸）不等，其中，中尉为2.5厘米，上尉为3.8厘米。头发被要求剪短，胡须也应该被刮干净。但在军队中，刮胡须的条例一般是非强制性的，它取决于个人喜好，大多数人对此种规定并不在意。

军便装

随着海军在战争期间不断扩军，新军官持续涌入，他们中的许多人是商人，对军服的控制和要求有所放宽。由于军礼服很贵，而新军官只在战争期间服役，因此大多数人会抱怨这笔额外的费用。有鉴于此，海军上层决定修改漂亮军礼服的外套和裤子（虽然战后会恢复），大多数海军军官在战争期间穿的就是修改后的这套军礼服。战争期间，制服上复杂的军衔被简化了。随着新的军衔被创造出来——海军少将、准将以及少校，一个新的军衔系统诞生了。袖口上有一个金环的是海军少尉，有八个的是舰队司令，其他军官的军衔则在一个至八个之间。现代海军军官的军

▼穿着水手服的美国海军海员，*1861—1865年*。海军对应征士兵的着装规定在许多地区都很模糊，这艘船与那艘船不同，甚至同一艘船的船员服装也会出现不同。水手们有时与海军陆战队成员在登陆场服役，因此被武装起来，拥有相关的装备。

◀*美国海军军官，1861—1865年*。这是内战期间美国海军军官典型的军便装。不在岗和上岸时，长官会让外套的领口敞开着，这时领子就成了翻领。天气炎热时，船上不论哪个级别的人一般都会戴着草帽。

▲ 约翰·温斯洛（John Winslow）及士官在军舰"基萨奇山"号（USS Kearsarge）上，他们击沉了邦联军的"阿拉巴马"号（CSS Alabama）。

◀ 美国海军军校生，1861—1865年。他们的制服跟军官的乍一看很像，实际上并不相同。他们的帽子与应征士兵的也不同。军校生带领结在海军中很普遍，意为"年轻的绅士们"。

▶ 穿着夏季制服的美国海军士官，1861—1865年。应征水手唯一的军衔是士官，如图所示，大多数士官的军衔佩戴在左袖上，但水手长和其他高级士官的则戴在右袖上。水兵和士官的帽子通常是一样的，但是不同的船，其船员帽子的大小、顶部的长度以及垂到后背的帽带长度都会有所不同。

衔上有一颗金色的星星，其他军官则不会有。这种军衔制度战后被保留下来，并且在改进后沿用至今。

应征士兵

　　美国应征水手的制服与世界各国海军的制服类似。基本颜色是深蓝色，裤子已经发展为现今一些海军仍在穿的喇叭裤。这些裤子在大腿处是半贴身的，到膝盖位置开始变宽，最后在脚踝处达到最宽。

　　套头衬衫或毛衣配上松垮垮系在脖子上的领带，这样的服装在船上穿起来很舒适，工作起来也利索方便。水兵服的上衣有一条从肩膀延伸到后背的披肩，配有一顶轻快的水手帽，帽子的带子上通常写有水兵所在船只的名称。军衔和军职戴在手臂上，它们表明了舰上人员的岗位。

海军陆战队

美国海军陆战队是一个很小的机构，负责保护海军设施，为美国海军提供分遣队以服务军舰，并为两栖作战提供登陆部队。

▼穿着军便装的美国海军陆战队军官，1861—1865年。乍一看，海军军官可能会被认为是陆军军官，但海军陆战队的野战服（以及礼服）有几个显著的特点。穗带肩章以及军帽正面被猎号包围的"M"字母，是迅速识别海军陆战队军官的两个特征。

海军部队

1859年，海军陆战队的兵力是2000名官兵，战争期间几乎增加了一倍，达到3900人。1861年，海军陆战队的一个营参加了第一次奔牛河战役（第一次马纳萨斯战役），接下来海军陆战队直到1864年末才参加了非瑟垒突击战（the assault on Fort Fisher）。他们第一次袭击失败了，第二次才取得了成功。

应该指出的是，海军陆战队不属于美国陆军。它是美国海军赞助的一个独立机构。它有自己的上校司令，它的总部直到今天仍在华盛顿，虽然现在被分成了华盛顿和弗吉尼亚州匡提科（Quantico Virginia，首都南部约30千米处）两个基地。司令官住在华盛顿特区的海军陆战队兵营——第8街和第Ⅰ街的交叉处（又被称为"第八眼"）。这所房子自1804年以来一直属于海军陆战队，它是首都的一幢公共建筑，在英国人1814年占领华盛顿时没被烧掉。据说是因为英国人尊重与他们在布莱登斯堡之战中（the battle of Bladensburg）战斗的水兵和海军陆战队。

法国风格

海军陆战队制服和美国陆军制服的颜色整体上是一样的，都是深蓝色上衣和浅蓝色裤子。不过，除了军种标志不同之外，两个军种的制服也有明显的差别。海军陆战队军士的臂章跟今天一样是指向上方的，同时期的其他军种臂章则是指向下方的。那时，美国海军陆战队还没有采用今天众所周知的徽章（1868年开始使用）——由一只抓着地球的白头海雕以及穿过地球的船锚构成，而是使用1859年被采纳的轻步兵猎号，里面有一个大写的"M"。其军官和军士的制服上有金色的肩章，衣领和袖口上有金色花边，大衣上还有红色滚边。

▲身穿军礼服的美国海军陆战队鼓手，1861—1865年。他保留着法国直筒式军帽和旧时代表军乐团的红色。海军的制服是精心制作的，非常漂亮，一直使用到了1875年。

与制服配套的帽子是法式军帽，他们在19世纪50年代也是戴的这种帽子。应征士兵捆在胸前的交叉式斜肩带是白色的，这在战场上成了完美的靶子。他们的工作服包括蓝色或白色的帆布裤子

▲ 1864年8月5日，在莫比尔海战中，南部邦联铁甲舰"田纳西"号在联邦海军上将戴维·法拉格特（David Farragut）的舰队多次攻击下投降被俘。

一些成功。在战争的头两年里，至关重要的武器和弹药通过封锁线被带到南方，但太多船长携带的是奢侈品和其他物品，这妨碍了邦联的战争储备，而不是有助于邦联。其中一些人在此过程中变得富裕或手头开始宽裕，但更多的人被捕，他们的船只或沉没，或被港口拒之门外。1865年初，随着北卡罗来纳州的费舍尔要塞陷落、威尔明顿港（邦联最后一个开放的港口，与外界交流的最后一个中心）被攻克，邦联与外部的联系被彻底断绝。

偷越封锁的船上面都是平民水手，他们穿老百姓的衣服，一副民间普通装扮的模样，即便身着制服，也是他们在战前的工作服。

▲ 邦联海军水兵，1863年。这名邦联水兵身着当时典型的海军制服，并装备了武器，他准备在岸上或在突击队服役。和联邦海军一样，水手们会加入海军陆战队执行任务，也会被用来驻守海岸沿线的要塞和堡垒，例如在查尔斯顿港和费舍尔堡。

偷越封锁的船

南方在海上为战争付出的努力并不都属于海军。在邦联的港口还掌握在他们自己手里时，偷越封锁的船、勇敢的船长、设计得比联邦执行封锁任务的海军跑得还快的舰艇，或多或少都取得过

▶ 佐治亚州海军部队水兵，1862年。除了制服的颜色，这名佐治亚州水手的制服与他们对手的类似。州海军部队规模不大，即便如此，定期的航行也消耗了大量资源，最终耗尽了邦联的心血，包括宝贵的人力、资产和补给。

海军陆战队

邦联的海军陆战队和联邦的海军陆战队一样，是一个执行各种海军任务的小型组织。

海和陆

海军陆战队的主要作用，是作为分遣队在船上或沿海的防御工事里工作，并且在两栖作战时成为登陆部队的核心力量，或在被封锁时成为攻击联邦船只的海上作战部队的一部分。邦联的海军陆战队跟联邦的同行一样，规模很小，一般作为分遣队或者以连为单位作战，以营级以上单位出现在战斗中是十分罕见的。邦联海军陆战队，通过拦截联邦船只的封锁行动、袭击和强行登陆敌船变得小有名气。1864年末1865年初，他们在防守费舍尔要塞时的表现尤其引人注目，在那里，他们与联邦舰队交战。联邦登陆部队试图占领要塞，结果失败了，不过他们最后还是通过猛烈的攻击成功攻下要塞。其登陆部队由联邦海军陆战队和水手组成。邦联这一具有战略意义的海港的丢失，使偷越船被迫歇业。

制服的细节

邦联海军陆战队员最初的制服是蓝色的，通常是那些离开美国海军陆战队，"转移"到邦联海军的人在穿。由于这种情况毫无疑问会在战斗中引起混乱和伤亡，因此邦联将制服换成了灰色，以便更容易区分朋友和敌人。然而，有证据表明，邦联海军陆战队后来仍在分发并且使用深蓝色的衬衫，其材质通常为法兰绒。

新的灰色制服包括一件灰色长外套，

▶ 邦联海军陆战队军官，1864年。这是在深蓝色制服被废除后，邦联海军军官的制式制服。这套制服的军衔标志在衣领和袖子处，距离较远时，很难确认图中这名军官是不是陆军军官，不过确定他是不是军官倒不会有任何困难。

◀ 邦联海军陆战队军官，1862年。最初，邦联海军陆战队穿的是深蓝制服，因为很多军官，即使不是大多数，都曾在美国海军陆战队服役，并且还留着他们的旧制服。用金线编织的军衔跟邦联陆军的一样，是在袖子上。不用说，这种颜色的制服在战斗中会引起混乱。

看起来十分整洁、漂亮，其中军官外套的衣领和袖口有时是深蓝色的。灰色的深浅会随着使用的染料而变化，有时灰色可能相当深，这能从幸存的照片中看出来。表示军衔的徽章、装饰与邦联陆军的一样，在衣领和袖子上。此外，这套制服还包括黑色皮制品和有金色饰带

◀费舍尔堡守护着北卡罗来纳的威尔明顿港。在被联邦占领之前，它遭到过两次袭击。它被占领后，邦联通往欧洲的最后一扇大门砰地关上了。

的深蓝色平顶帽。

　　应征士兵穿的是一件简单的单排扣灰色外套，没有深蓝色的装饰，其袖子上方的深蓝色部分表示其军衔。与军官一样，他们的平顶帽是深蓝色的，只是没有金色饰带；并且，其皮制品同样为黑色。在远处很难通过制服区分海军陆战队和陆军。有时，海军陆战队也穿海军制服：很可能是一件没有领子的灰色衬衫、一条白色裤子以及一顶没有缎带垂在背上的海军帽。跟邦联陆军部队一样，无论军官还是军士为统一服装如何努力，其结果依然是：即使是在同一个连里，士兵们的服装都是五花八门的。

　　尽管如此，南方邦联海军陆战队的制服，无论是原来的深蓝色还是后来的灰色，都很漂亮，与其继承的联邦海军陆战队的传统一致。

◀**邦联海军陆战队列兵，1864年**。战争爆发一年后，邦联海军陆战队员最初的深蓝色制式制服迅速被灰色的制式制服代替。毫无疑问的是，如果邦联海军陆战队继续穿深蓝色的制服，会在近距离战斗中造成混乱。

▶**邦联海军陆战队列兵，1862年**。邦联海军陆战队的士兵最初也穿深蓝色制服，但不到一年就发生了变化，至少制服制度有所改变。远距离行动时，邦联海军陆战队通常作为分遣队。他们能找到的衣服和材料，使他们的制服看起来并不统一。

邦联国旗和旗帜

邦联的旗帜通常有两种类型：国旗和军旗。

国旗

国旗经历了三次演变。最初是"星杠旗"，它由三条粗条纹组成，条纹从上到下分别是红色、白色和红色；左上角蓝色区域有一个圆圈，里面有11颗白色的五角星。

接着，国旗完全变了样，这主要是因为第一面国旗远距离看时与联邦国旗相似。这面旗帜大部分是白色的，其左上角的红色正方形里有一个深蓝色的圣安德鲁十字，十字的边框是白色的，里面有13颗白色五角星，每一部分有三颗，中间有一颗。

最后一面国旗与第二面的图案相同，但以一条垂直的红色宽条纹结束。

这些旗帜由羊毛或棉布制成，通常有三种尺寸：5米×7米（16英尺×24英尺）、2.5米×3.5米（8英尺×12英尺）与3米×4米（10英尺×15英尺）。后两种尺寸较小的国旗经常使用，因为这些旗帜生产起来很昂贵。

战旗

邦联部队的战旗可以进一步细分成两种：西线部队和东线部队使用的旗帜。一些旗帜，与北方联邦的那些旗帜一样，是城镇或城市居民的代表，来自市民团体。这些五彩斑斓的旗帜被颁发和使用，它们可以是由彩旗、丝绸或其他材料制成，上面画有或缝制有饰章、座右铭和其他图案。

在东线部队，尤其是北弗吉尼亚军中，最常见的军旗被称为"北弗吉尼亚军队的战旗"。通常，旗帜上都有蓝色的圣安德鲁十字，有时它的边框是白色的，十字内有12或13颗五角星。战场上获得的荣誉会被缝在或画在由彩旗布或丝绸制成的旗帜上。

北弗吉尼亚州的军队也有指挥官旗，其中最著名的可能是北弗吉尼亚的骑兵指挥官杰布·斯图尔特的旗帜。

西线部队的旗帜更加多样化。一些早期旗帜是根据第一版国旗"星杠旗"的样子做的，有些团旗则是标示旗或模仿自州旗，也有一些旗帜模仿的是北弗吉尼亚军队的旗帜。不过，有的旗帜是蓝色的，上面只有白色的圣安德鲁十字却没有星星；有的旗帜上有纵横交叉的十字架，其中有些有星星，有些没有星星。总体上，西线的旗帜比东线的更加丰富多彩，这使西线部队在战斗中或阅兵式上面貌更加丰富。

此外，在西线战场上，个人旗帜也很明显。邦联将军帕特里克·克利伯恩（Patrick Cleburne）就强烈反对将西线所有团旗图案换成东线团旗图案的建议。克利伯恩是如此直言不讳和愤怒，以至于他的兵团被允许保留他们为之奋战了很长时间的旧旗帜。

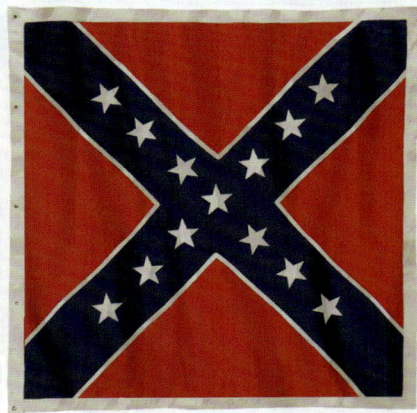

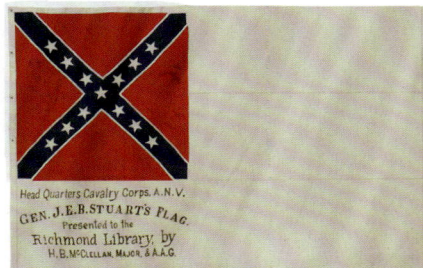

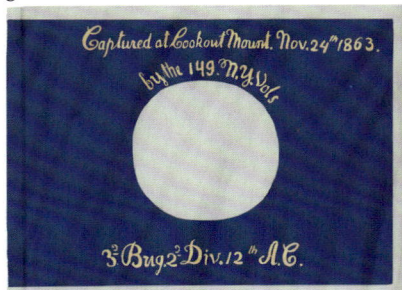

1. 佐治亚第18步兵团团旗。
2. 北卡罗来纳第1或第3步兵团团旗。
3. 北弗吉尼亚骑兵指挥官旗。
4. 阿肯色州第6和第7步兵团团旗。
5. 沃尔索尔旅团旗。

6

7

8

9

10

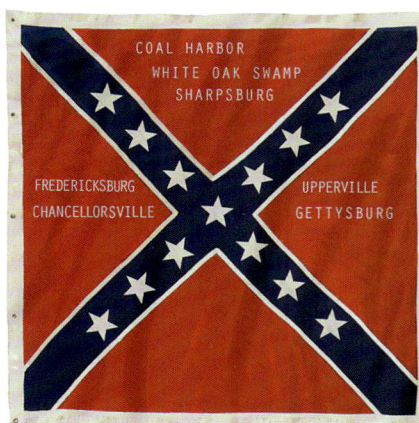

6. 路易斯安那第1步兵营营旗。
7. 阿肯色州第22（第20）步兵团团旗。
8. 弗吉尼亚第2步兵团团旗。
9. 阿肯色州第1步兵团团旗。

10. 阿拉巴马第16步兵团团旗。
11. 阿拉巴马第11步兵团团旗。
12. 弗吉尼亚威廉王炮兵连连旗。
13. 北卡罗来纳第28步兵团团旗。

14. 田纳西第3步兵团团旗。
15. 多宾斯的阿肯色州第1骑兵团团旗。

11

12

13

14

15

布尔战争

　　拿破仑战争结束后，荷兰移民（指南非白人，又称"布尔人"）与英国人之间的冲突逐渐加深，变得不可调和。布尔人希望可以独立，不用效忠于任何欧洲国家，主宰自己的命运。而击败拿破仑之后的英国，其海外势力如日中天，对南非的兴趣是与日俱增。布尔人通常是一些农民，他们在南非同土著部落作战来争取自己的生存空间，扩张自己的领地。在随后爆发的和英国的战争中，他们把这个强大的对手拖入了苦战，但最终难逃饮败的厄运——南非终究成了"日不落帝国"地图上的一块拼图。

▲布尔人的指挥官坚强独立，充满智慧。这张照片摄于布尔将军克里斯蒂安·德·维特（中）为英国人所俘之后。其他布尔将领，比如扬·苏姆特，在另一次战争中转投英国人麾下，作为南非公民为英军效力。

◀1900年2月，莱迪史密斯之围结束后，见面的英国军官互相庆祝。在战争早期，布尔人精于分割包围孤立在要塞里的英国守备部队。布尔人不仅是很好的步枪手，他们的炮兵也非常出色，在任何情况下对上英军都可以不落下风。

英国人在南非

英国对南非的野心引起了欧洲移民与当地土著的反抗，为此爆发了一系列残酷的战争。

▼图为陆军元帅基钦纳勋爵，他与加尼特·沃尔斯利爵士、罗伯特勋爵及其他指挥官共同肩负起了英国的国运。

▲这场保卫罗克河口驻地的战斗，堪称史诗。1879年1月22日至23日，英军与兵力达4000人的祖鲁军队展开了激战。此战为一个英军步兵连和为支援它而集结起来的部队赢得了维多利亚十字勋章，总计有11枚。

不列颠军队在南非

英国对南非的入侵持续了100多年（从法国大革命到拿破仑战争，再到两次布尔战争，并在第二次布尔战争中达到高潮），这些年里，英国不单对非洲南部实现了暴力殖民，其军队还进入了一个重要发展期。这种发展不仅体现在工业革命带来的武器和技术上的革新，同样体现在战术、组织架构上的推陈出新。同一时期，军服也有了极大的改观。在这一历史阶段里，英国除了在南非进行一系列军事行动外，还在世界其他地区诸如非洲、远东进行了一系列战争。随着英国逐渐成为当时世界上最强大的国家，英国女王也成了"日不落帝国"统治下大片土地的女皇。

在这些战争中，大不列颠的对手通

常并非来自欧洲大陆。从拿破仑战争结束到第一次世界大战期间，英国唯一一次与欧洲对手交战，是在19世纪50年代的克里米亚战争中和俄国交火。但是很多历史学家、作家、吟游诗人，不单单是鲁德亚德·吉卜林，认为维多利亚时期的俄国属于亚洲而不是欧洲。在英国军队中，无论是海上的皇家海军，还是陆地上的英国陆军，在这一阶段的持续军事行动中其对手都是土生土长的亚洲或者非洲居民。这些土著对手，衣着打扮、战斗方式、文化背景不尽相同，和英国人也有很大的差距。

英国军队直到1881年还穿着他们那套红色的军装，之后才开始慢慢引入卡其色军装，以便在旷野中更好地伪装自

▲布尔人在壕沟中打了一场小规模遭遇战。

己（卡其色军装第一次使用是在1851年的印度战场上）。后来，步兵的枪法变得越来越重要，英军的战法也开始为敌人单独制定。英军在殖民地习得了诸多镇压暴乱的方法，远比法国人从北非战场中获得的经验要早。

战场上的英国部队后来开始执行与布尔人相同的战术，其军服也变得与之相匹配。原先长期使用的头盔变成了宽边软帽，后期进化成了阔边帽。靴子也被改进成鞋子和绑腿，这套组合在印度被广泛应用。骑兵部队还在鞋子上装上了马刺。

在南非战场上，英国首次大规模雇用海外殖民地军队参战，加拿大和澳大利亚部队就在其中。与此同时，英军第一次使用志愿军代替成建制的正规军部队。第二次布尔战争给英军带来了巨大的变化，同时也为1914年从欧洲开始，最终遍布世界的大战做好了准备工作。

祖鲁人

在南非的一系列战争中，英国的两个主要敌人是布尔人和祖鲁人。在击败

这两个敌人的过程中，英国人付出了惨痛的代价。1879年1月，英军在伊散德尔瓦纳（Isandlwana）战役中大败，这使英国举国震惊，颜面尽失。此役，英军几乎全军被歼，只有极少数人逃脱，英国步兵更是死守阵地，战至最后一人。尽管在一开始就遭遇毁灭性的打击，但是英军还是获得了整个祖鲁兰战役的胜利，祖鲁人最终难逃失败的命运，国王也成了阶下囚。

布尔人定居者

布尔人成分复杂，由荷兰、弗里斯兰的加尔文教徒，弗兰德人，德国的新教徒，以及法国的胡格诺教徒组成。这些居住在开普的移民后代是英国人的主要对手，他们天生熟悉地形，了解当地居民。布尔人在自己的地盘上为捍卫他们眼中的领土而战，这些不屈的战士在第二次布尔战争的头一年表现出色，直到英国人完全融入环境，并显示出了压倒性的优势才将他们击败。

布尔人家园的四面八方都受到了攻击，于是战争很快演变成了"全面战争"。为保证英国的胜利，百姓被强制离开家园安置在营地，农田被烧毁以切断布尔人和基地的联系，守备部队在要塞中集结，通信网络时刻保持畅通。

▼布劳克兰茨战役，是布尔人在南非开拓殖民地时和当地土著进行的诸多战役之一。

第一次布尔战争：英国部队

早在19世纪初，英国人就踏上了非洲南部的土地。随着帝国的扩张，他们决定留在这片土地上，建立殖民地。继移民之后来到南非的是英国军队，指挥官们需要让自己的军队适应新大陆，以便开展军事行动。这对英国士兵来说并不是什么新鲜事，因为他们已经有过无数次在海外面对各种敌人的经验了。英国士兵能很好地适应时代，无论是战争方式，还是他们的敌人。

英军步兵

在19世纪末爆发第二次布尔战争中，英国士兵在战场上穿的是改良版军服。这一套步兵制服，包括一件裁剪到腰部位置、有红色燕尾装饰的紧身短上衣。这之中，应征士兵的短上衣前襟有白色花边装饰，为单排扣；军官与士官的紧身上衣为猩红色，有两排黄铜纽扣，胸前没有白色花边装饰。他们戴沙科筒帽，军帽前面有刺绣表明营级番号，以及属于轻步兵还是掷弹兵连队。上衣都是高领款式的，这种款式在战场上穿着极不舒适。军乐队成员穿着双排扣紧身上衣，深蓝色的裤子一直盖住军靴。军官们的军衔一般体现在金色的肩章上，而士官的军衔通常用袖子上的条纹来表示，这种方式在欧洲和美国都很常见。

但是在海外服役时或在一场战役中，这类紧身军服通常会被短夹克替代，因为这样穿行动更方便、实用，尽管它仍然是高领。沙科筒帽被换成了条例规定的军便帽，尤其是驻扎在炎热地区的军队。外套与拿破仑战争期间没有差别，都是石板灰色。

事实上，在战役中，英国士兵会把周围能找到的一切穿在身上。在19世纪，记录和照片变得越来越普遍，因此可以看到这个时期的英国步兵大多是这样的画风：一个营，哪怕是同一个连队内的士兵，其制服都是混搭着穿的，样式各异。于是在一场战役中，英军给人一种

◀ **第27步兵团军官，1845年**。这位步兵军官穿着便服，这套便服是用于在南非出勤或在战役中穿着的。这套衣服的舒适度要比军礼服高得多，但是对于南非炎热的气候来说也不算很合适。这套制服中的夹克上衣、腰带和裤子会使士兵感觉炎热，增加不适感和束缚感。

▶ **英国皇家炮兵，1845年**。有英国步兵出现的战场上，一定会有皇家炮兵的身影。用英国名将威廉·菲利普的名言来说，"山羊能到的地方，人就能到，人能走到的地方，他肯定能把大炮推过去"。这套深蓝色的炮兵制服和火炮一样是一个炮手的象征。与步兵一样，炮兵也对他们的制服做了些许改进，使之更为舒适，在战场上不会太招摇。

◀ **来复枪旅列兵，1845年**。著名的来复枪旅是在拿破仑战争期间组建的，并在当时的不列颠军队中享有独一无二的威名。来复枪旅的传统制服是深绿色的，这让他们在每一次军事行动中都很容易和其他部队区分开来。作为使用来复枪的轻步兵单位，该部没有任何旗帜。此外，在战场上或战斗中，该部是通过军号而非军鼓来传递讯息的。

来复枪兵

来复枪旅是拿破仑战争时代的产物。它出现的一部分原因是：18世纪90年代，多次遭受法国预备部队摧残的英国军队寻求更多训练有素的轻步兵部队。这些轻步兵通常穿着绿色的军服，配发精良的贝克步枪，其他装备大多为黑色，以区别原来的白色腰带。但是这种传统在拿破仑战争之后就结束了。

划一。在战场上，补充和替换新军服是非常困难的。

战争或远征持续的时间越长，参战的英国军队的服装就会越破旧。士兵们很愿意脱下他们的军帽，尤其是闷热笨重的沙科筒帽。在印度，军官们通常会忽略关于着装的条令，尤其是在印度民族大起义期间。对他们来说，舒适度、存活率、在充满敌意的环境中作战的实用性、对抗训练有素的敌人，这些都比女王陛下的军队条例重要得多。

▼ **第27步兵团列兵，1845年**。在战场上，英国步兵通常会穿着他们的束腰上衣作为野战服来保持舒适。此外，他们不仅会穿平民服饰，如灯芯绒裤子，还会穿收缴的布尔人装备，如鞋子。他们腰间通常会携带皮质的腰匣来放个人武器弹药。虽然腰匣一般是骑兵装备，但是步兵也会装备来对付灌木丛中训练有素的敌人。

▼ **1840年前后的步兵装备。**
1. 枪机小包。
2. 粗帆布挎包。
3. 水壶。
4. 背包和毛毯。
5. 刺刀皮挂。
6. 带背带的弹药包。

非常不整齐的感觉。就算一个单位在战争初期军容整齐，但这种情况可以维持多久、会不会恶化还要看战役的艰苦程度（例如一些阿富汗战场上的战役），多久补给一次新的军服，以及军服的耐久程度。虽然军服和服装配件通常是东拼西凑出来的，但他们的装备还算是整齐后来，作为国王的皇家来复枪团重组时，深绿色的军装被保留了下来。同时，其他步兵也一样穿着这个颜色的制服。黑色的皮带装具则以传统方式穿着。来复枪部队一般由小号指挥调动而不是军鼓，且建制下的每个团都没有自己的代表颜色。

志愿兵

在殖民战争中，英国的常规部队永远是不够用的，尤其是刚开始在南非殖民的时候和在印度民族大起义期间。这时，一些平民志愿者出现了，他们愿意暂时加入部队服役，而且他们的表现通常都是优秀而又勇敢的。在南非，英国军队就组织了一批临时为常规部队服役的志愿者。

英国骑兵

英国骑兵的常规军服为红色或者深蓝色的紧身上衣，其下摆很短（专门为骑兵部队设计的）。轻龙骑兵身穿双排扣大衣，大衣正面饰有两排黄铜扣子，这样会更加舒服。在南非服役的英国骑兵部队，在穿着上会比步兵部队更加正式，他们有时候甚至会在战场上戴上头盔，但是这些头盔上没有有羽毛或者其他任何装饰。毫无疑问的是，这些头盔不能在毒辣的太阳下提供任何保护。

马匹的装备在拿破仑战争结束后到1853年之间变动不大。在那个时代，轻、重骑兵之间的鞍具和挽具差别很大。拿破仑战争时期的鞍垫和鞍包依旧在部

▶ **军官礼服，1845年。** 这是英国将官身着全套军礼服的样子。他身着双排扣滚边外套，身上的腰带代表了他的军阶和地位。头上戴的是很有特色的双角帽，这个帽子在英国军队中流行过很长一段时间。军服上的肩章很厚重，领口和袖口都有金色的装饰。

◀ **第60来复枪团第3营列兵，1881年。** 和来复枪旅一样，他们穿着标志性的绿色制服。第60步兵团起源于18世纪中叶，拥有"皇家美洲人"的称号。但是这个称号在1783年美国独立之后就变得不那么光彩了。第60步兵团很少聚集在一起执行任务，在很长一段时间里其队伍里大部分都是德国人，但它确实是不折不扣的英国部队。作为来复枪部队，这支队伍声誉卓著。

队中大规模使用。骑兵用的卡宾枪仅仅从火绳枪变成了火帽枪，所以外观上的差别也不是很大。骑枪，这种轻骑兵武器开始被投入使用，它是从法国引进的，最初出现在西班牙与比利时的夸特布拉斯（Quatre Bras）、滑铁卢。

1816年初，4个轻骑兵团被改成了枪骑兵团。骑枪在印度、阿富汗和南非得到了广泛使用。

▲伊散德尔瓦纳战役（The Battle of Isandlwana）。在这场战役中，祖鲁人突袭了英国人的营地，大获全胜。祖鲁人杀死了所有英国人，连伤员都没放过，不留任何活口。没有逃脱掉的英国士兵都被追杀至死。这是英国殖民期间最惨痛的失利，而这幅画展示了奋战到最后的第24步兵团。

◀第21步兵团军官，1881年。这是一个装备齐全的英国低级军官在战场上的样子。即使不是骑兵军官，佩剑仍然是军官们的权利，不过有些军官会放弃佩剑，换成步枪和刺刀，作为作战时手枪的补充。

▶第94步兵团列兵，1881年。尽管宽边军帽在早期南非的英国军队中还不是很普遍，但依然有部队在使用。这种帽子更加凉爽，在太阳下给的保护更多，同时在作战过程中也更容易固定。这名士兵上身穿着束腰上衣，但是裤子已经换成了平民款式，很有可能是灯芯绒的。

型号的帽子，不管是不是常规制式的。军便帽被采纳为军帽的一种，不过各式各样的民用帽也可以被使用，这取决于帽子的性能和个人口味。当军装补给不够时，炮兵也会选择民用衬衫和外套来代替，所以炮兵的外观和其他军种大不一样。

◀殖民地平民志愿者，1881年。这些志愿者穿着典型的平民服饰——马裤、长靴、平民外套和帽子，还携带有个人武器。在南非战场上，这些平民自发成为志愿者并组织准军事部队，为英军服务。

▶火帽枪骑兵部队的军官，1845年。这是一支骑马的步兵志愿军。他们身穿深绿色的制服，在战场上作为步兵参战。他们像英国正规军一样，用一种英国风格的制服打扮自己。如果指挥得当，这一类部队会在行动中发挥良好的作用。

英国炮兵

英国皇家炮兵广泛地吸取和采纳了陆军兄弟的经验，把军装的舒适度放在了首位，并且在必要时，忽略了制服条例。那个时代的炮兵制服辨识度很高，和陆军制服有明显的区别，因为它使用了炮兵传统的深蓝色。不过，炮兵制服在胸前没有装饰带，并且所有制服都是双排黄铜扣的设计。衣服尾部的长度，与步兵制服有明显区别。内衬使用红色，每个营都是，这是皇家炮兵部队的传统颜色。军官的军衔为金色肩章，士官的则是绣在手臂上部的臂章。在战斗中，炮兵一般穿着短上衣，通常还会佩戴某种

◀**第7禁卫龙骑兵团骑兵，1845年**。在南非战场上，重骑兵部队的士兵一般会带着军礼服的帽子。他们的军服没有多少改动，但是在潮湿炎热的南非服役，戴这种帽子必然十分痛苦。

▼**海军旅的水兵，1881年**。在英国发起的殖民战争中，皇家海军的水兵上岸和步兵一起作战是家常便饭。他们穿着海军制服，但是会稍作改进以适应陆地作战。他们一般头戴驻外部队头盔（foreign service helmets）或者一顶草帽，配发海军或陆军的装备。

中，英国皇家海军通过无数次的登录作战为陆上力量提供了宝贵的人力。水手和陆战队可以通过舰队运送到任何军舰可以到达、浮桥可以搭建的地方。上岸执行任务对水手来说，和上班一样稀松平常。如果陆军缺乏炮火，海军一样会赶来救援，就如在最后一次布尔战争中一样。有时，他们会上岸布置火箭；有时，他们用马车把船舱内的海军火炮运输到岸上，然后让水手和陆战队员上岸操作助战。

和陆军兄弟一样，在这些战争中海军损失惨重。他们不仅要面对严阵以待的布尔人做出的正面突击，还要在克里米亚登陆，和俄国人殊死作战。在19世纪，离开舰队、登陆作战的海军旅是路上部队的重要力量补充。

需要注意的是，尽管英国皇家海军陆战队（由两个身着不同制服的分支组成，其中，皇家海军陆战队轻步兵身着陆军同款的红色制服，而海军陆战队炮兵身着和皇家炮兵一样的深蓝色制服）是海军的部属，但是他们的人事档案却属于陆军，还被允许在阅兵中跟在第49步兵团之后接受检阅。

海军旅

19世纪的大不列颠是海上强国，但是他们的陆上力量在殖民战争中却是永远也不够用。英国皇家海军作为一支优秀的海上力量，和陆军相比其战略机动性毫不逊色，而且能够在他们需要的地点登陆，并提供舰炮火力支援。在克里米亚战争与1850年的印度民族大起义

第一次布尔战争：布尔人

第一次布尔战争，实际上一直持续到19世纪末第二次布尔战争爆发，这场战争清楚地界定了英国和布尔人之间的关系。

▼**布尔人，1870—1880年**。布尔人身着平民服饰，带着自己的武器参加战斗。如果除去步枪和子弹带，他们和南非的任何一名平民没有区别。

扩张

直到19世纪中期，英国人都没对布尔人有太多干涉，他们希望可以和平统治南非。而这个时期的布尔人，则通过侵占班图人的土地来建立起他们自己的小国家。然而，英国人和布尔人的冲突是与生俱来的，即使有南非土著作为他们共同的敌人。在1879年爆发的祖鲁战争期间，祖鲁人是英国人和布尔人的共同敌人，这时的布尔人给英国人提供了有限的帮助。祖鲁人相信，在其伟大领袖沙卡（Shaka）的领导下他们会赢得战争，捍卫所拥有的一切。但南非的英国军队与布尔人之间的利益又是不一致的，没有一方愿意妥协让步，于是最后所有的事情都要到战场上去解决。直到1902年第二次布尔战争结束，布尔人被击败，这一切才有了结果。

布尔农民勇敢自立、果断坚定，誓死捍卫自己的主权。他们战斗经验丰富，历经好几代与祖鲁人的战斗。

服装和装备

最初，在战场上与英国人作战的布尔人都穿着平民服饰，用自己的武器。他们是艰苦的拓荒人，和美国西部的美国人一样。布尔人熟悉地形，很多人都是土生土长的当地人，他们能够迅速穿越草原，并在战斗中利用地形特征。他们习惯艰苦奋斗，誓死捍卫自己的家园，因为他们觉得这一切都是上帝的赐予。

布尔人通常没有常备军，他们本质上都是农民。他们信仰虔诚、个性独特，毫不容忍当地土著的骚扰，本质上很像英国人，而且个个都是神枪手。布尔人传统

▲**布尔人志愿者，1840年**。他身上的"制服"无论是对英国人作战还对土著作战都极为合适，头上的帽子带有浓烈的个人色彩，而身上的火药壶和弹药包则增加了他的军事属性。

意义上的敌人是南非土著，尤其是祖鲁人。祖鲁人是班图人里最善战、最能干的，他们向南迁徙进入了南非草原。

在布尔人还没有自己的军服只能穿常服的时代，会用一些特殊标志来表明

传统，而这一切都随着起义的爆发而烟消云散。参与哗变的部队被解散，由新近征募的士兵取而代之。

英国军队

英军将领的军礼服为华丽的红色束腰上衣与深蓝色的长裤（这种打扮在军中较为常见），头上常佩羽饰。而将帅的着装在作战期间就更为自由，常为深蓝色长礼服。他们的制服在气候炎热的地区（如印度）也会有所改动，以约翰·尼科尔森为例，他戴配有后遮阳布的英式平顶军帽，身着宽松舒适的卡其色夹克，配盘花纽扣，脚踏马靴。

军队中的两位硬汉——哈夫洛克与坎贝尔均穿着深蓝色便服，前者穿长礼服，后者更青睐短夹克。驻印度的官兵为防烈日灼伤，皆戴军帽或军盔。

即使在印度，苏格兰高地兵也竭力保留自身军装的特色。军官头戴配有羽饰的苏格兰无边呢帽，下身着苏格兰短褶裙或具有团部特色的紧身呢绒裤。卡其色夹克的引入预示着英军制服的变革。随着先进武器投入战场，欧洲正规军的华丽制服也向现实做出了妥协。

制服规章

1855年，英军制服的规章发生了改变。步兵（很快由双排扣改为单排扣）、骑兵与步炮兵均穿着束腰上衣。这之中，步兵、重骑兵、将官以及参谋军官身着红色制服，而来复枪旅则是例外，仍穿深绿色军装（有时被称为"步枪绿"）；其余的骑兵与炮兵部队、医疗、辎重以及军械局人员皆穿着深蓝色制服。在此期间，步兵乐手，除鼓手和号手穿红色制服之外，余下人员均身穿白色制服，他们那颜色鲜艳的服饰在阅兵场上显得格外耀眼。苏格兰高地团中的风笛手则穿着绿色束腰上衣。除步兵裤改为深蓝色之外，长裤和

马裤未做改变。天气酷热时，军方还会给官兵们配发白色制服。

最常见的步兵军帽是法式沙科筒帽，其后部以一定角度向前方倾斜（同时代的美军也配发了同类军帽；英军的制服在一战爆发前一直受到欧陆军队的影响，例如1871年普鲁士击败法国后被英军采

▼*第2旁遮普骑兵团骑兵，1857年。*这名锡克人来自非正规的旁遮普骑兵团。著名的山姆·布朗武装带（Sam Browne belt）便是以服役于该团的一名下级军官的名字来命名的，他因为在作战中失去了一只手臂，便设计了这种便于拔剑和掏枪的皮革武装带。

▲*第14轻龙骑兵团骑兵，1857年。*为了适应印度次大陆的战事，这位全副武装的骑兵对自己的制服稍作了修改，用原住民风格的包头巾替换了标准的军帽。

英军对起义军进行了复仇与清算。随着大量起义军被残忍地诛杀，英国在印度的殖民秩序终于得以重建。

这场战争所造成的最无法换回的破坏，是英国军官与原住民士兵之间的信任。多年以来，印度士兵与英国军官共担苦难、历经风雨，形成了良好的官兵

◀约翰·尼科尔森准将，1857年。尼科尔森是东印度公司的一名军官，他在印度民族大起义期间从行政管理人员晋升为杰出的战场指挥官，有着传奇般的表现。他最为人熟知的事迹就是策划并率领部队攻占德里。与起义军交战期间，他的战死是英军的一大损失。

▲亨利·哈夫洛克少将，1857年。作为一名坚韧、忠诚、出众的指挥官，哈夫洛克少将屡建战功，他在战争结束前夕死于痢疾。坎普尔之战中，英军增援部队不幸没能及时赶到，致使妇女儿童被残忍屠杀，当时援军的指挥官正是哈天洛克。

◀担任中将的科林·坎贝尔爵士，1857年。坎贝尔是苏格兰木匠之子，拿破仑战争时期，他作为一个优秀的下级军官参与了西班牙的圣塞巴斯蒂安围城战。他在克里米亚战争期间奉命指挥苏格兰高地旅，后为镇压印度民族大起义贡献良多。白手起家的坎贝尔堪称英国最杰出的将领之一。

用的德式尖顶盔）。重骑兵帽并未做出改变，但轻骑兵采用了法式沙科筒帽，骠骑兵则引入高顶皮帽，枪骑兵头戴恰普卡帽。皇家炮兵与皇家工兵皆使用相同尺寸与样式的高顶皮帽，只是在军帽饰物如帽袋、羽饰与饰绳的细节上有所不同。各高地团的军帽也不尽相同，穿着苏格兰短褶裙的部队继续戴饰有羽毛的无边呢帽；两个没穿短褶裙的团（第71团与第74团）则头戴步兵沙科筒帽，他

印度民族大起义期间的重大军事行动

军事行动	日期	年份	结果
密拉特与德里兵变	5月10日—11日	1857年	英军防御
勒克瑙兵变	5月30日		勒克瑙被围
罗希尔坎德兵变	5月31日		英军防御
坎普尔兵变	6月5日		守军被围
巴迪克塞赖之战	6月8日		英军获胜
开始围攻德里	6月15日		英军围攻
占西大屠杀	6月8日		起义军获胜
坎普尔投降	6月25日		守军遭屠杀
钦哈特之战	6月30日		英军战败
旁遮普兵变	7月1日		英军防御
马尔瓦、恒河流域以及阿格拉（位于坎普尔）兵变	7月15日		坎普尔的平民遭屠杀
第一次坎普尔会战	7月16日		英军获胜
乌瑙之战	7月25日		英军获胜
姆豪之战	8月2日		英军获胜
比图尔之战	8月16日		英军获胜
奥德叛乱	8月16日		英军防御
占领德里	9月20日		英军进军勒克瑙
第一次支援勒克瑙	9月25日		守军获得增援
阿格拉解围	10月10日		英军获胜
科塔暴动	10月15日		英军防御
第二次支援勒克瑙	11月17日		撤离勒克瑙
撤离勒克瑙	11月27日		英军受挫
第二次坎普尔会战	11月26日—28日		英军战败
第三次坎普尔会战	12月6日		英军获胜
占领法泰加尔	1月6日	1858年	英军获胜
占领勒克瑙	3月21日		英军获胜
占领科塔	3月29日		英军获胜
贝德瓦之战	4月1日		英军获胜
占领占西	4月5日		英军获胜
巴雷利之战	5月5日		英军获胜
坎钦之战	5月7日		英军获胜
占领卡尔皮	5月23日		英军获胜
科塔基塞赖之战	6月17日		英军获胜，占西女王被杀
占领瓜廖尔	6月20日		英军获胜
坦提亚·托庇被俘	4月7日	1859年	英军获胜
坦提亚·托庇被处决	4月18日		起义被镇压

于其他线列步兵团，该团的军官与军士身穿猩红色紧身夹克，入伍士兵则为白色。1856年后，驻印度的兵团配发了由克尔赛呢或哔叽制作的红色长大衣，这

▼ *第2旁遮普骑兵团军官，1857年*。*这名威严的军官身着"印欧风格"的制服，这是在非正规原住民部队中服役的英国军官的典型着装。来自旁遮普的部队在镇压印度民族大起义中发挥了巨大作用，他们在欧洲军官与原住民军官的领导下忠诚奋勇地作战。*

们随后被整合成了高地轻步兵团的第1营与第2营。另外一个"无裙"团，即第72团，则保留了羽饰无边呢帽。上述3个团均身着紧身格子呢绒裤。

军便服

　　新的制服规章对便服的改动很少，不过部队在战地穿的便服常常根据当地的情况做出一些改变。彼时，苏格兰船形便帽在高地团中时兴起来，但有些士兵仍继续戴旧式阔顶方格子呢帽。各级军官均着蓝色长大衣，骑兵身穿更短且更为朴素的紧身夹克（有时被称为"马厩夹克"）。在这方面，高地团又一次区别

种服装的饰件与纽扣数量不如红色礼服多（从9枚减少到5枚），但更为宽松，适合作战与勤务。士兵的装备总体而言与克里米亚战争时期并无不同。

在印度，部队对制服的改动更为盛行。大衣被染成黄褐色，通常为浅黄褐色（即使在同一支部队中，制服的色调也会因为手艺的差别而有所不同）。战场上，士兵通常穿着白色或灰色的便服，军便帽上经常装饰有一些防晒物，这种帽子在战役期间颇受欢迎，尤其是在那些戴着笨重头盔的部队中。东印度公司的军队也对制服进行了大幅度修改，应该注意的是：他们的制服规章与英军各团是不同的。

原住民部队

在欧洲军团与部分东印度公司部队里，有来自孟加拉军队的印度原住民士兵，他们之所以保持忠诚是因为其多年来为"约翰公司"服役的传统以及希望恢复被兵变抹黑的兵团荣誉。这些原住民兵团在与起义军作战时屡有上佳表现。

孟加拉骑乘炮兵在镇压印度民族大起义期间表现尤为突出。他们身着漂亮的深蓝色束腰上衣和长裤，头戴装饰着长马鬃的华丽古希腊式军盔。

为镇压起义而在印度其他地区组建的新作战单位也赶来支援英军弱旅。著名的向导兵团由来自旁遮普的5个骑兵团与10个步兵营构成，它的兵源来自印度次大陆，例如锡克人，他们不屑于和孟加拉军队中的印度教徒为伍。

其他赶来驰援的部队绝大多数为非正规兵团，如普罗宾与霍德森的骑兵，他们在镇压印度民族大起义的战争中功勋卓著，后来被编入正规军。大多数非正规兵团的士兵穿着本土服饰，他们的军官则身穿欧洲军服或本土与欧洲风格混搭的服装，这些士兵忠于自己的指挥官。部分因麾下部队哗变而无兵可带的

◀第4旁遮普步兵团的印度士兵，1857年。帕坦步兵身穿简朴的卡其色束腰上衣与长裤，头戴包头巾。其武器装备也颇为简单，皮具为黑色或棕色。来自旁遮普的部队对起义军并无好感，他们在英国军官的指挥下野蛮地作战。若没有他们的及时参战与英勇战斗，镇压印度民族大起义恐怕只能沦为空谈。

▶第95步兵团列兵，1857年。拿破仑战争后，第95来复枪团被"剥夺"了番号并永久更名为"来复枪旅"，"95"这个番号则被分配给了一支常规线列步兵团。这种变动，有时会对历史学者造成一些困惑与混淆，但这些步兵并非来复枪兵。与许多线列步兵团一样，他们的制服为了适应印度战场而做出了改动。在战时，尤其是在长时间的、疲惫的镇压印度民族大起义期间，每天穿着作战服的士兵难免变得衣衫褴褛。

◀**来复枪旅列兵，1857年**。这名来复枪兵隶属于印度民族大起义期间临时组建的"骆驼兵团"，他身着灰色作战服，一如既往地配备黑色皮具，头戴稍加修改的制式军盔——此类头盔是为在国外服役的部队配备的。来复枪兵通常身着昂贵的暗绿色制服，但这种服饰无疑会令士兵感到炎热与不适，因此很快就被图中这种更为合适的军装代替。

▼**第92（戈登）高地团列兵，1857年**。这名威风凛凛的步兵身穿白色束腰上衣（它比传统的红色服饰更适合印度的气候）和短褶裙，配备苏格兰毛皮袋，头戴有毛饰的无边呢帽，军帽下的帽遮可保护士兵免受烈日暴晒之苦。其他参与镇压印度民族大起义的高地团，如第79团，可能会穿着灰色、浅蓝色的罩衫或图中的白色束腰上衣，而非规定的红色紧身上衣。

东印度公司

当时，有许多欧洲兵团受雇于东印度公司，他们在与起义军的交锋中表现得颇为英勇。

东印度公司的部队由原住民和欧洲士兵组成。欧洲士兵的制服以英军制服为基础，但也有些特别之处，如孟加拉与孟买骑乘炮兵的头盔。英国军官麾下的原住民士兵身穿本土服饰，但为了符合欧洲正规军的制服样式做了相应修改，同时也保留了印度本土文化的一些特色。

军官也加入了上述作战单位。

廓尔喀人是加入英国军队的尼泊尔人，身为精英单位的他们身穿暗绿色军服。他们在镇压印度民族大起义期间屡立战功，常年来以忠诚可靠闻名天下。如今的英军中仍有廓尔喀部队，他们并不算是雇佣兵。

印度民族大起义：印度起义军

印度原住民点燃了起义的熊熊烈火。"sepoy"一词常指由印度原住民组成的步兵部队，骑兵单位则是"sowar"。他们的制服与编制均仿自英军。

起义军

起义军一方有两个团值得被最先提及，即1857年5月驻扎在密拉特的第11孟加拉原住民步兵团和第3孟加拉轻骑

▶第3孟加拉轻骑兵团中的印度骑手，1857年。这便是1857年5月10日在密拉特起兵反叛的那个团。由于有85人拒绝使用新恩菲尔德步枪的弹药而被监禁，数名士兵联手释放了被关押的战友与罪犯，此举点燃了流血冲突的导火索。

◀印度起义军中的骑兵，1857年。曾经是孟加拉军中正规骑兵的他们将制服换为本地传统服饰，原本的武器装备却被保留了下来。虽然起义军中有些人并非军旅出身，但当起义被镇压后，这种区别对英军来说并没有多大意义。

兵团。最初反抗英国人的起义军身着他们的旧制服，后来则穿着本土服装，尽可能地搜罗好装备。不过印度军队的制服总的来说仍是欧式的。孟加拉骑兵团穿着"法兰西灰"——类似天蓝色或蓝灰色的军装，印度步兵则通常用多蒂腰布（dhoti）来代替欧式长裤。

孟加拉原住民军队几乎全数哗变，除了以下部队：3个步兵团、另外3个步兵团中的部分官兵、3个非正规骑兵团、3个廓尔喀团、3个锡克团中的部分官兵、部分非正规军、2个炮兵单位中的部分官兵。马德拉斯军和孟买军（其中有两个团例外）一样，保持了忠诚并随同在其他地区征募的部队一起参与了镇压行动，由于后者的组织集结需要时日，孟加拉军吃了不少苦头。起义主要围绕市镇展开，农村居民则既不支持也不参与其中，

但随着起义席卷全国各地，原先游离于军队外的暴乱分子成了起义军的一分子。

领导层

起义军的4位主要领导者是那那·萨希布（Nana Sahib）、巴哈杜尔沙（Bahadur

Shah）、占西女王 (Rani of Jhansi) 以及坦提亚·托庇（Tantia Tope）。那那·萨希布因参与坎普尔大屠杀臭名昭著，年事已高的他空有虚名而无实权。"莫卧儿末代皇帝"、德里之王——巴哈杜尔沙亦步入八旬，时年82岁，这位被叛党推举的印度皇帝在起义被镇压后向英国人投降。占西女王则战死于1858年6月的科塔基塞赖（Kotah-Ki-Serai）之战，人们称，她是个俏丽的女子。和前两位一样，她

也是被迫支持起义，只是名义上的领袖。巴哈杜尔沙的"将军"——坦提亚·托庇则于1859年4月被捕，经审判后被处决。

印度民族大起义虽然对英国在印势力是一大威胁，但其始终没有一个足智多谋的领导层来动员足够强大的部队与

英军及其麾下的印度部队相抗衡，抑或建立一个取代东印度公司或英国政府的管理机构。此外，起义军各方还因为内部的争权夺利而无法联合起来一致对外。若他们能合纵连横、精妙部署、指挥得当，摆脱英帝国的枷锁并非痴人说梦。尽管如此，起义军还是给英国人造成了不少的麻烦，以致"约翰公司"最后结束了其对印度次大陆的统治。最后，直至1947年，印度才彻底从英国治下独立。

◀**印度起义军，1857年**。哗变的士兵最初仍穿着制式军服，但由于补给困难以及指挥官的不切实际，他们逐渐改穿本土服饰。此举受到了许多人的欢迎，也许是因为这便于区分敌我。

埃及与苏丹：英国军队

纵览19世纪英国军队发动的数次殖民远征，其中至关重要的莫过于在埃及征战苏丹。

变革时代

1882年的埃及战役，最终以英军在泰勒凯比尔（Tel-el-Kebir）之战中获胜而告终，这是身着传统红色束腰上衣的英军所参与的最后几场战役之一。

英国之所以武装入侵埃及，是因为埃及爆发了反抗其名义上的统治者——奥斯曼派驻埃及的总督的战争，并取得了阶段性胜利，这样一来英国就无法再通过总督控制埃及。埃及军队中的军官一般由土耳其切尔克斯人（Turco-Circassians）担任，士兵则是来自埃及社会底层的农民。然而到了19世纪60年代，埃及军官们开始对盘剥人民的总督萌生敌意，最终举兵反抗。这让英国感到震惊，他们之所以承诺支持现任总督主要是因为能够进入苏伊士运河，而苏伊士运河是大英帝国的战略生命线。于是英国派出舰队运载陆军前往埃及，帮助奥斯曼总督镇压了叛乱。

然而，这也拉开了埃及附属苏丹反抗的序幕，并导致了戈登远征队的灾难性失败，以及与狂热的马赫迪派展开的一系列战斗。

◀斯图尔特将军，1884年。时任准将的赫伯特·斯图尔特爵士（Sir Herbert Stewart），身着灰色束腰上衣与卡其色马裤，佩戴勋略，足踏马靴。这套军服是在国外服役的部队配发的，是英军该时期的典型服饰，兼具实用性与舒适性。

▶加尼特·沃尔斯利将军，1873年。在维多利亚时代，这名显赫的骑士是人们眼中理想的"现代少将"。他效力军中多年，功勋卓著，为英军数十年的发展奠定了基础。有个谚语就源于他，即"一切都很加尼特爵士"，意为一切事物都井然有序。

将领与参谋

1882年时，指挥英军远征埃及的将领是加尼特·沃尔斯利爵士（Sir Garnet Wolseley）。他是英军历史上最杰出的指挥官之一，对英国军队的影响极为深远，唯有苏丹的征服者——赫伯特·基钦纳爵士（Sir Herbert Kitchener）能与之匹敌。

大部分英军将官在战时的着装较为随意，不顾制服的规定。沃尔斯利为求舒适，也如法炮制，基钦纳则严守制服规章。基钦纳其人虽然严苛，不如沃尔斯利和罗伯茨勋爵（Lord Roberts）受欢迎，但他对帝国和军队的贡献丝毫不逊于前两位，因此始终被评为英军史上最伟大的将领之一。

征服苏丹后，基钦纳奉命在布尔战争后期统领英军。在一战初期，他被任命为战争大臣，这个职位简直是为他量身定做的，他在职期间征募了300多万志愿军，代替战前建立的正规军与地方士兵，后者在初战后近乎崩溃。这支志愿军被戏称为"基钦纳的暴徒"。1915年，基钦纳乘"汉普郡"号军舰前往俄国，在奥克尼沿海被德军鱼雷击中。基钦纳与他的参谋葬身大海，一直以来人们都未能找到他的尸首。

步兵

步兵制服仍为红色，尽管束腰上衣的样式各有不同。军官与军士身着因团而异的猩红色军服，其差异表现在细节上，如禁卫团制服的纽扣排列就非常特殊。衣领与袖口一般为团代表色，其中禁卫团与皇家团为蓝色，英格兰团与威尔士团为白色，爱尔兰团为绿色，苏格兰团则为黄色。来复枪兵穿着相同样式的绿色束腰上衣，搭配黑色装饰带。苏格兰团（包括那些没穿短褶裙的团）身着紧身上衣，而非束腰上衣。7枚铜扣排列于束腰上衣与紧身上衣的正面。

线列步兵团及来复枪团头戴英国版的普鲁士尖顶盔。之后，来复枪团将其换为高顶毛皮帽。燧发枪手团的熊皮帽比禁卫团的稍小，其正面饰有手榴弹铜徽。高地轻步兵团则头戴低矮的法式沙科筒帽，身着苏格兰紧身上衣与紧身格子呢绒裤，长裤上的格子图案各团皆有差异。其他高地团穿着短褶裙，头戴无边呢帽。

用于野战勤务的红色束腰上衣和深

◀基钦纳将军，1898年。赫伯特·基钦纳爵士在维多利亚殖民战争时期享有极高的威望。1898年，他在苏丹指挥部队。图中的他身着两年前引入的新式卡其色制服，这是件美观且实用的军服，适用于炎热气候。

▶第5廓尔喀来复枪团列兵，1878年。英军中廓尔喀营的士兵都是尼泊尔人。军方奖励他们穿着绿色制服、配备来复枪兵的黑色皮具，以显示其精英地位。其制服会先被染暗，看起来像黑色，而后褪为绿色。

▲**第42步兵团（黑卫士团）士兵，1882年**。1882年，著名的黑卫士团（或皇家高地团）被部署到埃及，他们身着猩红色紧身上衣，配短褶裙以及苏格兰毛皮袋。这套制服唯一的改动在于白色的驻外部队头盔。该团组建于1745年詹姆斯党最后一次叛乱之后，负责维护苏格兰的治安，其短褶裙上饰有象征政府的花呢格纹。他们是唯一一个身穿红色束腰上衣的高地团，其他高地团皆穿白色上衣。

骑兵

19世纪80年代的英国骑兵分为轻骑兵和重骑兵。3个皇家骑兵团（2个团的禁卫骑兵和1个团的皇家骑兵卫队）属于重骑兵，他们身着军礼服，配备胸甲，头戴钢盔。禁卫龙骑兵穿着标准的红色重骑兵束腰上衣与深蓝色长裤，头戴龙骑兵钢盔。各龙骑兵团的制服大体相同；与禁卫龙骑兵一样，他们也是配备钢盔而非铜盔。唯一的例外是第6禁卫龙骑兵团，其上衣与长裤均为深蓝色。第2龙骑兵团，又被称为"苏格兰灰骑兵团"，正如其名，全团官兵骑灰色骏马，头戴熊皮帽，而不是龙骑兵钢盔。

骠骑兵和枪骑兵同属轻骑兵，两者的制服都受到了欧陆风格与部队传统的影响。骠骑兵身着传统的骠骑兵夹克，胸前饰有数排饰带，头戴高顶皮帽，帽袋和饰带的颜色皆为团代表色。枪骑兵穿着传统的枪骑兵束腰上衣，夹克正面配有彩色胸饰，头戴波兰风格的恰普卡帽（起源于波兰，在拿破仑战争期间以及结束后被欧洲各国军队的枪骑兵部队仿制）。

军方在第一次与第二次埃及远征之间的这段时间采用了卡其色的军便装，在那之前，骑兵部队在战时仍戴驻外部队头盔。

1898年，第21枪骑兵团成立。它原是1858年建立的第3孟加拉欧洲轻骑兵团，1861年时被改编为骠骑兵。这些骠骑兵在恩图曼(Omdurman)之战中表现出色，获得了"印度女皇的枪骑兵"这一荣誉称号，被允许保留团部番号。之后，他们成为第21骠骑兵团，并在1897年改编为枪骑兵。1922年，参与过巴拉克拉瓦之战中轻骑兵旅冲锋的第17枪骑

蓝色长裤一直保留到了19世纪80年代。一种为在国外效力的部队装备的白色头盔也被引入军中，它有时会染成卡其色或茶色。驻外部队在阅兵时需系白色皮带，戴白色尖顶盔，并在盔正面饰以团部帽徽，来复枪团作为例外，配黑色的斯莱德－华莱士（Slade–Wallace）皮带。小腿处的绑腿将长裤下端收拢起来。后来，步兵野战制服的颜色改为卡其色，高地团也在其短褶裙之外系了一条卡其色的"围裙"。

▶1882年9月13日，泰勒凯比尔之战中的黑卫士。

◀女王向导兵团（Queen's own corps of guides）军官，1879年。这个著名的团是由原住民士兵和英国军官组成的。图中这位少尉穿着漂亮的便服，系着山姆·布朗武装带。挂着弹药盒的肩带并没有和腰带系在一起。驻外部队的尖顶盔是该团军官的一大特色。

▼第21枪骑兵团骑兵，1898年。不久前该团仍是个骠骑兵团，他们作为枪骑兵参加的第一场战斗是远征苏丹期间的恩图曼之战。这些全副武装的骑兵会在战斗前取下骑枪上的小旗或是将它卷起来。他为自己的马匹配备了当地的遮阳布和置于马鞍后方的饲料袋。军刀和卡宾枪不像以前一样是骑兵本人佩带，而是挂在马鞍上。

炮兵与海军陆战队

皇家炮兵穿着深蓝色的骠骑兵制服，头戴配有帽袋和饰绳的高顶皮帽，这套制服如今仍被皇家骑乘炮兵穿着。野战炮兵的制服则几乎与步兵的相同。

彼时，皇家海军陆战队分为两支部队：皇家海军陆战队轻步兵与皇家海军陆战队炮兵。前者身穿线列步兵服饰，而后者的制服则与皇家野战炮兵的相似。他们在皇家海军的主力舰上或海岸附近服役。

兵团，与第21枪骑兵团合并，组建了第17/21枪骑兵团。他们在战地身着卡其色军便服，在阅兵场上则改为华丽的枪骑兵礼服。其束腰上衣的正面饰有浅灰色胸饰，恰普卡帽配有白色羽饰，帽子顶部亦为浅灰色。当他们与第17枪骑兵团合并后，资历更老的第17枪骑兵团的制服颜色被保留了下来，不过失去了其独特的装饰带颜色。

埃及与苏丹：马赫迪军队

苏丹在被穆罕默德·阿里帕夏（Muhammad Ali Pasha al–Mas'ud ibn Agha）征服并沦为殖民地之后，便成了奥斯曼统治下埃及的一部分。而英国为了其在埃及的利益卷入了与苏丹的纷争之中。

▼ **马赫迪战士，1898年**。马赫迪军队在战斗中不仅堪比虎狼，而且组织精良、指挥得当、不惧牺牲。

19世纪80年代，埃及总督被苏丹爆发的起义搞得手慌脚乱。这场起义由穆罕默德·艾哈迈德（Mohammed Ahmad）领导，他是一个阿拉伯人，来自苏丹北部栋古拉（Dongala）省的达纳克拉（Danaqla）。他宣称自己是救世主。在赢得了广泛的响应后，他向埃及以及自己的反对者宣战，由此踏出了攻城略地的第一步。

▼ **马赫迪战士，1898年**。他们作战勇敢，有着良好的组织编制。马赫迪军分为三个"师"，每个"师"为一旗（Rayaa），旗帜的颜色各不相同，分别为黑、红、绿。

马赫迪进军

随着支持者数量渐多，艾哈迈德在科尔多凡（kordofan）省西部建立起了根据地，并攻占了省会乌拜伊德（El Obeid）。他率麾下"大军"发动突袭，一举歼灭了英国指挥官威廉·希克斯（William Hicks）的埃及部队。希克斯的遭遇使英方意识到自己正面临全面动乱的威胁，但他们却不愿派遣英军部队。因此，查理·戈登（Charles Gordon）将军——虔诚的戈登在当时虽已声名远播，但仍有一股神秘色彩——奉命前去镇压马赫迪起义，并守卫苏丹首都喀土穆（Khartoum），该城位于青尼罗河与白尼罗河交汇处，极具战略意义。规模庞大的马赫迪军最终攻占了这座城市，埃及守军尽遭屠杀，戈登亦难逃此劫，他的首级被插在矛尖上示众。同时，英方给戈登派出了援军，欲解喀土穆之围，但他们来迟了

一步，得知戈登阵亡后便引兵撤退了。

6个月后，艾哈迈德去世，阿卜杜拉（Abdullah）继承其位，成为哈里发。他与追随者尝试在苏丹境内建立一个自己的国家，巩固战果。各部落的军队被同一教派的人士动员起来，于1888年入侵埃及，但遭失败。

马赫迪战士

马赫迪的士兵狂热地忠于他们的信仰，早期的成功令他们自以为在战场上无人可敌。马赫迪为自己的部队规定了一套制服，基本上就是苏丹贫农的服饰：白色开襟长外套（jibbeh）、长裤、凉鞋、无檐便帽、白色包头巾与草编腰带。马赫迪的追随者被称为"安萨尔"（Ansar），意为"辅士"，其外套上缝有彩布（起初只是作补丁之用）以视忠诚。之后，各部队开始用不同颜色的彩布来区分彼此。

他们的武器有矛、剑和长枪，长枪包括从埃及人手中缴获的雷明顿枪、英国的马蒂尼–亨利步枪以及一些产自意大利、法国的武器。此外，有很多马赫迪士兵会把匕首别在左臂上。马赫迪军也有火炮，主要是铜质山炮以及从埃及人那里缴获的野战炮。

▼*马赫迪酋长，1898年。酋长（amir）是马赫迪军队的指挥官，他们常常骑在高头大马上，以便引领士兵。他们身着彩色的开襟长外套，比普通战士的着装要华丽许多。在马赫迪军中，穿着"制服"的目的与欧洲军队并无不同，即在战斗中区分敌我。酋长卫队有时会戴上红色头巾，以显示自己的身份。*

法军在墨西哥

19世纪60年代，法国皇帝拿破仑三世试图扶植哈布斯堡大公马克西米利安（Maximilian）在墨西哥建立帝国。

由于美国当时正经受内战煎熬，法国得以安然派兵入侵墨西哥而无须担忧美军介入。他们组建了一支"忠于"新政权的原住民部队，辅以法国正规军、欧洲（尤其是奥地利和匈牙利）志愿兵及来自比利时、奥斯曼帝国、埃及的部队。其中，最可靠的莫过于法军。

随着内战结束，美国再度"联合起来"，将目光转向墨西哥，并在美西边境集结了5万强军，交由南北战争中能征善战的菲利普·谢里登将军（Philip Sheridan）统领。法军对此别选择，加之欧洲正在酝酿危机，只得撤出墨西哥。

反游击部队

在墨西哥战争中，法军为应对抵抗势力的袭击，组织了反游击作战单位。这支部队下辖2个骑兵中队、4个步兵连、1个炮兵分队（2门炮），他们以纪律涣散和作战残暴著称。士兵有时会骑骡子，以加快行军速度。他们穿着一身彩色制服——红色夹克与白色马裤，偏好墨西哥阔边帽。步兵身穿半祖阿夫式的军服——红色祖阿夫夹克与衬衫，戴红色土耳其帽。弹药则装在置于腹部的盒子中。

▶在墨西哥服役的非洲猎骑兵团成员，1863年。非洲猎骑兵团是法军征服阿尔及利亚后组建的部队之一。该部下辖3个团的非洲猎骑兵，他们被派到墨西哥，身着制式军服。这些部队经受得住艰苦环境的考验，将其派遣到那里再适合不过了。1866—1867年，该部逐步撤出墨西哥。

制式军服执行野战勤务，配以舒适的或个人偏好的饰物，如墨西哥阔边帽就被用来抵抗恶劣环境的侵袭。在远征墨西哥期间，军团形成了坚忍不拔的优良传统。隶属该部的当茹（Danjou）上尉的步兵连被墨西哥起义军所困，英勇的幸存者们在拒绝投降之后，向为数众多的敌军发起了刺刀冲锋。虽然当茹上尉在战斗中被杀，但他的木手（wooden hand）被友军取回并保留为军团的纪念物。

其他部队

非洲猎骑兵团来自北非，是一支由北非战场上的老兵组成的精英部队。他们身穿浅蓝或"法兰西灰"的夹克与红色宽松长裤，骑阿拉伯骏马。其中，7个中队加入了法国远征墨西哥的大军（3个中队来自第1团，2个中队来自第2团，2个中队来自第3团），他们在为期不长的战斗中表现上佳。

帝国禁卫军中的一些单位，包括炮兵和辎重部队，也被派往了墨西哥。炮兵与辎重兵身着深蓝色制服，外套酷似骠骑兵的夹克，头戴皮筒帽或平顶军帽，足踏皮制靴面（boot tops）的军靴。入伍士兵有时穿着简式的深蓝色夹克和饰以红色条纹的深蓝色长裤，小腿上缠着白色绑腿。

▲驻墨西哥的反游击部队军官，1865年。法军的反游击部队是较为有效的，但这当中有许多士兵缺乏训练与纪律。如图所示，他们的军装颇为古怪，使这名军官看起来像奥斯曼苏丹和古时潇洒骑士的结合体。

▶驻墨西哥的法国外籍军团士兵，1864年。法国外籍军团是支援马克西米利安皇帝的墨西哥傀儡政权的理想角色。他们身着当时典型的外籍军团制服，只有阔边帽是个例外。

外籍军团

驻墨西哥的法国外籍军团最终发展为：6—8个步兵营，2个骑兵中队，"几个"野战炮兵连、驮载炮连、骡马炮连，1个工兵连以及1个辎重连。外籍军团身穿

美西战争

由于西班牙对古巴的占领，美西两国关系不断紧绷，战争一触即发。1898年2月15日，美军战舰"缅因"号在哈瓦那港爆炸，战争的导火索就此点燃。

美军在古巴的作战存在诸如武器落后、疾病肆虐、后勤不力等许多问题。尽管如此，他们还是成功拿下了古巴、波多黎各以及菲律宾。总而言之，这并非是一场非打不可的战争，它是被那些希望看到西班牙丢失其剩余殖民地的政客与新闻从业者的鼓吹所推动的。战争结果之一，便是使美国勉强晋升殖民强国之列，并迫使其以"世界大国"的身份登上历史舞台。参与过美西战争的老兵西奥多·罗斯福（Theodore Roosevelt）在当选为总统后，便开始着手利用这一新局势。此战亦导致了对菲律宾的血腥镇压行动。

美军

战争刚爆发时，美军仅有28183人，志愿兵因此被动员起来扩充正规军。由于必须留下一些部队在西部防备印第安人的威胁（最后的印第安人起义爆发于1890年），所以在新组建部队中担任骨干的正规军数量并不是很多。

◀第10宾夕法尼亚步兵团列兵，1898年。这是美西战争时期驻古巴的美军步兵的典型着装。它与在西部对抗大平原印第安人（Plains Indians）的美军所着制服基本相同，美军并未根据古巴的气候与地况对制服做多大改变。该部是美军中最后几支在战斗中持有军旗的步兵单位之一。

▼步兵装备，1898年。1. 水杯。2. 水壶。3. 手枪皮套。4. 子弹带。5. 背包。

这一时期，正规军部队与志愿兵的典型着装是：深蓝色衬衫配天蓝色长裤，辅以卡其色绑腿与蒙大拿圆帽。一些单位，如第10骑兵团，配发的是卡其色长裤，但许多部队还是穿着旧式蓝色军服开赴热带战区的。美军军服当时处于过渡时期，军中混杂着深蓝色衬衫与卡其色长裤和绑腿，卡其色军服尚未成为通行全军的工作服及野战服。

身经百战的第10骑兵团被派往古巴作战，作为美军中仅有的两支黑人骑兵团之一，该部在圣胡安山之战中表现突出。在第一次世界大战期间担任美国远征军总司令的约翰·J·潘兴（John J. Pershing）当时便是该团的中尉。由于他在第10骑兵团服役，人送外号"黑桃杰克"，潘兴对此感到由衷的自豪。

美国海军陆战队在对西班牙的战争中穿着两套制服。第一套与其他部队的军服很相似：陆战队风格的深蓝色束腰上衣、天蓝色长裤（有时被白色长裤代替）以及卡其色绑腿。第二套：卡其色的束腰上衣、长裤与绑腿，配有棕色皮饰或织带的军帽。

西班牙与古巴军队

1898年，昔日强盛的西班牙殖民帝国只剩下主要由古巴、波多黎各与菲律宾构成的小块江山。

西班牙士兵身着蓝白色条纹棉布制成的热带勤务服，头戴宽边软帽或草帽。军官穿着类似的军装，只是剪裁得更为笔挺。有时，西班牙人会使用类似英军的驻外部队头盔。军官们头戴的是一种被称为"利奥波的纳"（Leopoldina）的军帽。这些部队在古巴发挥出色，但他们斗志消沉的指挥官使之前功尽弃。

与美军作战的古巴人战斗力低下，他们身穿搜刮而来的美军制服，混搭以平民服饰，或是身穿自成一派的浅棕褐色、卡其色"军装"。

▼美国海军军乐队指挥，1897年。这件精美时髦的制服在美国海军中并不常见，乍看起来像是海军陆战队制服。乐手的便服包括：平顶杂役帽，配有披肩的深蓝色大衣，其衬里为猩红色。礼服亦然。

▲美国海军陆战队军官，1898年。这是美西战争初期美国海军陆战队的便服。无疑，他们起初就是穿着这套服装作战的，但杂役帽后来可能被宽边软帽取代了。随着战争的进行，陆战队会采用更为实用的且带有该部特色的卡其色制服。

▲第4骑乘炮兵团炮手，1898年。西班牙士兵的武器装备比美军的更先进，如无烟火药和现代火炮，他们的制服也体现了这一点。如图所示，其配发的服饰与装备适于在炎热潮湿的古巴作战。

北美印第安战争

美国自1783年赢得独立后，便与印第安人之间产生了一系列摩擦，这些事件最终在1890年演变为暴力对抗。1805年，刘易斯与克拉克的远征（Lewis and Clark expedition）吹响了美国向密西西比河以西扩张的号角，他们在途中遭遇了大平原印第安人各部落，后者与美国人先前熟悉的林地印第安人（woodland Indians）大不相同。西部的大平原印第安人不仅是出色的战士，亦是强硬的对手。

内战后的美军部队

美军在内战后决定保留6个黑人团的编制。其中的第9、第10骑兵团被派往西部帮助维持稳定、确定边界。他们证明了自己是军中最优秀的部队之一，并奉命与战争中最强大的敌人——阿帕奇人（Apaches）作战。第10骑兵团配发有普鲁士式的军礼服。

美军第7骑兵团因在1876年6月的小比格霍恩河（Little Bighorn）之战中战败而闻名，该部的指挥官是傲慢的乔治·阿姆斯特朗·卡斯特（George Armstrong Custer）。在这场战斗后，第7骑兵团中的一个营仅剩下一人。该团虽配发了军礼服，但在战场上他们一般穿着作战服，其军旗与内战时并无二致。

在此期间，美军制服尽管有所"发展"，但1898年在墨西哥作战的美军所穿的制服与1865年制服的整体外观基本一样。新式卡其色军服虽然已经引入，但想通行全军尚需时日。

许多制服，尤其是军官制服，非常具有英式风格，例如平顶无边筒状小帽与饰带镶缀的长大衣（但衣服长度不及英军）。适于寒冬的鹿皮夹克与牛皮外套均为官兵穿着，并常常配以军刀。各级官兵皆至少装备一把左轮手枪与同一类型的卡宾枪。内战后，军服的唯一改变在于天蓝色的长大衣，它虽然从外观上看好像没有变化，但衬里已根据各兵种的区别做了改动：步兵为红色，骑兵为天蓝色，炮兵为黄色。

◀美军第10骑兵团军士，1890年。第10骑兵团在西南部与印第安人展开了旷日持久的艰苦战斗，他们为国献身、屡建战功。西点军校的首位黑人毕业生，亨利·O.弗利珀（Henry O. Flipper），便是在该团效力，他之后成了美国西部闻名遐迩的工程师。

▲美军第7骑兵团旗手，1876年。由乔治·A.卡斯特中校率领的第7骑兵团在小比格霍恩河之战中惨败于苏族（Sioux）与夏延族（Cheyenne）战士。

大平原印第安人

大平原印第安人包括许多部族，如苏族人、夏延族人、黑脚族人、科曼切人(Comanche)、阿拉帕霍人(Arapaho)、克劳人(Crow)、格罗斯文特人(Gros Ventre)以及加拿大的阿西尼伯因人(Assiniboin)，各部族间时常爆发殊死搏斗。

密西西比河西岸的其他印第安文化支系，以高原印第安人(Plateau Indians)为代表。他们通常生活在东部落基山脉与西部加利福尼亚州、俄勒冈州和华盛顿州之间，其活动范围向北延伸到加拿大，向南直抵西南大沙漠(the great south-western deserts)。肖松尼人(Shoshoni)、内兹佩尔塞人(Nez Perce)以及犹特人(Utes)在这片区域繁衍生息。西南部印第安人(The South-west Indians)作为另一大文化支系，由阿帕奇各部落组成，其中有些部族是美军遭遇过的最顽固的敌人，他们还会进入墨西哥北部劫掠。最后一支便是加利福尼亚印第安人(the California Indians)，其中最危险且最独立的部族是莫多克族(Modoc)。

印第安人从未统一为一个政治实体或国家，但他们有时会联合起来抗击外敌，如苏族和夏延族在1876年联手对抗卡斯特的第7骑兵团。他们人数虽少，但英勇好战。印第安人会为了自己的荣誉、威信以及(主要是)生活方式拿起武器。各部落原住民的服饰发展很缓慢，随着与美国人和墨西哥人的接触，他们开始将本土服装和外来服装混搭起来穿。阿帕奇人虽然身着长裤和衬衫，但整体上保留了本族特色。使用原始武器的美国西部印第安人受到了火器的影响，开始用来复枪和手枪等武器增强战力，这一点毋庸置疑。印第安人使用的一些火器甚至比美军的更为先进，因此他们时常在与对手的战斗中取得火力优势。

◀阿帕奇族战士，1880年。阿帕奇人是出色的战士，善于步战、马战以及游击战。多年来，他们对美国人和墨西哥人一直保持着军事上的优势。美军在采用了印第安人的作战方法并且部署了阿帕奇人侦察兵后，才最终将其击败。

▶夏延族战士，1876年。图中便是1876年击败卡斯特的夏延族人的典型着装。羽冠在苏族和夏延族中颇为流行。打败卡斯特的夏延族人拥有比美军更好的武器装备，他们对下马步战的美军骑兵给予了沉重打击。

部落间的差异

大多数印第安部落将本土服饰与美国人的服装混搭起来穿，他们一直从大自然以及荒野中丰富的动植物身上取得蔽体之物，直到这些地区被美军占据。

各部族在服装上配以羽毛、珠子以及其他饰件。大平原印第安人在备战时会用彩绘装饰自己，我们能根据其脸部、躯体以及坐骑毛皮上的符号和彩绘来分辨印第安战士所属的部落。

殖民地军队

随着欧洲在远东、非洲、印度以及美洲的不断扩张，装备精良、训练有素的原住民部队被组建起来，由欧洲军官率领，为统治他们的欧洲宗主国而战。许多部队成了英军"王冠上的珠宝"，如孟加拉枪骑兵（这一称谓虽然被普遍使用，但并不准确，不少印度骑兵单位既非枪骑兵，亦非来自孟加拉）、非洲土著兵（Askari）、尼泊尔的廓尔喀人部队以及来自北非的斯帕伊兵、土耳其兵与祖阿夫兵。上述部队在远离家乡的战场上为殖民者忠诚奋勇地作战，威名传遍四海。

忠诚的服务

列强的殖民地军队在一战期间表现出色，很多作战单位非常幸运，没有目睹残酷的西线战争与可怖的堑壕战，但也有一些部队最终参与其中。塞内加尔团和印度支那团在并非由他们发动的旷日持久的战争中英勇、杰出地作战。

英属印度军队

可以用一个词来形容英属印度军队中的枪骑兵单位，即"无处不在"。枪骑兵团在军中颇为常见，他们身着不同颜色的制服，但总体样式还是非常相似的：头戴尖顶帽（kullah）并配以头巾（lungi），颜色根据各团而异，腰带亦是如此。其束腰上衣被称为"alkalak"或"kurtha"。印度骑兵团中的英国军官穿着更为欧式的制服，但也有不少人身穿原住民服饰，服装颜色均为团代表色。这些骑兵是军事史上最光鲜亮丽的部队之一，手持骑枪的他们异常致命，如著名的第19孟加拉骑兵团与第1斯金纳骑兵团。

锡克人在被英军击败后转

◀新南威尔士枪骑兵，*1886年*。这名澳大利亚士兵穿着精致的枪骑兵传统制服，包括前胸的红色胸饰（饰于束腰上衣正面的布片），阔边帽则是例外，这成了澳洲部队的一大特色。这套制服的颜色也反映了英军制服配色的一个变化趋势：从旧式军礼服的鲜艳，向实用、能融入地形的军便服颜色转变。

▲第1斯金纳骑兵团（约克公爵属枪骑兵团）骑兵，*1886年*。该部组建于1803年，最初为非正规部队，但因忠诚与出色的表现而最终"正规化"。他们的军服起先为深黄色，而后转变为黄色的束腰上衣搭配团部的特殊饰件。1922年，该部与第3斯金纳骑兵团合并，改称"第1约克公爵属斯金纳骑兵团"。印度于1947年独立后，该部脱离英军，成了印度军队的一部分。

彩营销组合来促进产品销售，即把上百种颜色按四季分为四大色彩系列，各系列的色彩形成和谐的搭配群，根据不同人群的肤色、发色等生理特征，以及个人面貌、形体、性格和职业等特征选取最合理的色彩系列。经过不断发展与传播，色彩营销理论在企业营销活动中的应用越来越广泛，逐渐成为企业获得竞争优势的一个重要手段。本任务要求学习者认识颜色，掌握颜色知识体系，学会在商业设计中使用颜色增强产品的设计感，激发顾客购买欲，提升产品转化率，根据色彩知识的搭配和运用技巧，尝试分析如图1-2-1所示同类色Banner的创意设计。

🪔 任务示例图

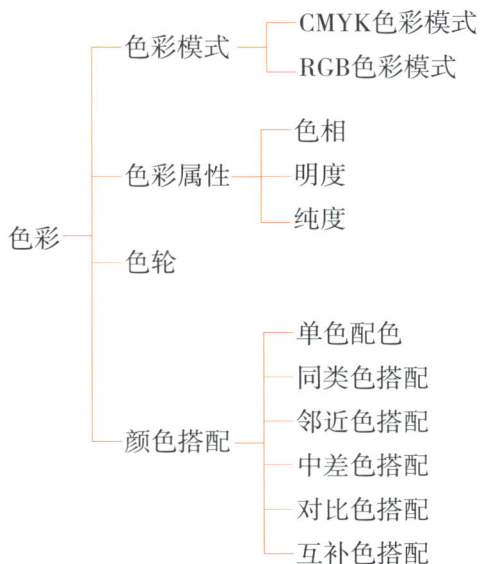

图1-2-1

🖊️ 导图引领

色彩
- 色彩模式
  - CMYK色彩模式
  - RGB色彩模式
- 色彩属性
  - 色相
  - 明度
  - 纯度
- 色轮
- 颜色搭配
  - 单色配色
  - 同类色搭配
  - 邻近色搭配
  - 中差色搭配
  - 对比色搭配
  - 互补色搭配

♕学习目标

1．了解色彩模式；熟悉色彩属性、色轮；掌握颜色搭配的方法。

2．能够根据色彩知识，合理地使用色彩进行配色。

3．理解"中国红"颜色的深刻内涵，领悟其对华夏儿女的精神激励，形成阳光健康的美学意识。

♻重点

辨识色彩属性和使用单色配色的方法。

⚜难点

能够运用色彩搭配知识完成色彩设计方案。

二、知识铺垫

（一）色彩模式

1．CMYK色彩模式

CMYK是彩色印刷时采用的一种套色模式，利用色料的三原色混色原理，加上黑色油墨，共计四种颜色混合叠加，形成所谓"全彩印刷"。

其中，C（Cyan）为青色，又称天蓝色或湛蓝；M（Magenta）为品红色，又称洋红色；Y（Yellow）为黄色；K（Black）为黑色。如图1-2-2所示。

图1-2-2

每种CMYK四色油墨可使用从0至 100% 的值。最亮颜色白色指定的印刷色油墨颜色百分比较低，为（0，0，0，0）。此时，不需要喷油墨。例如，亮红色可能包含2%青色、93%洋红、90%黄色和0黑色。

注意：青不是蓝，黑白灰属于无色系。

黑色分为单色黑和四色黑两种。单色黑，即纯黑色，其颜色值为（0，0，0，100），常用于比较小的文字和色块表达，表达效果更加清晰；四色黑，其颜色值为

（100，100，100，100），是四种颜色叠加起来的黑色，常用于大面积黑色组成的图片，表达效果更加浑厚。

2. RGB色彩模式

RGB色彩模式是工业界的一种颜色标准，R（red）、G（green）、B（blue）分别代表红色、绿色、蓝色。计算机屏幕上的任何一个颜色都可以由一组RGB值来记录和表达。

计算机屏幕上的颜色，由红、绿、蓝这三种色光按照不同的比例混合而成，三原色同时相加为白，三原色最小时为黑，如图1-2-3和图1-2-4所示。RGB的所谓"多少"就是指亮度，使用整数来表示。通常情况下，RGB各有256级亮度，用数字表示为从0、1、2直到255。256级的RGB色彩总共能组合出约1678万种色彩，通常也被简称为1600万色或千万色，也称为24位色（2的24次方）。

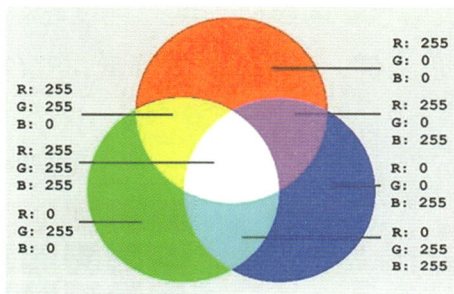

图1-2-3　　　　　　　　　　　　　　　图1-2-4

（二）色彩属性

1. 色相

色相是指色彩的相貌特征，它是区别各种不同色彩的最准确的标准，也是色彩的第一属性（首要特征），如图1-2-5所示。色相赋予了每种颜色一个独特的外貌，色彩相貌在传递色彩信息的同时，也在无形中影响着人们的情绪，传递着一定的情感，如图1-2-6所示。

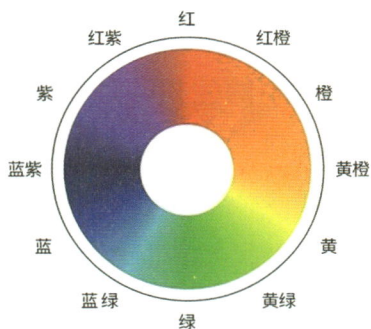

图1-2-5　　　　　　　　　　　　　　　图1-2-6

2．明度

明度是色彩的第二属性，表明色彩的明暗性质，也可以理解为颜色的亮度。不同的颜色具有不同的明度，以蓝色为例，随着明度的降低，蓝色逐渐变成了藏青色，如图1-2-7和图1-2-8所示。

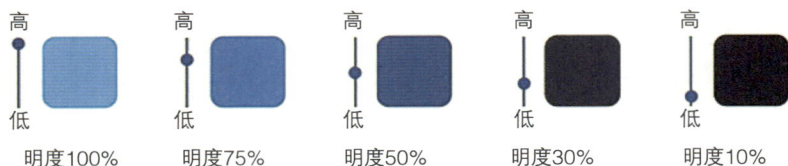

高 低 明度100%　高 低 明度75%　高 低 明度50%　高 低 明度30%　高 低 明度10%

图1-2-7

明度降低

图1-2-8

3．纯度

纯度（饱和度）是色彩的第三属性，表明色彩的鲜明程度。纯度越高，颜色越鲜艳，纯度越低，色彩越呈现出鲜灰色。以红色为例，随着纯度的降低，红色逐渐变成了灰色，如图1-2-9和图1-2-10所示。

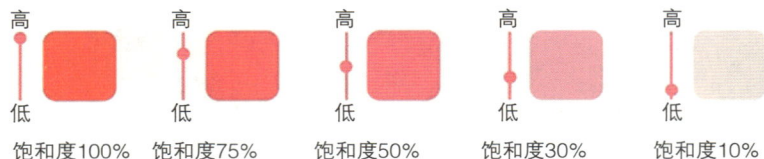

高 低 饱和度100%　高 低 饱和度75%　高 低 饱和度50%　高 低 饱和度30%　高 低 饱和度10%

图1-2-9

纯度降低

图1-2-10

色彩三属性也叫色彩三要素，是确定色彩性质的基本标准。三属性是相互影响、相互共存的关系，即其中任何一个要素的改变都将会影响原色彩的面貌和性质，从而引起另外两个要素的改变。

（三）色轮

色轮，也叫色环、色相环，根据颜色系统的不同，色相环也分很多种，如美术中的红黄蓝（RYB）色相环，光学、计算机Photoshop软件中的红绿蓝（RGB）色相环和印刷中的CMYK色相环。

图1-2-11

Photoshop软件中的色相环是在彩色光谱中所见的长条形的色彩序列，只是将首尾连接在一起，使红色连接到另一端的紫色，色环通常包括12~24种不同的颜色。按照定义，基色是最基本的颜色，通过按一定的比例混合基色可以产生任何其他颜色，如图1-2-11所示。

1．三原色如图1-2-12所示，在此基础上，将黄色和蓝色混合，得到绿色，如图1-2-13所示。

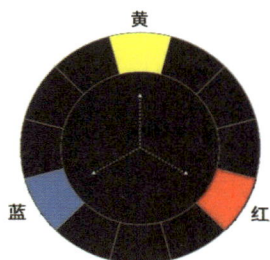
图1-1-12

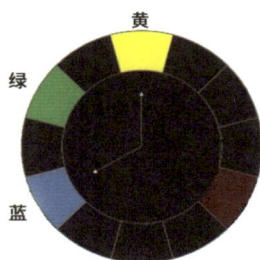
图1-1-13

2．黄色和红色混合，得到橙色，如图1-2-14所示；蓝色和红色混合，得到紫色，如图1-2-15所示。

图1-2-14

图1-2-15

3．相邻颜色互相搭配，可以得到如图1-2-16所示的色环。

图1-2-16

（四）颜色搭配

色彩之间的搭配大体上可以分为取得协调的配色和强调设计的配色。取得协调的配色是通过同一或类似的色相搭配，形成稳定、和谐的印象。强调设计的配色是通过不同色相之间的相互碰撞，强调色相差异，从而形成某种色彩的印象。

在色相环中，我们通常把色彩划分为12种或24种基本色相，选取其中某一种色相作为基准色相，这样就会产生同一色相、邻近色相、类似色相、中差色相、对比色相、互补色相六种色相之间的关系。

1．单色配色

单色并不是指只有一种颜色，而是只有一种色相。单色配色是指只使用一种色相进行色彩搭配。单色搭配虽然没有形成颜色的对比，但色相中却有着无数的色调变化，利用同一色相中纯度、明度的层次变化，也可以形成良好的视觉效果，优秀的单色配色并不一定弱于多色配色。单色配色简约大气、色调干净统一且稳定，容易营造出和谐与平衡的感觉，是较容易掌握的配色方法。

对于新手视觉设计师来说，颜色越少画面越容易把控。色彩层级越精简，就越容易达到整体色彩平衡。单色搭配可以产生低对比度的和谐美感，视觉上形成协调统一的感觉。

在单色配色中，经常会使用一些无彩色（黑白灰）用于文本、背景和装饰元素来丰富画面层次。

2．同类色搭配

同类色是在色环上色相距离在60°左右的颜色。同类色搭配的视觉效果相对稳定、和谐。如黄与橙红、蓝与紫等。效果如图1-2-17和图1-2-18所示。

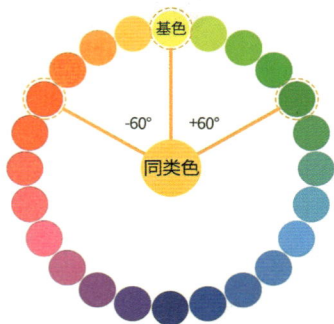

图2-1-17

图2-1-18

3．邻近色搭配

邻近色是在色环上色相距离在30°左右的颜色。邻近色搭配的效果柔和、和谐。如黄与橙黄、蓝与蓝绿等。效果如图1-2-19、图1-2-20、图1-2-21所示。

图1-2-19

图1-2-20

图1-2-21

4．中差色搭配

中差色是在色环上色相距离在90°左右的颜色。中差色搭配对比强烈、有很大的配色张力，更能引人注意，如黄与红、黄与绿等。效果如图1-2-22和图1-2-23所示。

图1-2-22　　　　　　　　　　　　　图1-2-23

5．对比色搭配

对比色是在色环上相距120°左右的颜色。对比色搭配视觉冲击力强，更吸引眼球，如黄与玫红、黄与蓝等。效果如图1-2-24、图1-2-25、图1-2-26所示。

图1-2-24　　　　　　　　图1-2-25　　　　　　　　图1-2-26

6．互补色搭配

互补色是在色环上色相距离180°左右的颜色。互补色搭配的视觉效果突出，对比强烈，如黄与紫、蓝绿与橙红。效果如图1-2-27和图1-2-28所示。

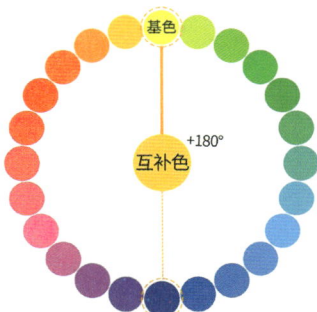

图1-2-27　　　　　　　　　图1-2-28

▶ **行业前沿**

　　色彩研究越来越多地依托信息化平台和数字技术，如AI技术在色彩趋势预测、色彩创新设计中的应用，为色彩学的发展提供了新动力，此外，色彩在时尚、建筑、制造业等领域的个性化应用也日益显著，如利用色彩心理学进行产品色彩设计，以满足消费者的个性化需求。总之，色彩行业正向着数字化、智能化和个性化方向迈进，为相关行业带来创新和变革。

三、任务实施

单色配色的方法

1．使用HSB模式建立配色方案

HSB 色彩模式是将颜色三属性进行量化，色相 H 以角度（0°～360°）表示，饱和度 S 和亮度 B 以（0～100%）表示。

　　在确定基础色相（H）之后，可以通过调整饱和度（S）和亮度（B）来创造一套富有层次的配色方案。

　　此案例以"H：255"为基础色建立配色方案，如图1-2-29、图1-2-30所示。

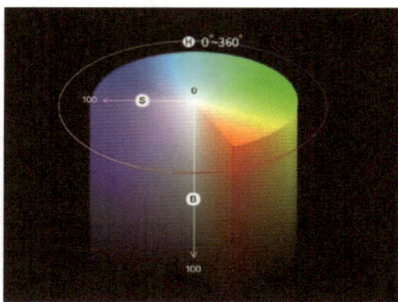
图1-2-29

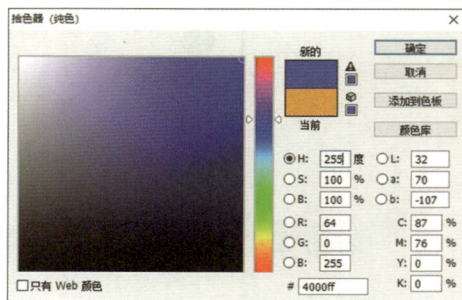
图1-2-30

　　接下来需要考虑色彩的明暗和饱和度。调整这些属性，让配色更贴合设计目标。最终的蓝色设计图如图1-2-31所示。

　　使用此方法可以得到同一色相中大量的色彩样本，但这并不意味着需要在单色配色中使用很多颜色，一般选择 3～5种，如图1-2-32所示。

图1-2-31

图1-2-32

由于单色配色色彩的对比度没有多色配色那么明显，同一配色方案内不同的颜色之间，需要形成明暗变化，构成一个阶梯型的色阶。

2．使用配色工具辅助配色

目前有大量的配色网站可以用来辅助配色，对配色基础薄弱的新人会有很大的帮助，比如 Adobe 公司出品的一款极为高效的在线配色工具——Adobe Color。在Adobe Color中，使用色盘设置了基础颜色之后，另外四个关联颜色会自动生成，如图1-2-33所示。

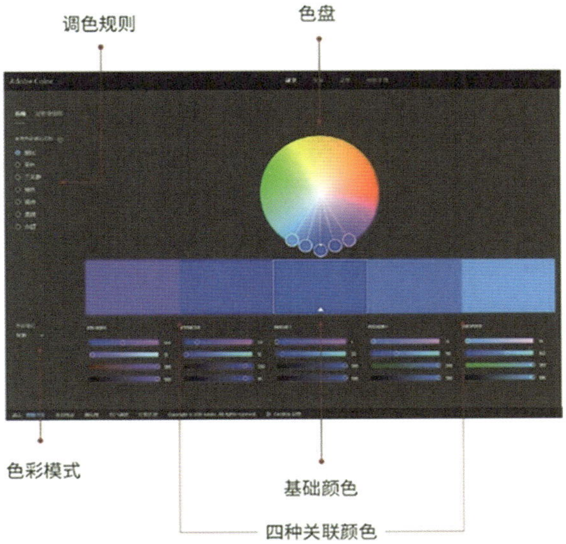

图1-2-33

在调色规则中选择"单色"。使用橙色为基础颜色，会自动生成四个关联颜色，筛选适合的颜色配置到画面中，就能很快完成配色方案，如图1-2-34所示。

另一个案例，根据主体最显眼的紫蓝色为基色，按照生成的配色方案，筛选适合的颜色配置到画面中，这样的配色非常协调统一，如图1-2-35所示。

图1-2-34 　　　　　　　　　　　　　　图1-2-35

四、知识测试

知识测试

五、总结评价

评价表

项目	评价内容	分值	评价标准	得分		
				自评	互评	师评
对同行业店铺进行视觉设计分析	店铺具有代表性	25	优秀：选择典型：21~25分 良好：选择合理：16~20分 合格：完成选择：15分 不合格：选择不合理：0~14分			
	分析细致到位	25	优秀：分析细致：21~25分 良好：分析到位：16~20分 合格：分析合理：15分 不合格：分析不合理：0~14分			
店铺VI标准体系	店铺标志醒目、新颖	20	优秀：标志醒目新颖：17~20分 良好：标志设计合理：13~16分 合格：完成标志设计：12分 不合格：设计不合理：0~11分			
	色彩能够反映商品特点	10	优秀：色彩美观：9~10分 良好：色彩合理：7~8分 合格：完成搭配：6分 不合格：搭配不合理：0~5分			
	字体选择合适	10	优秀：字体美观：9~10分 良好：字体合理：7~8分 合格：完成设计：6分 不合格：搭配不合理：0~5分			
自我超越提升		10				
合计		100				
得分						
说明：自评、互评、师评的平均分为最终得分						

任务二　认识 VI 设计

一、任务描述

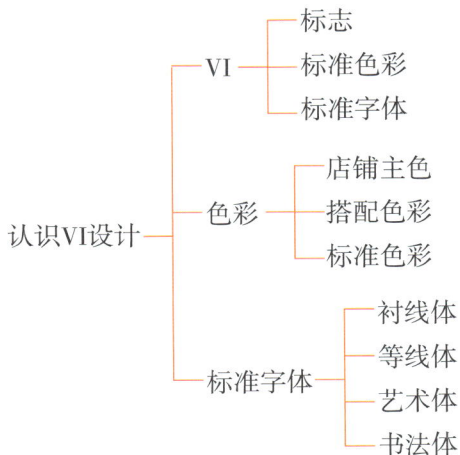

微课　认识VI设计

在商业视觉设计中，颜色是品牌的基础。很多品牌都将自己的专属主色注入企业文化，既便于传播，也有利于树立企业品牌形象，这种企业的专属视觉传达简称为VI（Visual Identity）。色彩心理学在商业中被广泛应用，企业的专属颜色会在无形中令品牌深入人心。

本任务要求学习者学会在商业设计中为企业量身设计VI，使用颜色增强产品设计感，激发顾客购买欲，提升产品转化率。根据色彩的搭配和运用技巧，完成如图1-2-36所示同类色Banner的创意设计。设计中要充分考虑VI的颜色设计。

任务示例图

图1-2-36

导图引领

```
                    ┌─ 标志
              ┌─ VI ─┼─ 标准色彩
              │      └─ 标准字体
              │
              │       ┌─ 店铺主色
认识VI设计 ─────┼─ 色彩 ─┼─ 搭配色彩
              │       └─ 标准色彩
              │
              │          ┌─ 衬线体
              └─ 标准字体 ─┼─ 等线体
                         ├─ 艺术体
                         └─ 书法体
```

👑 **学习目标**

1．了解视觉元素、VI的概念；理解VI颜色设计；掌握同类色Banner的创意设计。

2．能够根据企业的经营理念和企业文化，为企业量身设计专属视觉VI设计方案。

3．理解中国色彩的深刻内涵，以及中国色彩丰富多元的审美体验，领略不同文化背景下的审美差异和共性，拓展美学视野。

♻ **重点**

选择合适的VI并进行商业设计。

⚜ **难点**

根据VI的相关知识，合理使用色彩，完成同类色Banner的创意设计。

二、知识铺垫

每个店铺都应该有自己的风格定位，通过独特的风格来突出主题。在进行网店视觉设计的过程中，需要通过各种视觉元素塑造个性化的风格定位。一般来讲，主要从店铺专属VI、色彩、标准字体三个方面来进行设计。

（一）VI

VI即视觉识别，其主要是以标志、标准色彩、标准字体为核心展开的完整的视觉传达识别体系，是将企业理念、文化特质、服务内容、企业规范等抽象语意转换为具体符号的概念，从而塑造出独特的企业形象。

店铺VI不仅能规范店铺的装修，还能从很大程度上帮助消费者形成记忆，在其意识中树立并强化店铺的品牌形象。店铺VI是经过提炼、抽象与加工形成的一种视觉化的信息表达方式，是具有一定含义并能够使人理解的视觉图形，具有简洁、明确、一目了然的视觉传递效果。

（二）色彩

在视觉传达设计的各种元素中，最直观、最容易影响消费者心理的设计元素就是色彩。视觉营销的理论认为，商品和网店的色彩会直接影响消费者的心理，进而影响他们的购买行为。因此，色彩设计不仅仅是网店的装修和美化，而是进行整个店铺的视觉传达。在视觉营销的过程中，色彩起着相当重要的作用。

1．店铺主色

主色不一定是网店页面中面积最大的色彩，而是最能解释和体现网店视觉定位的色彩。类似于企业的领导者，店铺主色也许在数量上居少数，但是可以起关键性甚至决定性作用。

2．搭配色彩

包括店铺主色在内，网店的标准色彩数量最好为3~5种。标准色彩数量过少，设计出来的效果会显得苍白无力；标准色彩数量过多，设计效果则会变得混乱且难以控制。

3．标准色彩

决定色彩标准数量的时候还要注意，同一款设计中使用3种以上的色彩就是多色彩，多色彩会让人产生热闹、活泼、年轻的感觉，而使用3种以内的色彩会给人沉稳、高雅的感觉。正是这个原因，营销型网店和低价位的商品大多会使用多色彩，品牌型网店和高价位商品的色彩运用明显偏少。与企业的视觉识别规范不同，网络店铺的视觉识别规范通常是按照主色、搭配色和醒目色的分类标注标准色彩。标准色彩的色值一般标注为 RGB 和 CMYK两种模式，这样便于在商品包装、宣传品印刷等方面进行应用。

（三）标准字体

网店的标准字体是指从字库中挑选出来的中文、英文和数字字体，在选择字体时，主要考虑字体的风格是否符合网店和商品的形象定位，字体与网店标志组合时能否协调、统一，同时还要注意字体的系统性和延展性。

字体的分类方式有很多，从网店设计的角度来讲，可以把字体分为衬线体、等线体、艺术体和书法体四种类型。为了统一整体视觉风格，页面中最好不要出现各式各样的字体，除了一两种标题使用手写和艺术体之外，内页的中英文字通常各使用一种。一般情况下，网店的字体数量不会超过五种。其中，中文字体可以有两种，分别用于标题和内文描述；数字字体和英文字体各一种，书法字体或艺术字体只在特定活动时使用，字号大小根据实际情况而定。

▶ **行业前沿**

随着科技进步和消费者需求变化，VI设计不断演变，展现出新的趋势。当前，虚拟现实（VR）和增强现实（AR）技术的融合为品牌带来沉浸式体验，增强了品牌形象在虚拟空间中的呈现。此外，可持续性和环保主题在VI设计中越发重要，品牌通过设计元素传达环保理念和可持续发展承诺。同时，个性化和定制化成为吸引消费者的关键，品牌通过融入独特设计元素提升辨识度。跨平台一致性、动态性和交互式设计也是现代VI设计的重点方向。总之，VI设计体现了技术与创意的融合，为品牌带来独特的视觉体验，助力其在市场竞争中脱颖而出。

三、任务实施

（一）背景设计

1．设置文档宽度为1920像素，高度为600像素，分辨率为72像素/英寸，其他参数为默认值，如图1-2-37所示。

2．设置背景色颜色为红色，RGB值为（229，61，34），如图1-2-38所示，鼠标定位在背景层，按【CTRL+DELETE】组合键将背景层填充为红色，如图1-2-39所示。

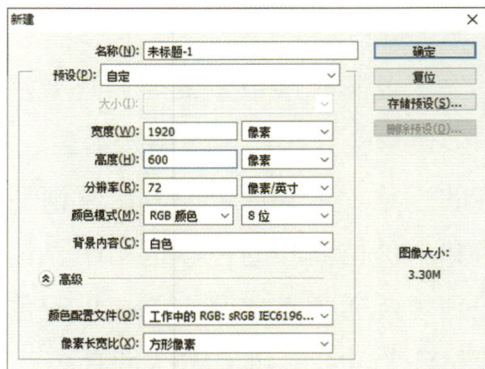

图1-2-37

图1-2-38

图1-2-39

（二）绘制同心圆

1．单击"视图"→"新建参考线"，设置垂直参考线为1650像素，水平参考线为540像素，如图1-2-40和图1-2-41所示。

图1-2-40

图1-2-41

2．设置完成后，如图1-2-42所示。

3．选择椭圆工具，如图1-2-43所示，绘制正圆，将正圆图层命名为"小"，并设置圆的颜色RGB值为（246，106，9）。按【CTRL+T】组合键调整圆的位置，直到中心点落在参考线交会处，如图1-2-44所示。

图1-2-42

图1-2-43

图1-2-44

4．取消参考线。复制图层"小"，命名为"中"，并调整图层"中"到图层"小"的下方。单击图层"中"，按【CTRL+T】组合键，锁定纵横比，调整宽的比例为"190.00%"，如图1-2-45所示。

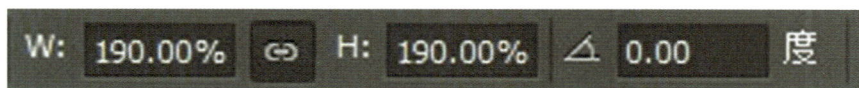

图1-2-45

5．设置图层"中"圆的填充颜色RGB值为（244，102，8），效果如图1-2-46所示。

6．复制图层"小"，命名为"大"，并调整图层"大"到图层"中"的下方。单击定位在图层"大"，按【CTRL+T】组合键，锁定纵横比，调整宽的比例为"290.00%"。设置图层"大"圆的填充颜色RGB值为（242，83，28），效果如图1-2-47所示。

图1-2-46

图1-2-47

（三）绘制其他装饰图形

1．在画布左侧绘制正圆，并设置填充颜色RGB值为（184，49，220），如图1-2-48所示。设置完成后，如图1-2-49所示。

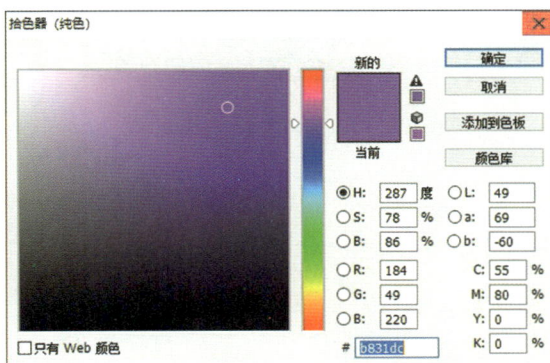

图1-2-48

图1-2-49

2．选择钢笔工具，设置参数为"形状""不填充"，如图1-2-50所示。

图1-2-50

3．在画布左侧用钢笔工具绘制如图1-2-51所示的图形。

4．设置图形的填充为双色，如图1-2-52所示；设置左侧色标颜色RGB值为（254，122，74），如图1-2-53所示；右侧色标颜色RGB值为（255，174，66），如图1-2-54所示，其他参数设置如图1-2-55所示。

图1-2-51

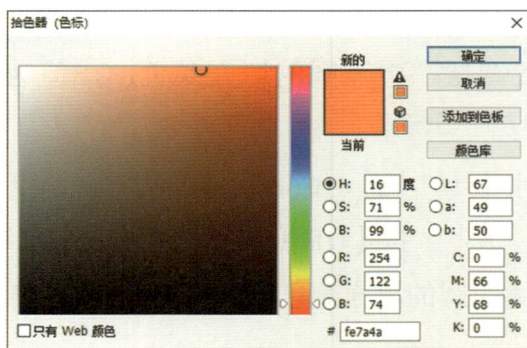

图1-2-52   图1-2-53

图1-2-54   图1-2-55

5．设置填充后，图形如图1-2-56所示。

6．为该图形设置混合选项。在图层窗口中，右键单击该图层，出现图1-2-57所示窗口，选择"混合选项"，在弹出的"图层样式"窗口，选择"投影"，设置参数如图1-2-58所示。

图1-2-56

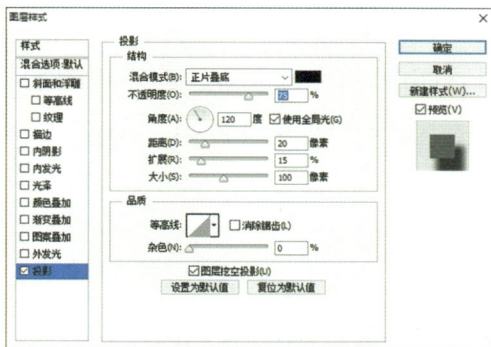

图1-2-57　　　　　　　　　　　　　图1-2-58

7．设置成功后，效果如图1-2-59所示。

（四）绘制填充点

1．新建文档，宽度、高度都是100像素，分辨率为72DPI，RGB模式，如图1-2-60所示。在文档中绘制正圆，填充为黑色，并隐藏背景层，如图1-2-61所示。

图1-2-59

图1-2-60　　　　　　　　　　　　图1-2-61

2．单击"编辑"→"定义图案"，如图1-2-62所示，在图案名称对话框中，命名为"图案8"，如图1-2-63所示。

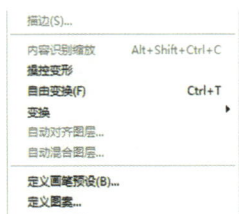

图1-2-62　　　　　　　　　　　　图1-2-63

3．选择"矩形选框工具"，如图1-2-64所示，在画布上绘制矩形（上方在水平参考线450像素），如图1-2-65所示。

图1-2-64　　　　　　　　　　　　图1-2-65

4．在背景层上方新建图层，定位在新图层，单击图层窗口下方的"创建新的填充或调整图层"按钮，如图1-2-66所示，选择"图案"，如图1-2-67所示，左侧的图案，选择刚刚设置的"图案8"，缩放设置为"30%"，如图1-2-68所示。

图1-2-66　　　　　　　　　　　　图1-2-67

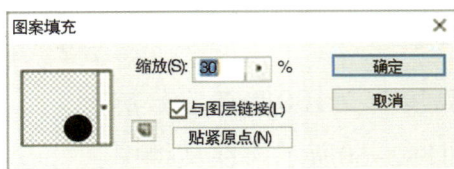

图1-2-68

5．设置完成后，如图1-2-69所示。

6．将该图层的不透明度设置为"40%"，如图1-2-70所示。

7．风格设置完成后，效果如图1-2-71所示。

图1-2-69　　　　　　图1-2-70　　　　　　图1-2-71

四、知识测试

知识测试

五、总结评价

评价表

项目	评价内容	分值	评价标准	得分		
				自评	互评	师评
对同行业店铺进行视觉设计分析	店铺具有代表性	25	优秀：选择典型：21~25分 良好：选择合理：16~20分 合格：完成选择：15分 不合格：选择不合理：0~14分			
	分析细致到位	25	优秀：分析细致：21~25分 良好：分析到位：16~20分 合格：分析合理：15分 不合格：分析不合理：0~14分			
店铺VI标准体系	店铺标志醒目、新颖	20	优秀：标志醒目新颖：17~20分 良好：标志设计合理：13~16分 合格：完成标志设计：12分 不合格：设计不合理：0~11分			
	色彩能够反映商品特点	10	优秀：色彩美观：9~10分 良好：色彩合理：7~8分 合格：完成色彩搭配：6分 不合格：搭配不合理：0~5分			
	字体选择合适	10	优秀：字体美观：9~10分 良好：字体合理：7~8分 合格：完成设计：6分 不合格：搭配不合理：0~5分			
	自我超越提升	10				
	合计	100				
得分						
说明：自评、互评、师评的平均分为最终得分						

项目概述

视觉设计风格 —— 塑造设计的独特个性

视觉设计风格是对设计美学的进一步深化理解，可以探索并塑造设计的独特个性。视觉设计风格作为设计作品的核心表达之一，不仅是色彩、图形、字体的选择与搭配，更需要通过这些元素传达出特定的情感、态度或品牌形象。

本项目将深入剖析各种视觉设计风格的特点与应用，从"中国风"到"科技风"，从"简约风"到个性飞扬的"孟菲斯风格"，每一种风格都蕴含着其独特的审美价值和设计哲学。通过案例分析，将学习到如何根据设计目标和受众群体，选择和融合不同的设计风格元素，创造出既符合市场需求又具有艺术感染力的设计作品。

本项目注重培养创新思维和审美能力。通过设计实践环节，尝试寻找自己的设计风格，探索新的设计语言和表达方式。在这个过程中，平衡设计的艺术性与实用性，在保持风格一致性的同时，注入个性化的创意元素，独立设计出具有鲜明个性和独特魅力的视觉作品。

任务一 认识"中国风"

微课 认识"中国风"

一、任务描述

"中国风"是指具有中华优秀传统文化元素和特色的艺术表达形式。它包括了中国传统绘画、音乐、戏曲、建筑等各个领域。"中国风"追求自然、优雅和内涵，常常展现出深厚的历史底蕴和独特的审美价值。

在视觉艺术方面，"中国风"通常以山水画、花鸟画等传统绘画形式为基础，注重意境表达和笔墨技法的运用。这些作品往往以柔和的线条勾勒出优美而富有诗意的景象，能够唤起人们对于中华优秀传统文化独特情感的共鸣。

　　"中国风"代表了中国文化的独特魅力和深厚底蕴。近年来，许多设计师将传统中国元素或者古代构造巧妙地融入现代设计中，创造出独具匠心且富有中国特色的作品。它不仅是一种艺术表达形式，更是对中华优秀传统文化的传承和创新。通过欣赏和推广"中国风"，可以更好地理解和体会中华文化的博大精深。

任务示例图

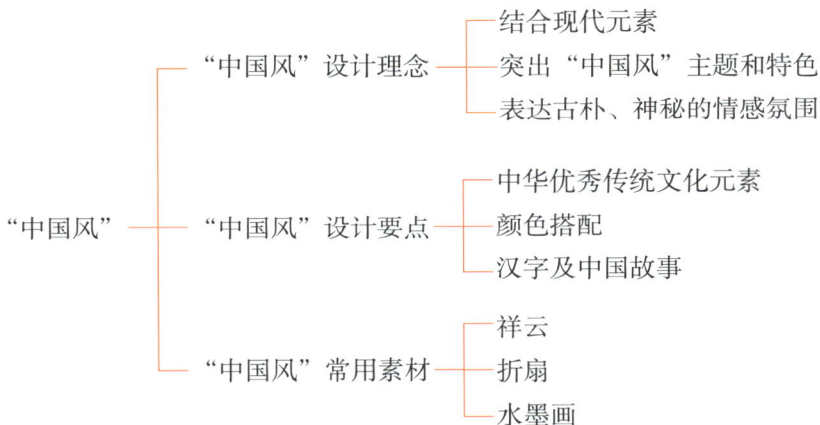

图1-3-1

导图引领

```
                                          ┌── 结合现代元素
                      "中国风"设计理念 ──┼── 突出"中国风"主题和特色
                                          └── 表达古朴、神秘的情感氛围

                                          ┌── 中华优秀传统文化元素
"中国风" ──────────  "中国风"设计要点 ──┼── 颜色搭配
                                          └── 汉字及中国故事

                                          ┌── 祥云
                      "中国风"常用素材 ──┼── 折扇
                                          └── 水墨画
```

学习目标

　　1. 认识"中国风"的设计理念；掌握敦煌风格的艺术特色和元素运用；掌握运用"中国风"元素，如祥云、折扇、水墨画等进行创意设计。

　　2. 能够设计一款融合"中国风"元素和现代设计理念的Banner。

　　3. 弘扬中华优秀传统文化，讲好中国故事，设计好中国作品；将中华优秀传统文化与时尚元素有机融合，实现对中华优秀传统文化的传承和创新，让中华文化焕发时代光彩。

重点

　　明确"中国风"设计理念，运用设计工具进行祥云、折扇、水墨画等元素的设计。

难点

　　运用祥云、折扇、水墨画等"中国风"元素进行Banner设计。

二、知识铺垫

（一）"中国风"设计理念

在进行"中国风"的视觉设计时，为了确保它具有浓郁的中华文化气息，请注意以下几点。

1．结合现代元素：结合现代元素和技法，如现代插画艺术、计算机辅助设计等，使设计更具时代感和创新性。

2．突出主题：在设计过程中，要突出"中国风"主题和特色，如莫高窟、月牙泉、飞天等经典元素，让设计更具辨识度和文化内涵。

3．情感表达：通过纹样和藻井等元素的运用，以及使用突出中华文化特点的色彩，可以表达出一种古朴、神秘的情感氛围，让观众在欣赏设计作品的同时，感受到中华文化的独特魅力。

在"中国风"的视觉设计中，敦煌风格占据重要的地位，主要体现在其独特的艺术特色上。

古朴自然：敦煌风格的色彩古朴自然，浓郁而不明艳，具有一种深沉的历史感。

对比强烈：敦煌风格的色彩对比度强烈，以青、绿、赭、褐、黑、白、金为主，构造出鲜明的艺术风貌。其中，暖调色彩以赭、褐为主，辅以青绿，展现出浓烈的艺术气息。

多元变化：敦煌风格的色彩丰富多元，既有暖色调和冷色调，也有对比色系，甚至黑白金也很常用，让画面充满变化和层次感。

（二）"中国风"设计要点

1．使用传统的国画元素或花鸟虫鱼等图案来营造"中国风"。

2．借助水墨效果和山水背景，突出充满诗意和艺术感的中华文化的特色。

3．使用红色、金黄色及其他经典颜色搭配，表现出浓厚的中国情调。

4．配合设计中使用传统汉字，增强作品的文化气息。

5．在Banner上加入京剧脸谱、龙凤图案等具有代表性的元素，展现强烈的民族特色。

6．使用仿古纹理与贴画技巧，让作品看起来更有历史感。

总之，"中国风"的视觉设计以其独特的艺术特色和元素运用为基础，结合现代元素和技法进行创新设计，展现出中华文化的深厚内涵和独特魅力。

► **行业前沿**

"中国风"作为现代设计领域的一种独特表达形式，融合了古典美学与现代审美，展现了浓郁的中国特色与前沿设计思维。其设计元素常取自中华优秀传统文化，如书法、国画、传统纹饰等，通过现代设计手法进行重构与创新，形成独具魅力的视觉形象。同时，随着科技的不断进步，数字化技术也为"中国风"的设计带来了更多可能性，如动态效果、交互体验等，使其更加符合现代人的审美需求。

三、任务实施

（一）绘制祥云

1. 新建文档，宽度为1920像素，高度为600像素，分辨率为72像素/英寸，其他参数为默认值，如图1-3-2所示。

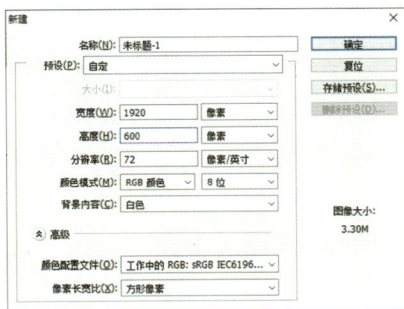

图1-3-2

2. 选择圆角矩形工具，如图1-3-3所示，设置参数为"形状""不填充"，描边颜色RGB值为（255，0，0），描边大小为"6点"，普通线形，半径80像素，如图1-3-4所示。

图1-3-3

图1-3-4

3. 绘制圆角矩形，如图1-3-5所示。

4. 在图层面板窗口中，鼠标右键单击圆角矩形图层，选择"栅格化图层"，如图1-3-6所示。

图1-3-5

图1-3-6

5. 选择"矩形选框工具"，如图1-3-7所示，将栅格化后的圆角矩形删除部分区域，如图1-3-8所示。

6. 复制该图层，定位在复制的图层上，按【CTRL+T】组合键，右键单击图形区域，出现快捷菜单，如图1-3-9所示。

图1-3-7　　　　　　　　　　　图1-3-8　　　　　　　　　　　图1-3-9

7. 选择"水平翻转"，再次右键单击，选择"垂直翻转"，并移动到适当位置，如图1-3-10所示。

8. 复制两层的内容，并向右适当移动到如图1-3-11所示的位置。

9. 复制上述四层，并移动到如图1-3-12所示的位置。

图1-3-10　　　　　　　　　图1-3-11　　　　　　　　　图1-3-12

10. 选择椭圆工具，如图1-3-13所示，设置参数为"形状""不填充"，描边颜色RGB值为（255，0，0），描边大小为"6点"，普通线形，如图1-3-14所示。

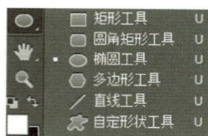

图1-3-13　　　　　　　　　　　　　图1-3-14

11. 按住【SHIFT】键，绘制正圆，如图1-3-15所示。

12. 复制椭圆层，定位在复制的椭圆层，按【CTRL+T】组合键，锁定纵横比，将图形放大到130%，如图1-3-16所示。

图1-3-15　　　　　　　　　　　　　图1-3-16

13. 放大后的图形，如图1-3-17所示。

14. 再次复制小圆图层，定位在刚刚复制的小圆图层，按【CTRL+T】组合键，锁定纵横比，将图形放大到160%，如图1-3-18所示。

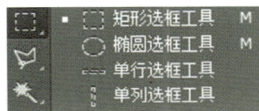

图1-3-17　　　　　　　　　　　图1-3-18

15. 放大后的图形，如图1-3-19所示。

16. 将三个圆形图层选中，在图层窗口中，鼠标右键单击三层中的任意一个，在快捷菜单中，选择"栅格化图层"，如图1-3-20所示，按【CTRL+E】组合键，将三层合并为一层。

17. 选择"矩形选框工具"，如图1-3-21所示。

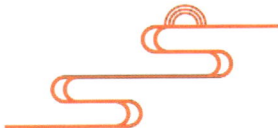

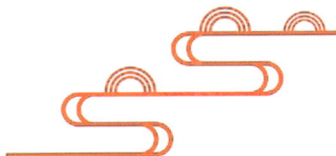

图1-3-19　　　　　　　　图1-3-20　　　　　　　　图1-3-21

18. 将圆形图层下半部分选中后删除，如图1-3-22所示。

19. 调整圆形图层的大小，并移动到如图1-3-23所示的位置。

20. 复制两次圆形图层，调整大小后，移动到如图1-3-24所示的位置。

图1-3-22　　　　　　　　图1-3-23　　　　　　　　图1-3-24

（二）绘制折扇

1. 单击矩形选框工具，如图1-3-25所示，设置参数的羽化值为"0"，如图1-3-26所示。

2. 绘制竖版矩形，如图1-3-27所示。

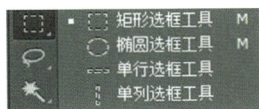

图1-3-25　　　　　　　　图1-3-26　　　　　　　　图1-3-27

3. 设置填充色颜色为双色，左侧颜色RGB值为（254，202，29），如图1-3-28所示，右侧颜色RBG（249，103，74），如图1-3-29所示，设置完后，如图1-3-30所示。

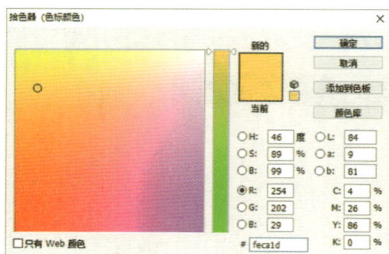

图1-3-28　　　　　　　图1-3-29　　　　　　　图1-3-30

4. 按住【SHIFT】键并垂直向下拖动鼠标填充，如图1-3-31所示。

5. 选择当前矩形，按【CTRL+T】组合键，右击选择"扭曲"，如图1-3-32所示。

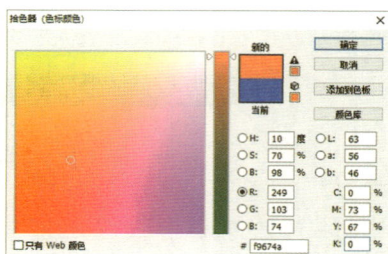

图1-3-31

6. 右上角的锚点向下，同时右下角的锚点向左调整，按【ENTER】键确认，如图1-3-33所示。

7. 右键单击当前图层，选择"复制图层"，如图1-3-34所示。

图1-3-32　　　　　　图1-3-33　　　　　　图1-3-34

8. 将复制的图层选中，按【CTRL+ T】组合键，右键选择"水平翻转"，如图1-3-35所示，按【ENTER】键确认，设置完后，如图1-3-36所示。

图1-3-35　　　　　　图1-3-36

9．选择"移动工具"，向左移动，如图1-3-37所示。

10．将当前图层"栅格化图层"，选择菜单栏"图像"→"调整"→"对比度调整"，将"亮度"降低，设置为"-44"，设置完后，如图1-3-38所示。

11．将鼠标放到上一层，按【CTRL+E】组合键，两层合并成一层，移动位置，保存。

图1-3-37　　图1-3-38

12．将合并后的图层复制，按【CTRL+T】组合键，按住【ALT】键，将中心点移动到该图形正下方，如图1-3-39所示。

13．旋转该图形，如图1-3-40所示。

14．左手按住【CTRL+SHIFT+ALT】组合键，右手反复敲击【T】键，如图1-3-41所示。

15．将复制的图层选中，按【CTRL+G】组合键，形成一个新的组，按【CTRL+T】组合键旋转。扇子制作完成，如图1-3-42所示。

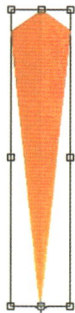   

图1-3-39　　　　图1-3-40　　　　图1-3-41　　　　　　图1-3-42

（三）绘制水墨森林

1．新建文档，宽度1200像素，高度1200像素，分辨率72DPI，RGB模式，其他为默认值，如图1-3-43所示。

2．设置背景色RGB值为（0，0，0），按【CTRL+DELETE】组合键，填充背景色为纯黑色，如图1-3-44所示。

图1-3-43　　　　　　　　　　　图1-3-44

3．选择菜单栏"滤镜"→"滤镜库"→"纹理"→"染色玻璃"，如图1-3-45至图1-3-47所示。

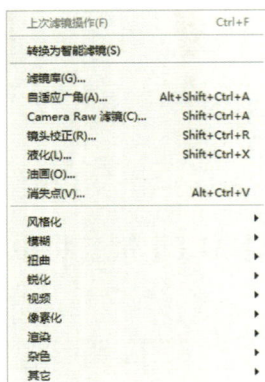

图1-3-45   图1-3-46   图1-3-47

4．设置染色玻璃的参数为：单元格大小"48"，边框粗细"1"，光照强度"10"，如图1-3-48所示，设置参数后，左侧的效果如图1-3-49所示。

图1-3-48   图1-3-49

5．选择菜单栏"滤镜"→"像素化"→"晶格化"，设置单元格大小为"47"，如图1-3-50和图1-3-51所示。设置填充后，图形如图1-3-52所示。

6．确定后，效果如图1-3-53所示。

图1-3-50   图1-3-51   图1-3-52   图1-3-53

7．选择菜单栏"滤镜"→"扭曲"→"极坐标"，选择"极坐标到平面坐标"，如图1-3-54至图1-3-56所示。

8．效果如图1-3-57所示。

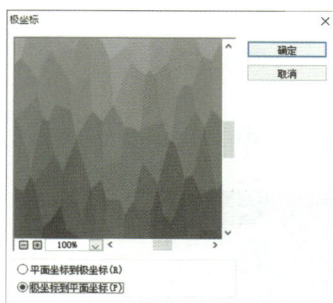

图1-3-54　　　　图1-3-55　　　　图1-3-56　　　　图1-3-57

9．选择菜单栏"滤镜"→"滤镜库"→"画笔描边"→"喷溅"，设置喷色半径为"12"，平滑度为"5"，如图1-3-58至图1-3-60所示。

10．效果如图1-3-61所示。

图1-3-58　　　　图1-3-59　　　　图1-3-60　　　　图1-3-61

11．新建图层，光标定位在新建图层上，单击"创建新的填充或者调整图层"，选择"色彩平衡"，色彩平衡的数值为：红色"-22"，绿色"69"，蓝色"16"。如图1-3-62至图1-3-64所示。

图1-3-62

12．设置成功后，效果如图1-3-65所示。

图1-3-63　　　　　图1-3-64　　　　　图1-3-65

13．选择"横排文字工具"，输入文字"森林绿，中国美"，设置格式为："华康新综艺"，大小"100点"，字符间距"50点"，文字颜色RGB值为（14，76，30），如图1-3-66所示。

14．调整文字位置，效果如图1-3-67所示。

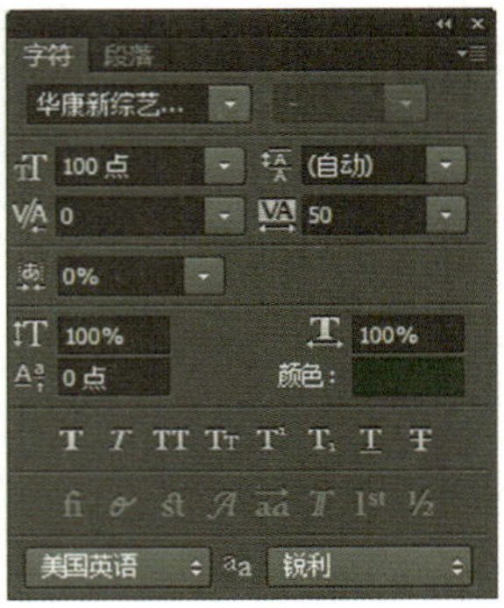

图1-3-66

图1-3-67

四、知识测试

知识测试

五、总结评价

评价表

项目	评价内容	分值	评价标准	得分		
				自评	互评	师评
美	颜色搭配合理	10	优秀：搭配美观：9~10分 良好：搭配合理：7~8分 合格：完成搭配：6分 不合格：搭配不合理：0~5分			
	美观度高	10	优秀：赏心悦目：9~10分 良好：搭配合理：7~8分 合格：完成搭配：6分 不合格：搭配不合理：0~5分			

续表

项目	评价内容	分值	评价标准	得分		
				自评	互评	师评
美	视觉冲击力强	10	优秀：耳目一新：9~10分 良好：吸引兴趣：7~8分 合格：效果一般：6分 不合格：设计不合理：0~5分			
	创意创新	10	优秀：创意新颖：9~10分 良好：创新性强：7~8分 合格：有一定创新性：6分 不合格：创新性不足：0~5分			
工	诠释主题要求	20	优秀：主题鲜明突出：17~20分 良好：主题表现力强：13~16分 合格：主题表述准确：12分 不合格：主题不明显：0~11分			
	恰当使用工具	10	优秀：工具选用精准：9~10分 良好：工具选用恰当：7~8分 合格：工具选用合理：6分 不合格：工具选用不合理：0~5分			
	图片精致	10	优秀：图片精致：9~10分 良好：图片美观：7~8分 合格：图片设计合理：6分 不合格：图片设计不合理：0~5分			
	工作效率高	5	优秀：精益求精：5分 良好：齐心协力：4分 合格：各司其职：3分 不合格：效率较低：0~2分			
能	文案设计合理	10	优秀：设计新颖：9~10分 良好：设计合理：7~8分 合格：完成设计：6分 不合格：设计不合理：0~5分			
自我超越提升		5				
合计		100				
得分						
说明：自评、互评、师评的平均分为最终得分						

任务二　认识"科技风"

一、任务描述

在电商视觉设计中，"科技风"视觉设计以其前卫、现代、极具科技感的特点，深受年轻消费者群体的喜爱。

"科技风"是一种源于现代科技和未来感的风格。它通过使用科技元素和现代设计手法，呈现出一种独特的美感和时尚感。"科技风"在装饰中融入了现代科技元素，如电器、线路、科技产品等，使整个空间更加时尚和富有科技感。"科技风"注重营造未来感，通过使用现代设计手法，如流线型、平面设计等，使整个空间呈现出未来感，让人感觉置身于一个未来的科技世界中。"科技风"注重色彩搭配，通常以黑、白、灰为主色调，并辅以明亮的色彩，使整个页面更加宽敞明亮。

在现代商业设计中，高科技和现代时尚元素的科技风是不可缺少的创意之一。通过运用这些元素，可以使商品表达更加生动、直观，并且能够吸引消费者注意力。

微课　认识"科技风"

🏵 任务示例图

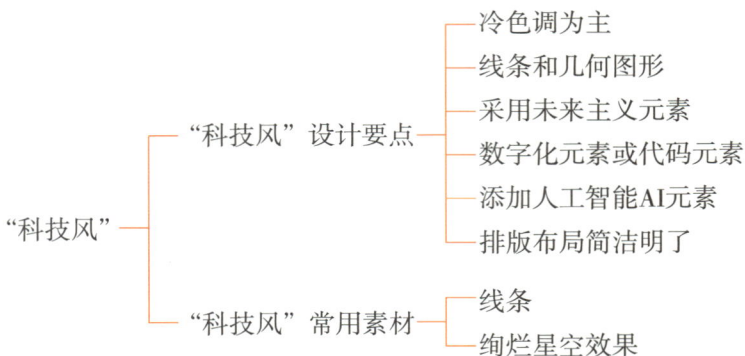

图1-3-68

✍ 导图引领

```
                              ┌─ 冷色调为主
                              ├─ 线条和几何图形
                   "科技风"设计要点 ┼─ 采用未来主义元素
                              ├─ 数字化元素或代码元素
"科技风" ─┤                    ├─ 添加人工智能AI元素
                              └─ 排版布局简洁明了
                   "科技风"常用素材 ┬─ 线条
                              └─ 绚烂星空效果
```

👑 学习目标

1.认识"科技风"的设计要点；掌握"科技风"常用的线条及绚烂星空效果的制作方法。

2．能够设计融合科技感元素和现代设计理念的视觉图片。

3．能够将中华优秀传统文化与科技风元素有机融合，实现对中华优秀传统文化的传承和创新。

♻ 重点

"科技风"设计理念、元素构成、设计精髓和具体应用。

⚜ 难点

根据"科技风"设计理念的要求，设计完成线条螺旋、星空宇宙等视觉图片，合理使用"科技风"素材为企业的宣传、产品推广助力。

二、知识铺垫

"科技风"的视觉设计在电商中具有广泛的应用前景和巨大的商业价值。它不仅能够提升用户的购物体验，还能帮助电商品牌塑造独特的品牌形象。"科技风"设计要注意以下几点：

1．色彩运用："科技风"以冷色调为主，如蓝色、银色、黑色等，这些颜色不仅象征着科技产品的冷静、专业和高效，还能给用户带来强烈的视觉冲击。同时，适当加入一些暖色调，如白色、紫色等，可以平衡整体色调，使设计更具层次感和活力。使用大胆鲜艳的色彩和渐变效果可以增加视觉吸引力，同时也可以呈现出高科技的氛围。常用的颜色包括蓝色、紫色、黑色等。

2．图形元素："科技风"设计中常运用流线型、刚性线条和规则几何图形等元素，简洁明了的线条和几何图形可以传达现代感和科技感，例如使用三角形、正方形等几何图形来体现现代科技感，让产品更富现代感。还会采用一些富有科技感的图标、按钮和装饰元素，如电路图、数据图表等，来增强设计的科技感。

3．未来主义元素：如光束、立体字等可以传达出强烈的未来感，并且与科技密不可分。

4．数字化元素：以突出展示产品或服务与数字化相关联。

5．人工智能元素：如机器人头像，可以更好地凸显品牌的科技性和前沿性。

6．排版布局："科技风"设计注重排版布局的简洁明了，通过合理的排版和布局，使信息传达更加直观、高效。运用对齐、对比、重复等设计原则，使页面整体美观、易于阅读。

▶ 行业前沿

"科技风"设计在视觉设计界的热度持续升高，前沿趋势聚焦于极简线条、未来感色彩与光影效果的极致运用。通过3D建模、AR、VR等前沿技术，设计师能够创造出超越现实的沉浸式体验。同时，智能算法优化设计流程，让"科技风"设计更加精准高效。这一风格不仅展现了科技的魅力，也引领着设计向更加智能、便捷的方向发展。●●●

三、任务实施

（一）线条

1. 新建文档，宽度为1920像素，高度为600像素，分辨率为72像素/英寸，其他参数为默认值，如图1-3-69所示。

图1-3-69

2. 选择"矩形工具"，如图1-3-70所示。设置参数为："形状"，下拉选择"不填充"，描边下拉选择"线性渐变"，描边大小"1点"，下拉选择"普通线形"，如图1-3-71所示，左侧颜色RGB值为（41，137，204），如图1-3-72所示，右侧颜色RGB值为（204，41，191），设置完成后，颜色参数如图1-3-73所示。

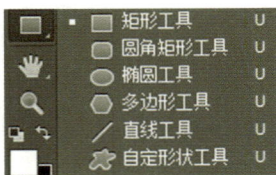

图1-3-70

图1-3-71

图1-3-72

图1-3-73

3．按住【SHIFT】键，绘制正方形，效果如图1-3-74所示。

4．复制"矩形层"，选中新复制的图层，锁定纵横比，调整为"96%"，角度为"3度"，如图1-3-75所示。设置完成，效果如图1-3-76所示。

图1-3-74　　　　　　　　　　图1-3-75　　　　　　　　　　图1-3-76

5．左手按住【CTRL+SHIFT+ALT】组合键，右手敲击【T】键，逐步形成陀螺旋，效果如图1-3-77至图1-3-80所示。

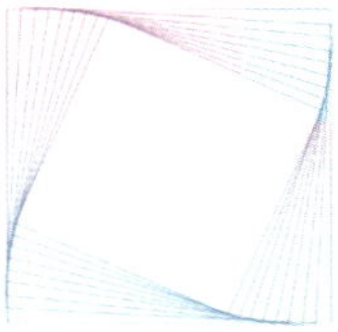

图1-3-77 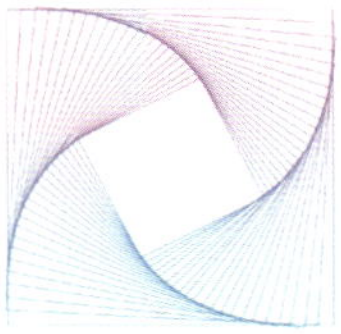　　　　图1-3-78 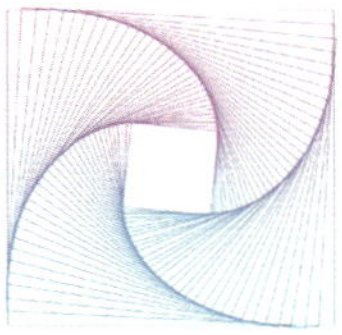　　　　图1-3-79 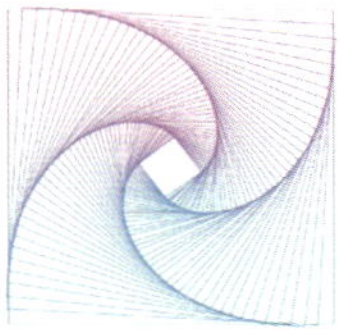　　　　图1-3-80

6．将各个矩形层选中，按【CTRL+G】组合键，组合成新组，方便操作。

（二）绚烂星空效果

1．新建文档，宽度为1920像素，高度为600像素，分辨率为72像素/英寸，其他参数为默认值，如图1-3-81所示。

2．设置背景色为纯黑色，RGB值为（0，0，0），按【CTRL+DELETE】组合键，背景填充为黑色，如图1-3-82所示。

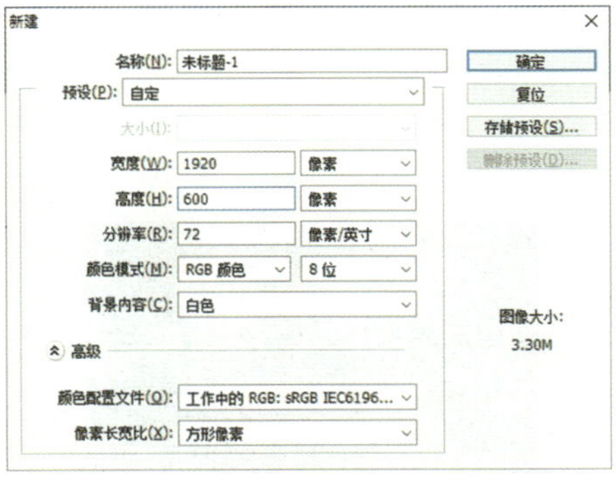

图1-3-81　　　　　　　　　　　　　　图1-3-82

3．选择"椭圆工具"，设置填充颜色RGB值为（6，70，163），不描边，如图1-3-83至图1-3-85所示。

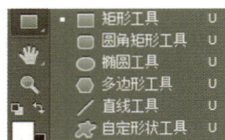

图1-3-83

图1-3-84

图1-3-85

4. 按住【SHIFT】键，在画布中绘制正圆，命名为"11"，如图1-3-86所示。

5. 复制"11"图层，重命名为"12"，更改颜色RGB值为（2，117，142），如图1-3-87所示，按住【SHIFT】键，水平移动到如图1-3-88所示位置。

图1-3-86　　　　　　　　　　图1-3-87　　　　　　　　　　图1-3-88

6. 再次复制"11"图层，重命名为"13"，更改颜色RGB值为（12，210，181），如图1-3-89所示。按住【SHIFT】键，水平移动到如图1-3-90位置所示。

7. 为了均衡呈现，可以将"11""12""13"三个图层选中，单击"水平居中分布"按钮，如图1-3-91所示，将三个图形水平均匀放置。

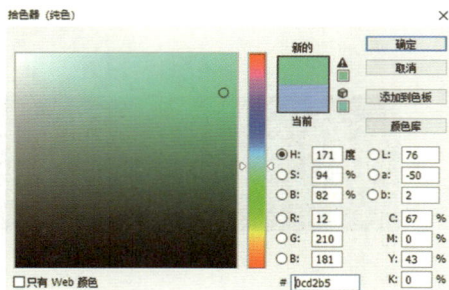

图1-3-89　　　　　　　　　　　　　　图1-3-90

图1-3-91

8．复制上述三个图层，从左到右，分别重命名为："21""22""23"，并按住【SHIFT】键将三个图层垂直向下移动，将"21"的颜色更改为颜色RGB值为（126，176，255），如图1-3-92所示，将"22"的颜色更改为颜色RGB值为（2，117，142），如图1-3-93所示，将"23"的颜色更改为颜色RGB值为（126，90，254），如图1-3-94所示。

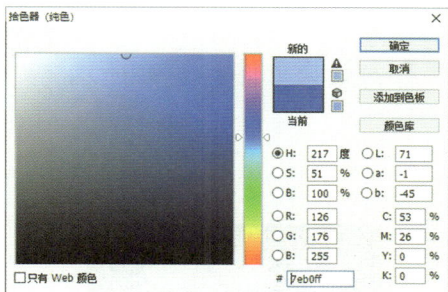

图1-3-92

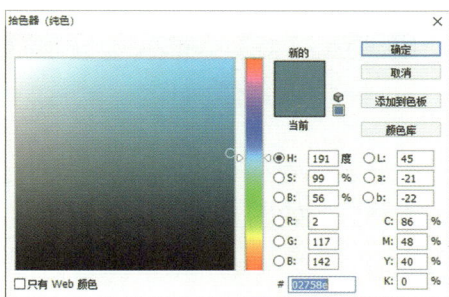

图1-3-93

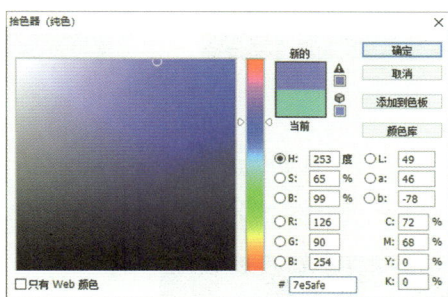

图1-3-94

9．设置完成后，效果如图1-3-95所示。

10．再次复制上述三个图层，从左到右，分别重命名为："31""32""33"，并按住【SHIFT】键将三个图层垂直向下移动，将"31"的颜色更改为颜色RGB值为（12，210，181），如图1-3-96所示，将"32"的颜色更改为颜色RGB值为（0，118，142），如图1-3-97所示，将"33"的颜色更改为颜色RGB值为（6，70，163），如图1-3-98所示。

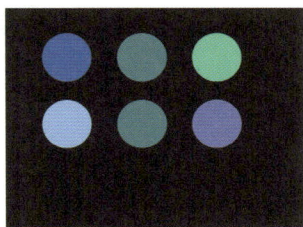

图1-3-95

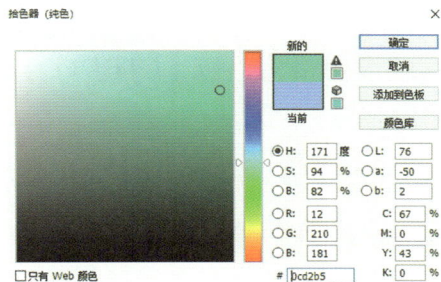

图1-3-96

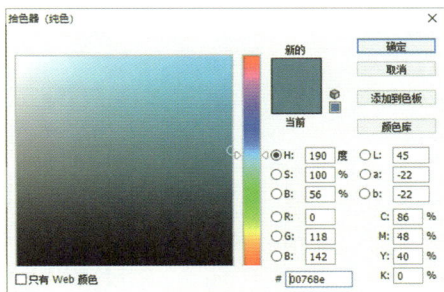

图1-3-97

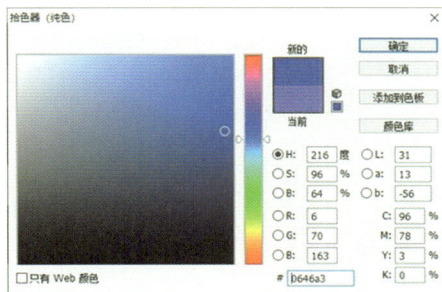

图1-3-98

11．将鼠标放到上一层，按【CTRL+E】组合键将两个层合并成一层，移动位置，保存，效果如图1-3-99所示。

12．选择"矩形工具"，设置参数为："形状"，填充纯黑色，RGB值为（0，0，0），"不描边"，如图1-3-100和图1-3-101所示。

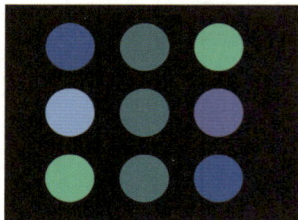
图1-3-99

图1-3-100

图1-3-101

13．按住【SHIFT】键，绘制正方形，如图1-3-102所示。

14．按【CTRL+T】组合键，将正方形设置旋转45°，如图1-3-103所示。

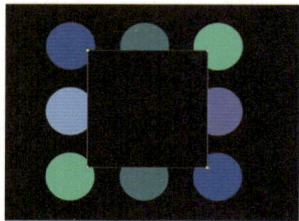
图1-3-102

图1-3-103

15．旋转后，效果如图1-3-104所示。

16．选中上述十个图层（九个圆和一个正方形），在图层窗口中，鼠标右键单击，选择"栅格化图层"，如图1-3-105所示，将所有图形栅格化，按【CTRL+E】组合键，将十个图层合并为一个图层。

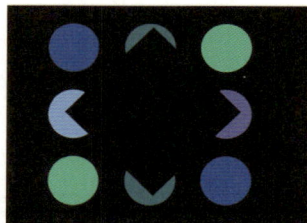
图1-3-104

17．选择"滤镜→模糊→径向模糊"，如图1-3-106和图1-3-107所示，设置参数：数量"100"，模糊方法"缩放"，品质"好"，如图1-3-108所示。

图1-3-105

图1-3-106

图1-3-107

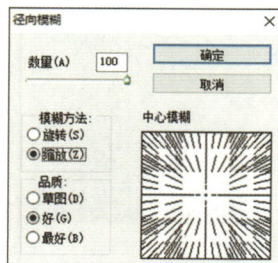
图1-3-108

18. 设置完成后，效果如图1-3-109所示。

19. 选择"滤镜→扭曲→旋转扭曲"，如图1-3-110所示，设置参数的角度为"526"度。

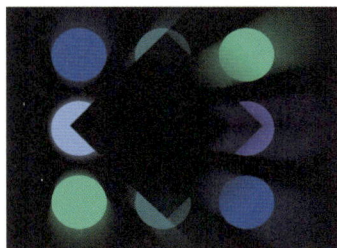

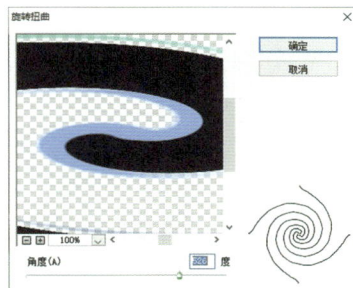

图1-3-109   图1-3-110

20. 设置成功后，效果如图1-3-111所示。

21. 可以做适当调整或者进一步修饰，如图1-3-112所示。

图1-3-111   图1-3-112

四、知识测试

知识测试

五、总结评价

评价表

项目	评价内容	分值	评价标准	得分		
				自评	互评	师评
美	颜色搭配好	10	优秀：搭配美观：9~10分 良好：搭配合理：7~8分 合格：完成搭配：6分 不合格：搭配不合理：0~5分			

续表

项目	评价内容	分值	评价标准	得分		
				自评	互评	师评
美	美观度高	10	优秀：赏心悦目：9~10分 良好：搭配合理：7~8分 合格：完成搭配：6分 不合格：搭配不合理：0~5分			
	视觉冲击力强	10	优秀：耳目一新：9~10分 良好：吸引兴趣：7~8分 合格：效果一般：6分 不合格：设计不合理：0~5分			
	创意创新	10	优秀：创意新颖：9~10分 良好：创新性强：7~8分 合格：有一定创新性：6分 不合格：创新性不足：0~5分			
工	诠释主题要求	20	优秀：主题鲜明突出：17~20分 良好：主题表现力强：13~16分 合格：主题表述准确：12分 不合格：主题不明显：0~11分			
	恰当使用工具	10	优秀：工具选用精准：9~10分 良好：工具选用恰当：7~8分 合格：工具选用合理：6分 不合格：工具选用不合理：0~5分			
	图片精致	10	优秀：图片精致：9~10分 良好：图片美观：7~8分 合格：图片设计合理：6分 不合格：图片设计不合理：0~5分			
	工作效率高	5	优秀：精益求精：5分 良好：齐心协力：4分 合格：各司其职：3分 不合格：效率较低：0~2分			
能	文案设计好	10	优秀：设计新颖：9~10分 良好：设计合理：7~8分 合格：完成设计：6分 不合格：设计不合理：0~5分			
	自我超越提升	5				
	合计	100				
		得分				
	说明：自评、互评、师评的平均分为最终得分					

任务三　认识孟菲斯风格

一、任务描述

在常规设计中，颜色尽量不要超过三种，但有一种设计风格却直接打破了这种常规的配色规律，这就是孟菲斯风格。

孟菲斯风格的特点是色块鲜艳明亮，用大胆的撞色配色制造强烈的视觉冲击，但是多种色块放一起会显得混乱，所以常常会用黑色描边来协调画面，给人良好的视觉体验。与此同时，在大面积色块背景上添加点状条纹肌理，也可以缓和颜色之间的对比冲突，能够丰富视觉表现。

在元素的使用上，孟菲斯风格设计的经典图案包括各式各样的几何图形，例如方形、圆形、三角形和波浪线等。这些图案被随机不规则地自由排列组合，代表了一种不受拘束的态度，趣味十足。

在几何图形上加上透视线条，能够营造出伪立体三维的效果，或者利用图形的错位关系来提供视觉空间感，增加层次，这些都是孟菲斯风格常用的方式，这种设计风格比较适合用在年轻化、潮流化的场景，比如活动海报、综艺节目等，充满了趣味诙谐的效果，非常醒目。

微课　认识孟菲斯风格

任务示例图

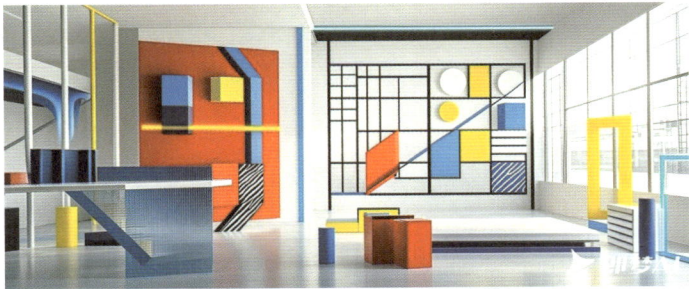

图1-3-113

✍ 导图引领

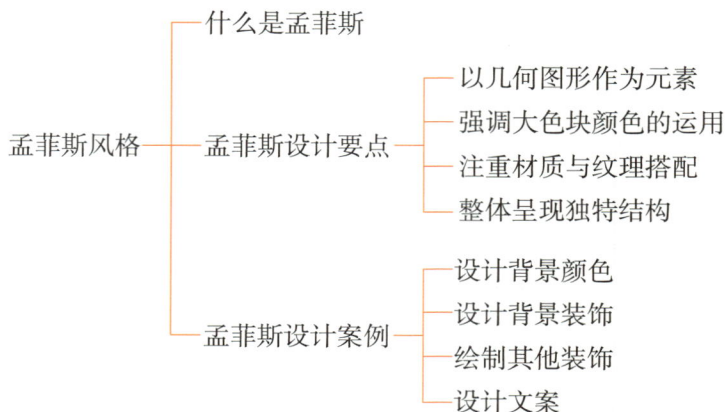

👑 学习目标

1. 了解孟菲斯风格的特点；掌握孟菲斯风格的设计要点。

2. 能够灵活使用孟菲斯风格进行产品营销图的创意设计。

3. 通过实训操作，养成创新思维，提升店铺设计感及视觉冲击力。

♻ 重点

明确孟菲斯风格创意设计理念、元素构成和使用技巧，运用设计工具进行孟菲斯风格经典几何图形的设计。

⚜ 难点

灵活运用孟菲斯风格进行营销图创意设计。

二、知识铺垫

孟菲斯风格设计的要点如下。

1. 设计元素：孟菲斯风格以几何图形作为主要的设计元素，如圆形、三角形、正方形等。这些基础几何体可以被组合成各种奇特的造型，并被赋予不同的色彩和材质。

2. 颜色运用：孟菲斯风格强调颜色的运用，通常使用明亮而具有表现力的颜色，如红色、蓝色、黄色等。此外，它还会运用到黑白灰与金属光泽等中性或反差大的配色方式。

3. 素材选择：孟菲斯风格注重材质与纹理之间的相互搭配，常使用线条、圆点等图形，并通过高度加工处理使设计丰富多彩而又时尚感十足。

4. 独特性：孟菲斯风格是一种比较前卫且富于创意的设计风格，主张抽象化和随意性，因此在整体布局上往往呈现出一定程度上的独特性，即采取不同款式或者颜色大小不一致的物品混搭在一起。

孟菲斯风格追求创新，强调多样化和想象力，在设计过程中需要注意以上要点才能更好地展现出这种特殊的艺术风格。

▶ **行业前沿**

　　孟菲斯风格以其鲜明的色彩、几何图形的趣味性组合，为行业带来一股新风潮。设计巧妙融合复古与未来感，通过大胆的色彩碰撞与不对称布局，吸引年轻消费群体。这种风格不仅提升了产品广告的视觉冲击力，还增强了购物页面的互动性和趣味性，成为电商品牌差异化竞争的有力武器。

三、任务实施

（一）新建文档

　　新建文档，宽度为1920像素，高度为600像素，分辨率为72像素/英寸，其他参数为默认值，如图1-3-114所示。

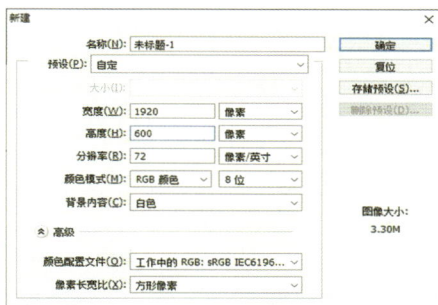

图1-3-114

（二）设计背景颜色

　　1. 选择"矩形工具"，如图1-3-115所示。设置参数为："形状"，填充蓝色，RGB值为（51，86，251），描边纯黑色，RGB值为（0，0，0），"5点"，如图1-3-116所示。

图1-3-115

图1-3-116

　　2. 设置完成后，保存文档，效果如图1-3-117所示。

图1-3-117

（三）设计背景装饰

1．选择"矩形工具"，设置参数为："形状"，填充红色，RGB值为（231，94，96），描边纯黑色，RGB值为（0，0，0），"5点"。在左上角绘制矩形，如图1-3-118所示，复制该图层，并移动到右下角，如图1-3-119所示。

图1-3-118　　　　　　　　　　图1-3-119

2．选择"自定形状工具"，如图1-3-120所示，设置参数为："形状"，填充绿色，RGB值为（2，220，208），描边纯黑色，RGB值为（0，0，0），"5点"。单击"形状"如图1-3-121所示，选择"圆形边框"，如图1-3-122所示。

图1-3-120　　　　　　　图1-3-121　　　　　　　图1-3-122

3．在画布左下方绘制图形，如图1-3-123所示。

4．选中上述三个图形的图层，按【CTRL+G】组合键，将三层组合到"组1"中，如图1-3-124所示。

图1-3-123　　　　　　　　　　图1-3-124

5．在"组1"上方新建图层。单击图层窗口下方的"创建新的填充或调整图层"按钮，如图1-3-125所示。选择下方的"图案"如图1-3-126所示。

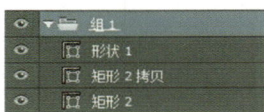

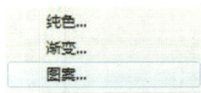

图1-3-125　　　　　　　　　　图1-3-126

6．在弹出的窗口中，选择之前制作的图案，使用"缩放100%"，如图1-3-127所示。对该图层"创建剪贴蒙版"，效果如图1-3-128所示。

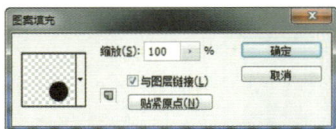

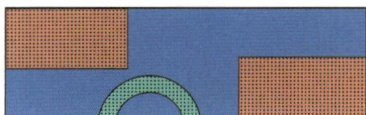

图1-3-127　　　　　　　　　　图1-3-128

7．选择"矩形工具"，设置参数为："形状"，填充白色，RGB值为（255，255，255），描边纯黑色，RGB值为（0，0，0），"5点"。在画布中央绘制矩形，如图1-3-129所示。

图1-3-129

（四）绘制其他装饰

1．再次选择"自定形状工具"，设置参数为："形状"，填充绿色，RGB值为（2，220，208），描边纯黑色，RGB值为（0，0，0），"5点"。单击"形状"，选择"圆形边框"，绘制圆形边框，如图1-3-130所示。

2．复制上图中的绿色圆形边框层，更改颜色为黄色，RGB值为（251，220，0），移动到右上角，如图1-3-131所示。

3．复制上图中的黄色圆形边框层，并将其移动到左下角，如图1-3-132所示。

图1-3-130

图1-3-131

图1-3-132

4．再次使用"自定形状工具"，设置参数为："形状"，填充黄色，RGB值为（243，159，32），描边纯黑色，RGB值为（0，0，0），"5点"。单击"形状"，选择"三角形"，如图1-3-133所示。绘制三角形后，按【CTRL+T】组合键调整，设置旋转角度为90°，如图1-3-134所示。

图1-3-133

图1-3-134

5．调整后的三角形如图1-3-135所示。选中三角形所在的形状层，复制两次，按住【SHIFT】键，水平移动最上方的三角形到右侧位置，如图1-3-136所示。

图1-3-135

图1-3-136

6．选择"移动工具（V）"，选中三个三角形层，单击如图1-3-137所示属性栏中的"水平居中分布"。三个三角形自动调整为水平分布，如图1-3-138所示。

图1-3-137 图1-3-138

（五）设计文案

1．单击"横排文字工具（T）"按钮，在画布中间输入文字"孟菲斯（回车）不从众 自有声"，设置参数为："华康新综艺体"，"80点"，行距"100点"，加粗，黑色。如图1-3-139所示，效果如图1-3-140所示。

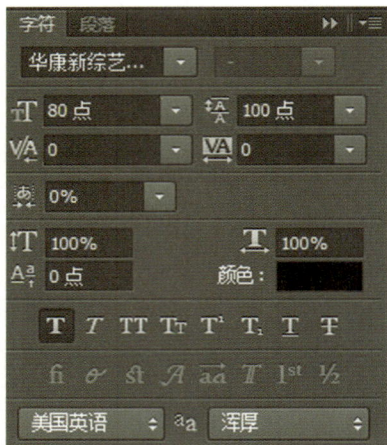

图1-3-139 图1-3-140

2．输入英文"THIS IS（回车）MEMPHIS"，设置参数为："华康新综艺体""30点"行间距"30点"，黑色。如图1-3-141所示，效果如图1-3-142所示。

图1-3-141 图1-3-142

3．选择"圆角矩形"工具，设置参数为："形状"，填充黄色，RGB值为（255，219，0），描边纯黑色，RGB值为（0，0，0），"5点"，半径为30像素。然后绘制圆角矩形，如图1-3-143所示。输入文字"1+X店铺美工"，设置参数为："华康新综艺体"，"30点"。其他参数为默认值，将文字调整到圆角矩形上方，效果如图1-3-144所示。

图1-3-143 　　　　　　　　　　　图1-3-144

4．将抠图后的模特导入到当前文档，如图1-3-145所示，选择钢笔工具，围绕模特绘制形状图形，不填充，描边设置为纯黑色，"5点"，效果如图1-3-146所示。

图1-3-145 　　　　　　　　　　　图1-3-146

四、任务延伸

按照本任务掌握的知识，完成下列图片的设计制作。

图1-3-147 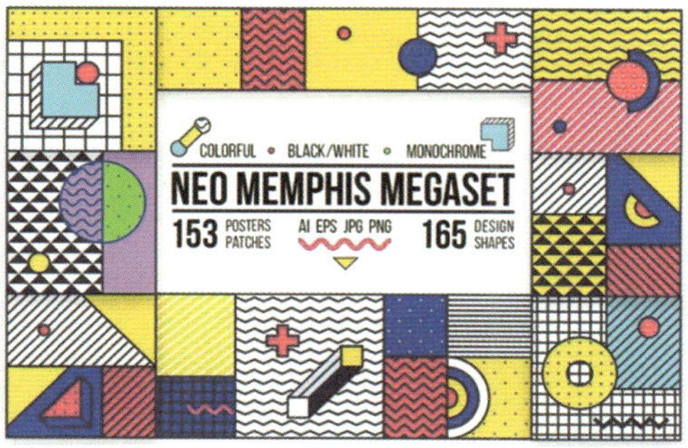　　　　　　　　　　　图1-3-148

五、知识测试

知识测试

六、总结评价

评价表

项目	评价内容	分值	评价标准	得分		
				自评	互评	师评
美	颜色搭配好	10	优秀：搭配美观：9~10分 良好：搭配合理：7~8分 合格：完成搭配：6分 不合格：搭配不合理：0~5分			
	美观度高	10	优秀：赏心悦目：9~10分 良好：搭配合理：7~8分 合格：完成搭配：6分 不合格：搭配不合理：0~5分			
	视觉冲击力强	10	优秀：耳目一新：9~10分 良好：吸引兴趣：7~8分 合格：效果一般：6分 不合格：设计不合理：0~5分			
	创意创新	10	优秀：创意新颖：9~10分 良好：创新性强：7~8分 合格：有一定创新性：6分 不合格：创新性不足：0~5分			
工	诠释主题要求	20	优秀：主题鲜明突出：17~20分 良好：主题表现力强：13~16分 合格：主题表述准确：12分 不合格：主题不明显：0~11分			
	恰当使用工具	10	优秀：工具选用精准：9~10分 良好：工具选用恰当：7~8分 合格：工具选用合理：6分 不合格：工具选用不合理：0~5分			
	图片精致	10	优秀：图片精致：9~10分 良好：图片美观：7~8分 合格：图片设计合理：6分 不合格：图片设计不合理：0~5分			
	工作效率高	5	优秀：精益求精：5分 良好：齐心协力：4分 合格：各司其职：3分 不合格：效率较低：0~2分			

续表

项目	评价内容	分值	评价标准	得分		
				自评	互评	师评
能	文案设计好	10	优秀：设计新颖：9~10分 良好：设计合理：7~8分 合格：完成设计：6分 不合格：设计不合理：0~5分			
	自我超越提升	5				
	合计	100				
	得分					
	说明：自评、互评、师评的平均分为最终得分					

拓展任务 认识"简约风"

认识"简约风"

■ 模块二
视觉设计工具

视觉设计工具 —— Photoshop的创意魔法箱

视觉设计工具如同一把开启创意视觉设计之门的钥匙，引领学习者进入Photoshop的广阔世界。本模块聚焦Photoshop中一系列核心工具的使用，包括选区工具、文字工具、钢笔工具、渐变工具、画笔工具及图层效果等，旨在通过实践操作，让学习者掌握这些工具在视觉设计中的精妙运用。

选区工具是图像编辑的基础，无论是裁剪、移动还是调整图像，都离不开选区的精准定位。学习选框工具、套索工具及魔棒工具等多种选区方式，掌握选区的创建、调整与变换技巧。

文字工具则是设计作品中信息传递的重要载体。学习如何在Photoshop中创建、编辑文本，掌握字体选择、大小调整、颜色设置及排版布局等关键技能。

钢笔工具有强大的路径绘制能力，是矢量图形设计的核心工具。学会使用钢笔工具绘制直线、曲线及复杂路径，掌握锚点编辑与路径调整的高级技巧，为设计作品增添精细与精准之美。

渐变工具与画笔工具为设计作品带来了丰富的色彩与纹理变化。学习如何运用渐变工具创建多种渐变效果，以及如何使用画笔工具绘制线条、形状及复杂图案，为设计作品增添生动的视觉元素。

图层效果是提升设计层次与质感的关键技术，学习如何为图层添加阴影、发光、浮雕等效果，掌握图层样式的调整与优化方法，使设计作品更加立体、丰富与引人入胜。

视觉设计工具是激发创造力、培养设计思维的摇篮。在这里，每一个工具都是一把开启创意之门的钥匙，引领我们共同探索视觉设计的无限可能。

项目一 使用选区工具

► 📎 项目概述

选区工具 —— 精准操控，塑造视觉设计的基础

本项目将揭开Photoshop中选区工具的神秘面纱，详细介绍这一视觉设计中不可或缺的基础技能。选区工具作为图像编辑的起点，其重要性不言而喻。设计师通过选区工具可以精准地选择图像中的特定区域，进行进一步地编辑、调整或修改。选区工具是未来在视觉设计领域中进行创意表达和技术实现的关键。通过本项目的学习，熟练掌握选区工具的使用技巧，为后续的视觉设计创作打下坚实的基础。

本项目将详细介绍Photoshop中多种选区工具的使用方法和应用场景，包括矩形选框工具、椭圆选框工具、套索工具、多边形套索工具、磁性套索工具、快速选择工具和魔术棒工具等。通过理论讲解与实践操作相结合的方式，帮助学习者学习如何根据图像的特点和设计需求，选择合适的选区工具，以及选区工具的基本操作技巧、调整选区边缘、羽化选区，以及利用选区进行图像合成等高级应用，并灵活运用它们来创建精确、高效的选区。此外，项目还将引入一些实战案例，在实践中巩固所学知识，提升解决实际问题的能力。

任务 设计"九月你好"海报

一、任务描述

九月的乐章，激励着站在梦想起点的莘莘学子踏上新征程，综合使用选区工具的多个属性设置，结合色彩的搭配，为九月设计Banner，用设计吹响自己前进的号角，奔向每一个新的未来。

通过学习选区工具在绘制图形中的应用，掌握选区工具的选择、参数设置、使用技巧。能够使用选区工具，更好地服务于商

微课 设计"九月你好"海报

业设计，提高工作效率，提升视觉设计感，以更醒目的视觉赢得消费者的信赖，进而提升产品转化率。

任务示例图

图2-1-1

导图引领

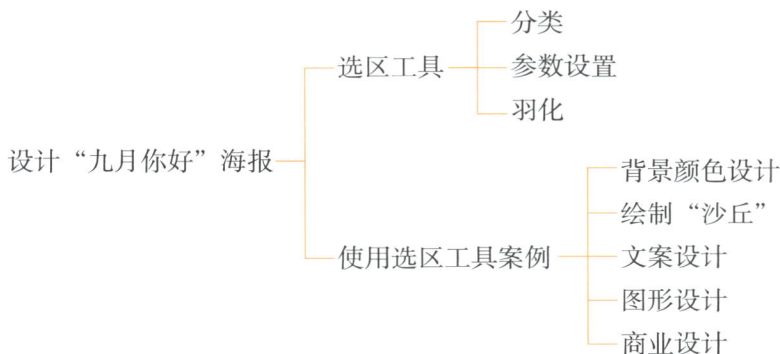

学习目标

1．了解Photoshop软件选区工具的分类；熟悉选区工具的选择、参数设置；掌握选区工具使用技巧。

2．能够综合使用Photoshop软件选区工具的多个属性设置，结合色彩的搭配，设计"九月你好"海报；能够将文案和图片更换为产品营销内容，形成营销图。

3．通过实践操作，结合色彩搭配，提升审美能力。

重点

使用选区工具、羽化值的设置，对素材进行抠图、合成等操作，完成海报的设计。

难点

根据商业设计主题，独立使用Photoshop软件，利用选区工具合理进行Banner设计。

二、知识铺垫

（一）选区工具的分类

在Photoshop中，单击左侧工具栏的按钮，如图2-1-2所示，可以看到矩形选框工具、椭圆选框工具等，在视觉设计中最常用的也是这两种工具。

（二）选区工具的参数设置

1. 属性栏中，可以设置"新选区""添加到选区""从选区减去""与选区交叉"等按钮，如图2-1-3所示。

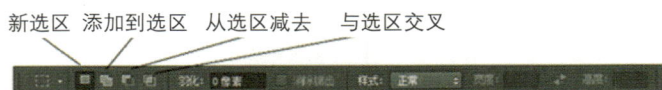

图2-1-2　　　　　　　　　　　　　　　　图2-1-3

2. "新选区"按钮，鼠标呈现十字形状，拖动鼠标可以绘制选区，选区框线内的内容被选中，可以进行复制、删除等操作，也可以填充颜色，如图2-1-4所示。

3. 单击"添加到选区"按钮，鼠标呈现"上下双十字"形状。第一次拖动鼠标绘制选区，还可以继续绘制。如果第二次拖动鼠标绘制选区和第一次绘制的选区没有交集，会出现如图2-1-5所示的情况。没有交集时，可以绘制多个选区。如果第二次绘制的选区和第一次绘制的选区有交集，则会合并成新选区，如图2-1-6所示。

图2-1-4　　　　　　　　　　图2-1-5　　　　　　　　　图2-1-6

4. 从选区减去按钮，鼠标呈现"上+下-"形状，第一次拖动鼠标绘制选区，还可以继续绘制。如果第二次拖动鼠标绘制选区和第一次绘制的选区没有交集，绘制无效。只有第二次绘制的选区和第一次绘制的选区有交集时，将会从第一次绘制的选区减去第二次的交集部分，如图2-1-7所示。

图2-1-7

5. 选区交叉按钮，鼠标呈现"上+下×"形状，第一次拖动鼠标绘制选区，还可以继续绘制。如果第二次拖动鼠标绘制选区和第一次绘制的选区没有交集，绘制无效。只有第二次绘制的选区和第一次绘制的选区有交集时，才能保留两次的交集区域，如图2-1-8所示，是两个圆交叉形成的，在电商设计中，常用来设计叶子图形。

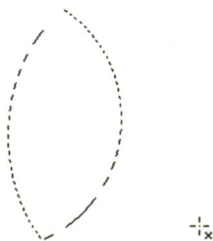

图2-1-8

（三）羽化

羽化就是让选区内外衔接部分虚化，起到渐变的作用，达到自然衔接的效果。羽化是用Photoshop处理图形图像的重要工具。羽化值越小，虚化范围越窄；羽化值越大，虚化范围越宽，颜色递变得越柔和。羽化的参数设置如图2-1-9所示。在实际操作时，可以多次尝试，开始把羽化值设置小一点，逐步加大，反复羽化是设计合理羽化的一个技巧。羽化值的不同效果显示：图2-1-10，羽化值为"0"；图2-1-11，羽化值为"15"；图2-1-12，羽化值为"30"；图2-1-13，羽化值为"60"。

图2-1-9

图2-1-10　　　　　　图2-1-11　　　　　　图2-1-12　　　　　　图2-1-13

> **▶ 行业前沿**
>
> 目前，选区工具在识别和建立选区方面得到了显著改进，如对象选择工具能够更精准地检测和建立选区，包括天空、植物等复杂元素。此外，一键式删除和填充功能使选区的处理更加便捷，能够轻松移除图像中的对象并实现无缝混合。同时，Photoshop还提供了邀请参与编辑等协作功能，让选区的编辑和共享变得更加高效。这些前沿功能不仅提升了选区工具的性能，也丰富了设计师的创作手段和流程。

三、任务实施

（一）新建文档

新建文档，宽度为1920像素，高度为600像素，分辨率为72像素/英寸，其他参数为默认值，如图2-1-14所示。

（二）背景颜色设计

1. 单击"视图"→"标尺"显示标尺，或者按【CTRL+R】组合键打开标尺。单击"视图"→"新建参考线"，新建水平参考线350像

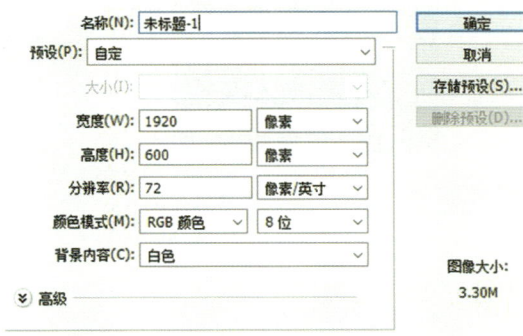

图2-1-14

素，如图2-1-15所示。同时新建垂直参考线485像素和垂直参考线1435像素。

2. 单击"设置背景色"按钮，将背景颜色设置为浅红色，RGB值为（228，113，118），如图2-1-16所示，鼠标定位在背景层，按【CTRL+DELETE】组合键，将背景层填充为背景颜色，如图2-1-17所示。

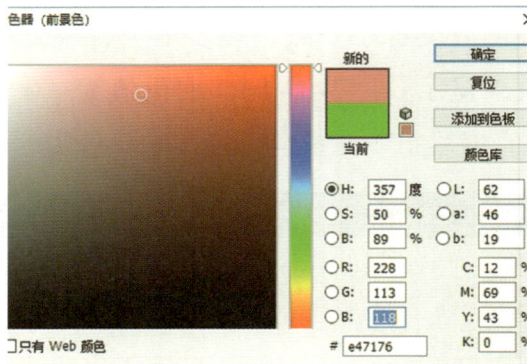

图2-1-15　　　　　　　图2-1-16　　　　　　　图2-1-17

3. 新建图层，命名为"天空"，如图2-1-18所示。使用"矩形选框工具"，从水平参考线开始，向上绘制矩形选区，如图2-1-19所示。

图2-1-18　　　　　　　　　　　　图2-1-19

4. 单击"设置前景色"按钮，设置前景颜色，RGB值为（241，163，141），如图2-1-20所示。按【ALT+ DELETE】组合键，将"天空"层填充为前景颜色，如图2-1-21所示。

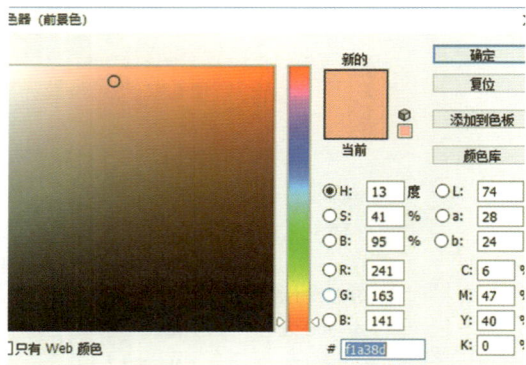

图2-1-20　　　　　　　　　　　　图2-1-21

（三）绘制"沙丘"

1. 新建图层，命名为"左沙丘"，如图2-1-22所示。选择椭圆选框工具，配置参数为"新选区"。羽化值为"0 像素"，如图2-1-23所示。

图2-1-22

图2-1-23

2．在画布左下角绘制椭圆选区，如图2-1-24所示。

图2-1-24

3．单击"设置前景色"按钮，设置前景颜色，RGB值为（113，8，12），如图2-1-25所示。按【ALT＋DELETE】组合键，将"左沙丘"层填充为前景颜色，如图2-1-26所示。

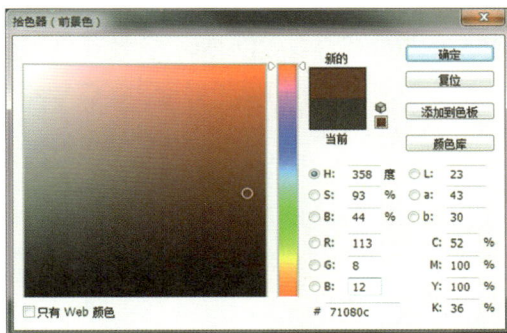

图2-1-25

图2-1-26

4．新建图层，命名为"右沙丘"，如图2-1-27所示。选择椭圆工具，配置参数为"从选区减去"，羽化值为"0像素"，如图2-1-28所示。

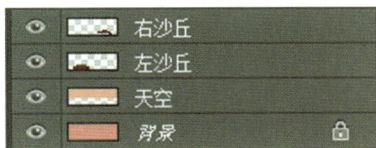

图2-1-27

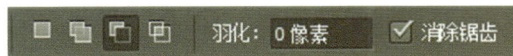

图2-1-28

5．在画布右下角先绘制椭圆选区，绘制完成后，再次从刚绘制的椭圆选区左下方开始向右上方绘制椭圆选区，松开鼠标后得到如图2-1-29所示效果。

图2-1-29

6. 设置前景色，RGB值为（113，8，12），如图2-1-30所示。按【ALT+ DELETE】组合键，将"右沙丘"层填充为前景颜色，如图2-1-31所示。

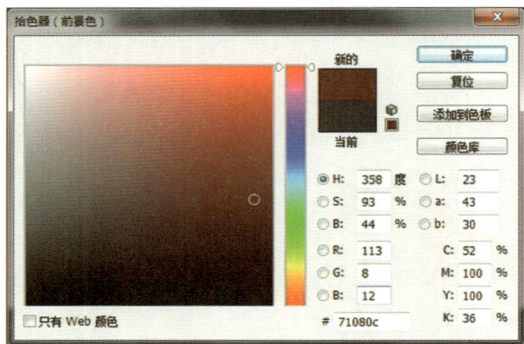

图2-1-30   图2-1-31

（四）文案设计

1. 单击"横排文字工具（T）"按钮，在画布中间输入文字"你好，"，设置参数为："楷体"，"80点"，颜色RGB值为（255，255，255）。如图2-1-32所示，效果如图2-1-33所示。

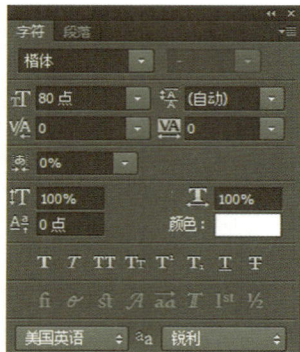

图2-1-32   图2-1-33

2. 在"你好，"的右侧输入英文"HELLO（回车）SEPTEMBER"，设置参数为："楷体""40点"，行间距"40点"，白色。如图2-1-34所示，效果如图2-1-35所示。

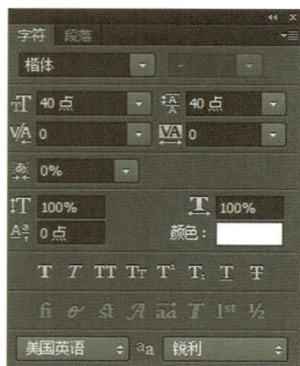

图2-1-34   图2-1-35

3. 在"你好，"的下方输入中文"九月。"设置参数为："微软雅黑""120点"，行间距"40点"，白色。如图2-1-36所示，效果如图2-1-37所示。

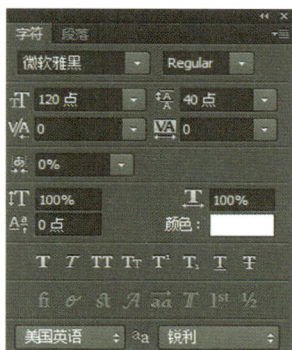

图2-1-36

图2-1-37

4. 新建图层，命名为"作品署名"，选择"矩形选框工具"，设置参数为："新选区"。羽化："0像素"，如图2-1-38所示。在画布中下部绘制矩形选区，在选区内部右键单击，出现快捷菜单，如图2-1-39所示。

5. 在快捷菜单中选择"描边"，出现描边对话框，如图2-1-40所示。设置宽度为"1像素"，颜色为纯白色，RGB值为（255，255，255）。按【CTRL+D】组合键确认选区。再次选择"横排文字工具（T）"，在描边的矩形框中，输入"华夏作品2035"，设置文字参数为："微软雅黑""30点"，白色。如图2-1-41所示，效果如图2-1-42所示。

图2-1-38

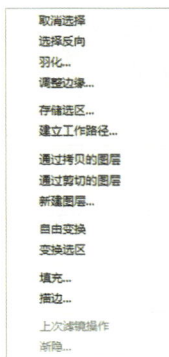

图2-1-39

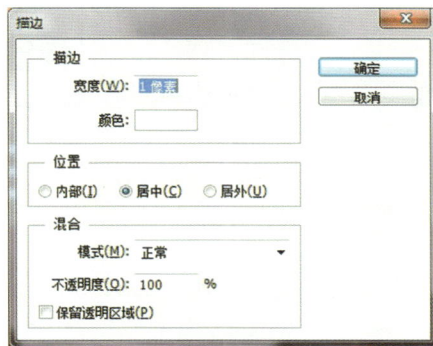

图2-1-40

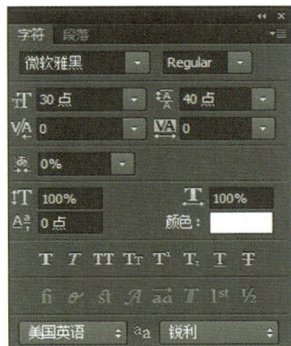

图2-1-41

图2-1-42

（五）图形设计

1．打开素材"树．PNG"，将其拖动到适当位置，将该图层命名为"树"，效果如图2-1-43所示。

2．新建图层，命名为"树影"，将"树"层拖到"树影"层上方位置，如图2-1-44所示。选择椭圆选框工具，设置参数为："新选区"。羽化："15像素"，如图2-1-45所示。

图2-1-43 　　　　　　　图2-1-44 　　　　　　　图2-1-45

3．在图2-1-46位置绘制椭圆选区。单击"设置前景色"按钮，将前景颜色设置为灰色，RGB值为（128，59，67），如图2-1-47所示。单击定位在"树影"层，按【ALT+ DELETE】组合键，将"树影"层填充为前景颜色，如图2-1-48所示。

图2-1-46 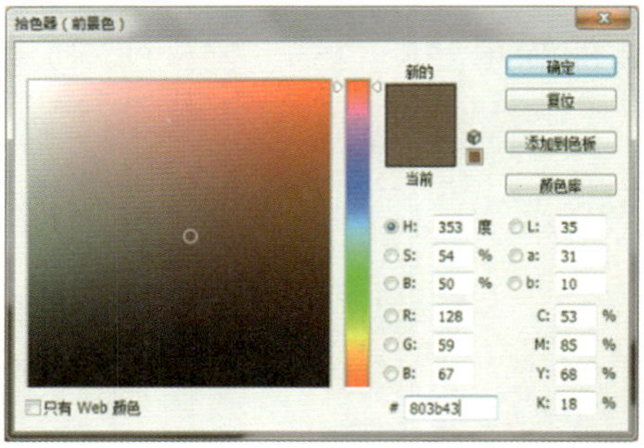　　　　　　　图2-1-47 　　　　　　　图2-1-48

（六）商业设计

将上图中的文字和素材图进行替换，得到如图2-1-49所示的商业应用图，保存输出即可。

图2-1-49

四、任务延伸

在商业设计中，经常以产品效果图和展台辅助展示道具等形式出现，可以进一步营造商品的营销氛围，激发顾客的购买欲，进而实现商品的有效推广，这就需要选区的平面和立体表达，如图2-1-50所示。

图2-1-50

（一）新建文档

新建文档，宽度为1920像素，高度为600像素，分辨率为72像素/英寸，其他参数为默认值，如图2-1-51所示。

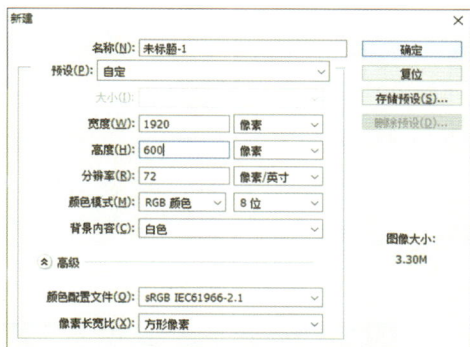

（二）背景颜色设计

1．设置前景色，RGB值为（39，37，20），如图2-1-52所示，单击定位在"背景"层，按【ALT+DELETE】组合键，为"背景"层填充前景色。

图2-1-51

2．新建参考线。第一条垂直参考线位置为"485"，第二条垂直参考线位置为"1435"，如图2-1-53、图2-1-54所示。

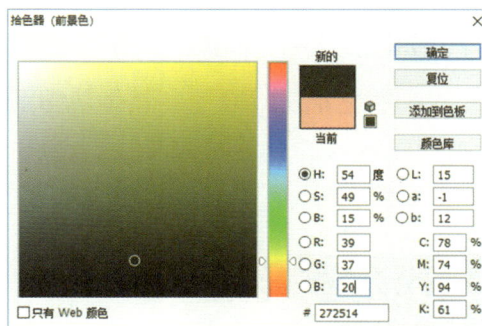

图2-1-52

图2-1-53

图2-1-54

3．新建图层，命名为"黄色"，选择矩形选框工具，设置为"新选区"，羽化值为"0"，样式为正常，其他为默认值。在两参考线中间部分绘制矩形选区，在矩形选区内部右键单击，选择"填充"，填充颜色，RGB值为（254，201，1），如图2-1-55所示。

4．当光标定位在"黄色"层，按【CTRL+T】组合键，黄色矩形周围出现8个调整点，鼠标在黄色矩形区域内，右键单击，选择"斜切"命令，如图2-1-56所示。

图2-1-55

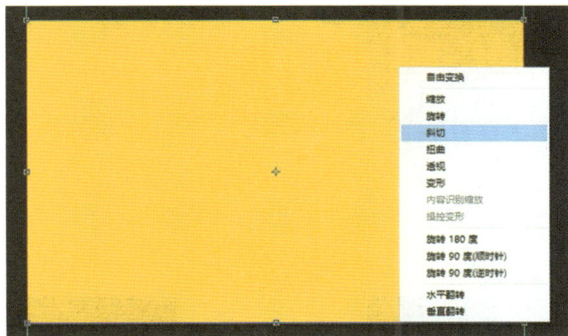

图2-1-56

5．将鼠标放到黄色矩形上边框，等鼠标出现左右双箭头时，按住鼠标左键向右拖动，然后将上方的属性参数"H"改为"-30"度，左右调整到适当位置，如图2-1-57所示。

6．调整后效果，如图2-1-58所示。

图2-1-57　　　　　　　　　　　　　　　　　　　图2-1-58

（三）绘制太阳

1．新建参考线，垂直参考线为"550像素"，水平参考线为"250像素"，两条参考线交界处将作为圆心。垂直485像素到垂直550像素之间将作为半径。选择"移动工具"，左右微调"黄色"层，让圆心和"黄色"层交会，如图2-1-59所示。

2．选择"椭圆选框工具"，参数配置为"新选区"，羽化值为"0"，其他为默认配置。从圆心开始按住【SHIFT+ALT】组合键绘制正圆，半径到左侧的垂直485像素参考线结束，如图2-1-60所示。

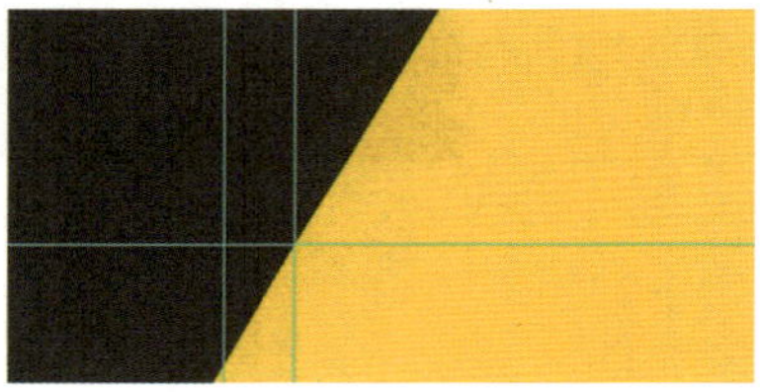

图2-1-59 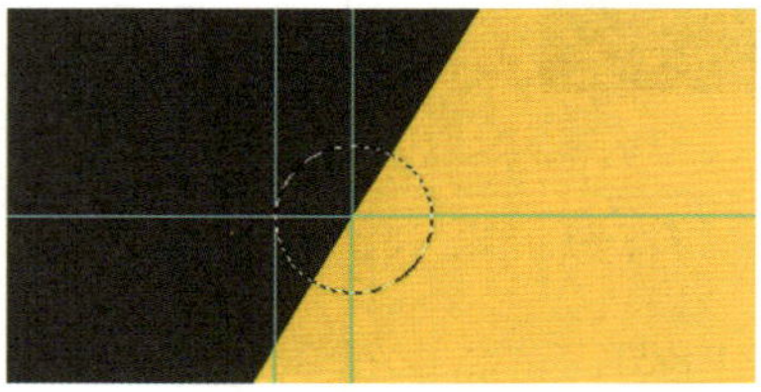　　　　　　　　　　　　　　　　　　　图2-1-60

3．在太阳组中新建图层，命名为"黄色圆"，在椭圆选区内部右键单击，选择"描边"，如图2-1-61所示，设置"宽度"为6像素，颜色为黄色，RGB值为（254，201，1），如图2-1-62所示。

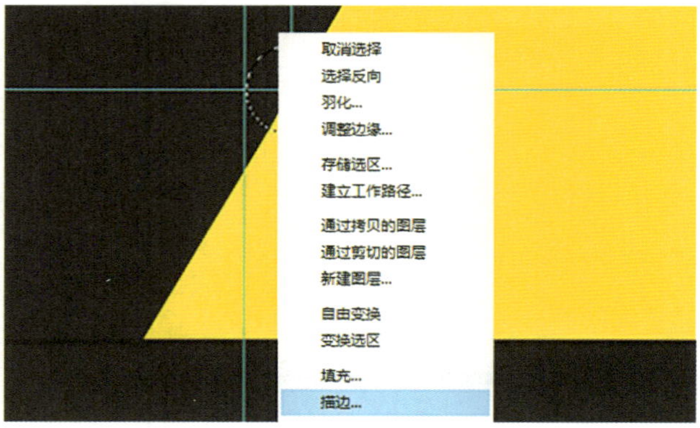

图2-1-61 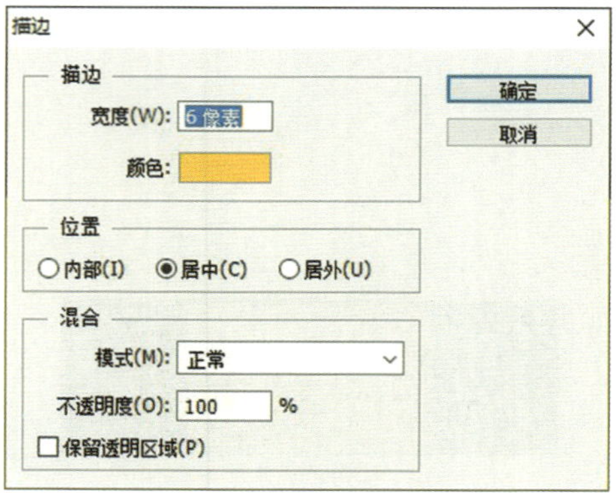　　　　　　　　　　　　　　　　　　　图2-1-62

4. 设置完成后，如图2-1-63所示。

5. 保留当前的"椭圆选区"，继续新建图层，命名为"白色圆"，用上述同样的方法，为"白色圆"描边，宽度为"6像素"，颜色为纯白色，随后按【CTRL+D】组合键取消选区，如图2-1-64所示。

图2-1-63　　　　　　　　　　图2-1-64

6. 选中"白色圆"图层，使用多边形套索工具，如图2-1-65所示；沿着黄色线条将白色圆的左半部分包围起来，如图2-1-66所示。

7. 按【DELETE】键删除选定的区域，按【CTRL+D】组合键确认，我们可以看到，黑色区域内为灰黄色，黄色区域内为白色，如图2-1-67所示。

图2-1-65　　　　　　　图2-1-66　　　　　　　图2-1-67

（四）绘制光线

1. 绘制光线。新建图层，命名为"光线1"，为了方便操作，用【CTRL++】组合键将当前视图放大。选择"矩形选框工具"绘制矩形选区，填充白色，按【CTRL+D】组合键确认，如图2-1-68所示。

2. 确定光线的大小和位置后，按【CTRL+T】组合键。再按住【ALT】键，将矩形光线的中心点拖动到圆环的中心（圆心位置），如图2-1-69所示。在上方属性参数框中，将旋转角度设置为"30度"，如图2-1-70所示。敲击两次回车键确认。

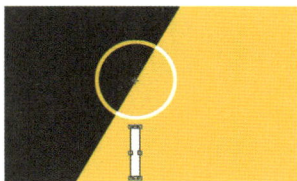

图2-1-68　　　　　　　图2-1-69　　　　　　　图2-1-70

3. 左手按住【CTRL+SHIFT+ALT】组合键，右手敲击字母【T】键，每敲击一次，出现一条光线，连续敲击11次后完成，如图2-1-71所示。

4．当前光线图层如图2-1-72所示；选中位置在黑色区域的6条光线，如图2-1-72所示，按【CTRL+G】组合键，将选中的图层组合为"组1"，如图2-1-73所示。

图2-1-71　　　　　　　　　　图2-1-72　　　　　　　　　　图2-1-73

5．调整光线颜色。在"组1"的上方，新建图层，命名为"黄色蒙版层"，如图2-1-74所示；在该图层绘制"矩形选区"，并填充背景色的黄色，RGB值为（254，201，1），如图2-1-75所示。

6．按【CTRL+T】组合键，旋转调整黄色矩形，遮挡住黑色区域的光线，如图2-1-76所示。

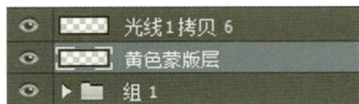

图2-1-74　　　　　　　　　　图2-1-75　　　　　　　　　　图2-1-76

7．鼠标右键单击"黄色蒙版层"，选择"创建剪贴蒙版"，如图2-1-77所示，设置后的效果如图2-1-78所示。

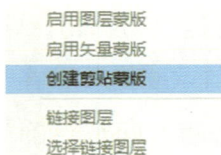

图2-1-77　　　　　　　　　　　　图2-1-78

（五）装饰设计

1．新建图层，命名为"椭圆1"，选择"椭圆选框工具"在图形下方绘制椭圆选区，填充颜色RGB值为（236，127，0）。

2．新建"椭圆2"图层，绘制椭圆选区，填充颜色RGB值为（253，143，4），如图2-1-79所示。

3．新建图层，命名为"白色矩形条"，绘制矩形选区，填充白色，RGB值为（255，255，255），按【CTRL+T】组合键，将矩形旋转后，调整图右侧区域，如图2-1-80所示。

图2-1-79　　　　　　　　　　　　　　　图2-1-80

4．新建组，命名为"花朵1"，在组"花朵1"中新建图层，命名为"茎"，选择"矩形选框工具"绘制矩形，填充颜色RGB值为（177，29，1）。

5．新建图层，命名为"影子"，选择"椭圆选框工具"绘制椭圆，填充颜色RGB值为（204，86，1），如图2-1-81所示。

6．新建图层，命名为"花朵"，选择"椭圆选框工具"，按住【SHIFT】键绘制正圆选区，填充颜色RGB值为（230，139，134），如图2-1-82所示。

7．在"花朵"图选区保留的前提下，新建图层，命名为"花朵2"，填充颜色RGB值为（207，115，200），如图2-1-83所示。

图2-1-81　　　　　　　　图2-1-82　　　　　　　　图2-1-83

8．选择"矩形选框工具"，将"花朵2"图层的左侧区域选中，按【DELETE】键删除，按【CTRL +D】组合键确认，如图2-1-84所示。

9．同样的方法，可以制作2~5朵花，效果如图2-1-85所示。

图2-1-84　　　　　　　　　　　　　　　图2-1-85

10．制作右上角标注。使用"矩形选框工具"，设置参数：从选区减去，羽化为"0像素"，如图2-1-86所示。

图2-1-86

11．新建图层，命名为"角标1"，按住【SHIFT】键绘制正方形，松开【SHIFT】后，从正方形右下角向左上方继续绘制，得到如图2-1-87所示的图形，填充颜色RGB值为（88，86，89），如图2-1-88所示。

12．用【CTRL+T】组合键，将"角标1"逆时针旋转45°，多次复制该图层，并按住【SHIFT】键水平移动，即可得到角标组，如图2-1-89所示。

图2-1-87　　　　　　　图2-1-88　　　　　　　图2-1-89

（六）文案设计

1．输入文字"选区高级应用"，设置参数为：隶书，120点；输入文字"创意设计作品"，设置参数为：微软雅黑，50点；输入文字"华夏作品"，设置参数为：微软雅黑，30点。

2．为"华夏作品"添加矩形背景，颜色RGB值为（39，38，40），效果如图2-1-90所示。

图2-1-90

五、知识测试

知识测试

六、总结评价

评价表

项目	评价内容	分值	评价标准	得分		
				自评	互评	师评
美	颜色搭配好	10	优秀：搭配美观：9~10分 良好：搭配合理：7~8分 合格：完成搭配：6分 不合格：搭配不合理：0~5分			
	美观度高	10	优秀：赏心悦目：9~10分 良好：搭配合理：7~8分 合格：完成搭配：6分 不合格：搭配不合理：0~5分			

续表

项目	评价内容	分值	评价标准	得分		
				自评	互评	师评
美	视觉冲击力强	10	优秀：耳目一新：9~10分 良好：吸引兴趣：7~8分 合格：效果一般：6分 不合格：设计不合理：0~5分			
	创意创新	10	优秀：创意新颖：9~10分 良好：创新性强：7~8分 合格：有一定创新性：6分 不合格：创新性不足：0~5分			
工	诠释主题要求	20	优秀：主题鲜明突出：17~20分 良好：主题表现力强：13~16分 合格：主题表述准确：12分 不合格：主题不明显：0~11分			
	恰当使用工具	10	优秀：工具选用精准：9~10分 良好：工具选用恰当：7~8分 合格：工具选用合理：6分 不合格：工具选用不合理：0~5分			
	图片精致	10	优秀：图片精致：9~10分 良好：图片美观：7~8分 合格：图片设计合理：6分 不合格：图片设计不合理：0~5分			
	工作效率高	5	优秀：精益求精：5分 良好：齐心协力：4分 合格：各司其职：3分 不合格：效率较低：0~2分			
能	文案设计好	10	优秀：设计新颖：9~10分 良好：设计合理：7~8分 合格：完成设计：6分 不合格：设计不合理：0~5分			
自我超越提升		5				
合计		100				
得分						
说明：自评、互评、师评的平均分为最终得分						

项目二 使用文字工具

📎 项目概述

使用文字工具 —— 创意表达，点亮视觉设计的灵魂

本项目旨在深入探索Photoshop中文字工具的强大功能，让文字不仅仅是信息的载体，更成为视觉设计中不可或缺的艺术元素。本项目将全面介绍文字工具的基本操作，包括如何创建文本图层、调整字体样式、大小、颜色及间距等。通过学习本项目，学习者将学习如何利用文字工具进行创意排版，掌握不同字体风格与图像内容的搭配技巧，以达到最佳的视觉效果。

此外，本项目还将介绍文字工具的进阶应用，如文本变形、路径文字、文本绕排等高级功能。这些功能可以丰富文字的表现形式，使设计作品更加生动有趣。通过实践练习，学习者将逐步掌握这些技巧，并能够在自己的设计作品中灵活运用。

通过该项目的学习，可以提升对文字工具的驾驭能力，深刻理解文字在视觉设计中的重要作用，通过文字传达设计理念、营造氛围、引导视线，使设计作品更加富有感染力和说服力。

任务 设计"五四青年节"海报

一、任务描述

在商业领域，一个成功的商品设计可以展现企业的价值。通过合理运用Photoshop中的文字工具，可以让设计作品更加鲜活生动、有吸引力。不仅如此，在设计过程中注重细节把控、色彩搭配等方面，能打造出真正符合消费者心理需求、受到欢迎和喜爱的视觉作品。在进行商业设计时，还要给作品注入正能量，打造一个强烈而有力量感的视觉效果。通过致敬青春、积极向上的元素，让受众感受到产品所传递出来的信息和情感，实现商品的有效推广。

微课 设计"五四青年节"海报

任务示例图

图2-2-1

导图引领

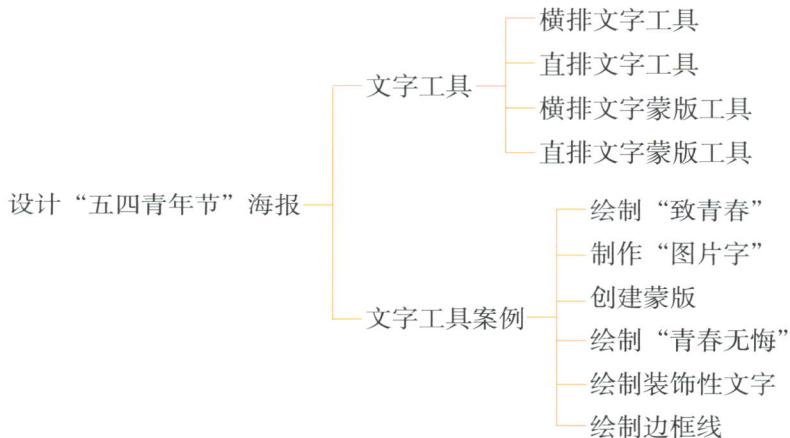

学习目标

1. 了解文字工具的类别和作用，掌握Photoshop文字工具在商业图形设计中的应用和使用技巧。

2. 能够合理高效地选择工具，提升工作效率，提高画面设计感和美感。

3. 在实际操作中，可以做到知、情、意、行相融合，关注顾客情感需求，实现商品的有效推广。弘扬正能量，传播积极向上的文化元素，用作品表达青春元素和爱国情感。

重点

文字参数设置、蒙版文字的使用、文字工具在图形设计中的应用和使用技巧。

难点

运用Photoshop文字工具，在设计过程中注入正能量和爱国情感，通过致青春、积极向上的元素，让观众感受到产品所传递出来的信息和情感。

二、知识铺垫

1. 横排文字工具

通过横排文字工具可以在图像中横向输入文字，输入文字后还可以进行编辑，在对话框中可任意选择颜色。

2. 直排文字工具

利用直排文字工具可以在图像中竖向输入文字，输入文字后还可以进行编辑，在对话框中可任意选择颜色。

3. 横排文字蒙版工具

在蒙版状态下输入文字是为了方便对文字进一步处理，可以省略把文字转换为选区的重复操作。蒙版文字可以进行描边、图案填充、渐变等多种操作（文字的输入是横向输入）。

4. 直排文字蒙版工具

效果同横排文字蒙版工具，只是文字竖排。

> ► **行业前沿**
>
> 在电商视觉设计中，Photoshop文字工具的应用是传达品牌信息与情感的重要手段，强调文字设计的创意与个性化。利用Photoshop的高级功能，如3D文字、文字变形、图层样式等，能够打造独特且引人注目的文字效果。响应式字体与动态文本的应用，也让电商视觉设计可以适应不同平台与屏幕尺寸，提升用户体验。在文字工具上加入创新元素，如智能字体推荐、自动文本排列等，提高了文字编辑的效率和创意性。此外，文字工具还支持更丰富的字体样式和排版选项，让设计师能够更灵活地呈现文本内容。目前，Photoshop与其他设计工具的兼容性也有一定的提升，方便设计师在不同平台间无缝切换。

三、任务实施

（一）新建文档

新建文档，宽度为45厘米，高度为60厘米，分辨率180像素/英寸，其他参数为默认值，如图2-2-2所示。

（二）绘制"致青春"

单击文字工具，输入"致青春……"，选中"致青春……"，设置颜色RGB值为（255，0，

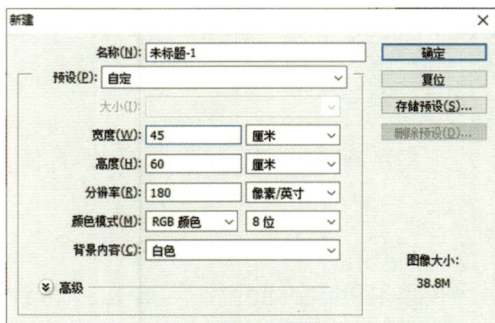

图2-2-2

0），字体为"华康新综艺体"，字号为"50点"，如图2-2-3、图2-2-4所示。

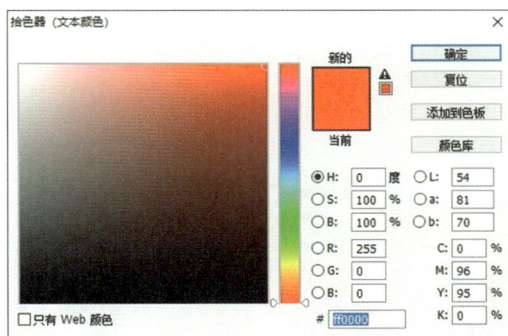

图2-2-3　　　　　　　　　　　　　　图2-2-4

（三）制作"图片字"

1. 新建组并命名为"图片字"，使用钢笔工具或套索工具写出"5"，使用同样方法写出"4"，如图2-2-5所示。

2. 单击文字工具，输入"给青春（回车）一个机会"，将字号设置为"80点"，字体设置为"方正特粗光辉简体"，颜色RGB值为（255，0，0），如图2-2-6、图2-2-7所示。按住【CTRL+T】组合键，将文字旋转-8°，如图2-2-8所示。

图2-2-5

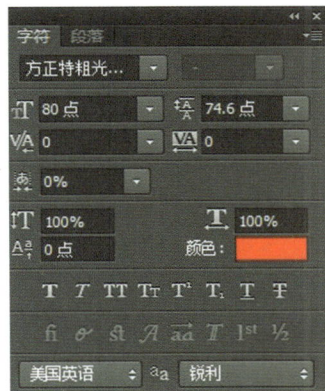

图2-2-6

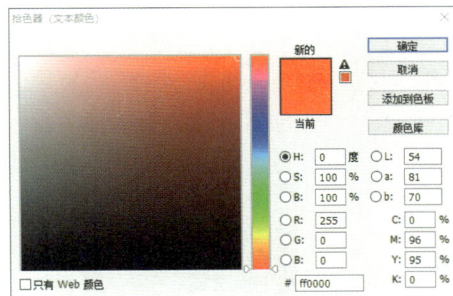

图2-2-7

图2-2-8

3．单击文字工具，输入"青年节"，字号设置为"220点"，字体设置为"华康俪金黑体"并加粗，字体效果为"浑厚"，颜色RGB值为（255，0，0），如图2-2-9、图2-2-10所示，效果如图2-2-11所示。

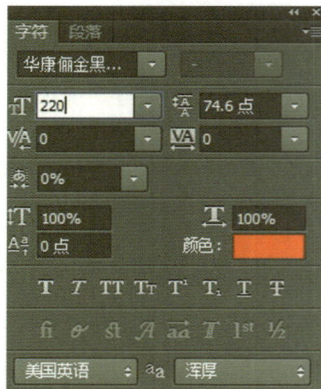

图2-2-9　　　　　　　　　　图2-2-10　　　　　　　　　　图2-2-11

4．选择钢笔工具，在"青"字左下角绘制"飘带"，如图2-2-12所示。

5．插入素材"飞机""人像"，将素材放到相对应的位置并调整大小，如图2-2-13所示。

图2-2-12　　　　　　　　　　图2-2-13

（四）创建蒙版

1．导入图片素材，放到"图片字"组的上方，如图2-2-14所示，右键单击图片层，选择"混合选项"，设置颜色叠加，叠加红色，RGB值为（255，0，0），如图2-2-15、图2-2-16所示。

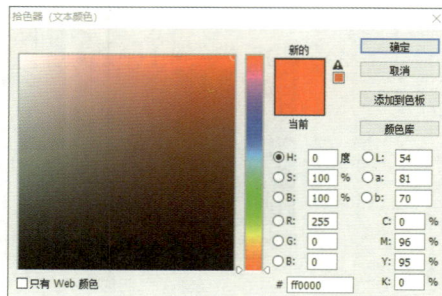

图2-2-14　　　　　　　　　　图2-2-15　　　　　　　　　　图2-2-16

2．将混合模式的"正常"改为"色相"，如图2-2-17所示，鼠标右键单击刚插入的图片，在图层中选择"创建剪切蒙版"，为"图片字"组创建蒙版，如图2-2-18所示。

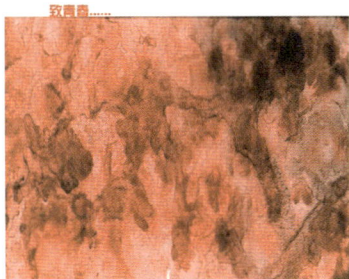

图2-2-17

图2-2-18

（五）绘制"青春无悔"

1．选择"圆角矩形工具"，将半径设置为"20像素"，如图2-2-19所示。按住【SHIFT】键画圆角矩形，填充颜色RGB值为（221，15，15），如图2-2-20所示。

2．右键单击"圆角矩形"图层，选择复制图层，按住【SHIFT】键向右拖动，将两个图层再次选中，右键选择复制图层，按住【SHIFT】键向右拖动，如图2-2-21所示。

图2-2-19　　　　　　　　图2-2-20　　　　　　　　图2-2-21

3．新建组，将四个圆角矩形的图层放到新建的组中，选择文字工具，输入文字"青春无悔"，设置字号大小为"60点"，字体设为"微软雅黑"，颜色为白色，设置字的间距为"80点"，如图2-2-22、图2-2-23所示。

图2-2-22　　　　　　　　　　图2-2-23

（六）绘制装饰性文字

1．选择文字工具，输入"传承五四精神共促社会和谐"，设置字号大小为"30点"，字体设为"微软雅黑"，颜色RGB值为（168，59，59），如图2-2-24、图2-2-25所示，效果如图2-2-26所示。再次选择文字工具，输入"I LOVE CHINA"，按同样的方法设置字号大小为"60点"，字体为"微软雅黑"，颜色RGB值为（168，59，59），如图2-2-27所示。

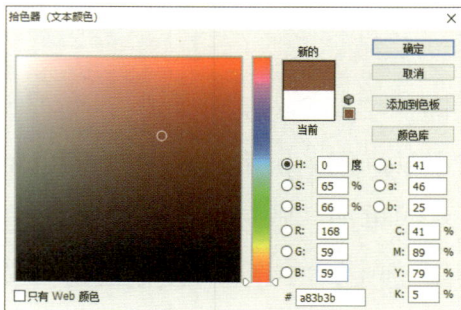

图2-2-24　　　　　　　　　　　　　　　　图2-2-25

图2-2-26

图2-2-27

2．选择文字工具，输入"五四运动是1919年5月4日发生在北京以青年学生为主，广大群众、市民、工商人士等阶层广泛参与的，通过示威游行、请愿、罢工等多形式的爱国运动，是中国人民彻底地反对帝国主义、封建主义的爱国运动。五四运动是中国新民主主义革命的开端，是中国革命史上的重要事件，是中国旧民主主义革命到新民主主义革命的转折点。"设置字号大小为"10点"，字体设为"微软雅黑"，颜色设置为黑色，效果如图2-2-28所示。

图2-2-28

3．选择文字工具，输入文字"为了国家的繁荣和富强–勤奋工作"设置字号大小为"38点"，字体设置为"方正大标宋简体"，颜色RGB值为（67，43，36），如图2-2-29、图2-2-30、图2-2-31所示。

4．选择文字工具输入"五四青年节源于中国1919年反帝爱国的五四运动，五四运动是一次彻底地反对帝国主义和封建主义的爱国运动，也是中国新民主主义革命的开始。1939年，陕甘宁边区西北青年救国联合会规定5月4日为中国青年节。"，设置字号大小为"20点"，字体设为"微软雅黑"，居中效果，如图2-2-32所示。

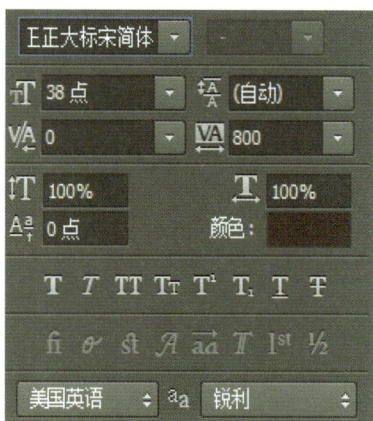

图2-2-29

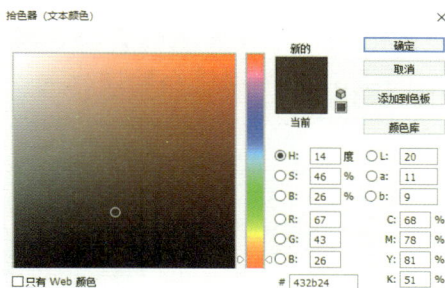

图2-2-30

图2-2-31

图2-2-32

（七）绘制边框线

1．新建图层，命名为"框线1"，选择矩形选框工具绘制矩形，右键选择"描边"，设置宽度为"15"，颜色RGB值为（153，40，41），如图2-2-33所示。

2．新建图层，命名为"框线2"，在刚绘制的框线内部再次绘制框线，右键选择"描边"，设置宽度为6像素，颜色RGB值为（153，40，41），如图2-2-34所示。

图2-2-33　　　　　　　　　　图2-2-34

　　文字工具的四种类型在"五四青年节"海报的设计任务中灵活应用。时代各有不同，青春一脉相承。让我们致敬青春，永葆青春激情，让红色基因、革命薪火在我们的作品设计中代代相传。

四、知识测试

知识测试

五、总结评价

评价表

项目	评价内容	分值	评价标准	得分		
				自评	互评	师评
美	颜色搭配好	10	优秀：搭配美观：9~10分 良好：搭配合理：7~8分 合格：完成搭配：6分 不合格：搭配不合理：0~5分			
	美观度高	10	优秀：赏心悦目：9~10分 良好：搭配合理：7~8分 合格：完成搭配：6分 不合格：搭配不合理：0~5分			

续表

项目	评价内容	分值	评价标准	得分		
				自评	互评	师评
美	视觉冲击力强	10	优秀：耳目一新：9~10分 良好：吸引兴趣：7~8分 合格：效果一般：6分 不合格：设计不合理：0~5分			
	创意创新	10	优秀：创意新颖：9~10分 良好：创新性强：7~8分 合格：有一定创新性：6分 不合格：创新性不足：0~5分			
工	诠释主题要求	20	优秀：主题鲜明突出：17~20分 良好：主题表现力强：13~16分 合格：主题表述准确：12分 不合格：主题不明显：0~11分			
	恰当使用工具	10	优秀：工具选用精准：9~10分 良好：工具选用恰当：7~8分 合格：工具选用合理：6分 不合格：工具选用不合理：0~5分			
	图片精致	10	优秀：图片精致：9~10分 良好：图片美观：7~8分 合格：图片设计合理：6分 不合格：图片设计不合理：0~5分			
	工作效率高	5	优秀：精益求精：5分 良好：齐心协力：4分 合格：各司其职：3分 不合格：效率较低：0~2分			
能	文案设计好	10	优秀：设计新颖：9~10分 良好：设计合理：7~8分 合格：完成设计：6分 不合格：设计不合理：0~5分			
	自我超越提升	5				
	合计	100				
	得分					
	说明：自评、互评、师评的平均分为最终得分					

项目三 使用钢笔工具

项目概述

钢笔工具 —— 精准绘制，塑造视觉设计的轮廓之美

　　钢笔工具，作为Photoshop中的高级绘图工具，以其无与伦比的精确性和灵活性，在视觉设计中占据着举足轻重的地位。本项目将引领学习者们踏入一个精细、灵活的图形绘制世界。

　　本项目旨在深入解析钢笔工具的基本操作原理与技巧，包括如何创建锚点、调整手柄、绘制直线与曲线等。通过一系列由易到难的练习，帮助学习者逐步掌握钢笔工具的使用方法，学会利用它绘制出各种复杂而精确的图形轮廓。

　　本项目还介绍了钢笔工具的高级应用，如创建复杂路径、路径与选区的相互转换、路径的描边与填充等。这些高级功能将进一步拓展钢笔工具的应用范围，在设计过程中能够随心所欲地创作出符合需求的图形元素。

　　通过本项目的学习，可以提升学习者的图形绘制能力，深刻体会到精准绘制对于提升设计品质的重要性。在视觉设计中巧妙地运用钢笔工具，塑造出既符合设计要求又充满美感的图形，为整个设计作品增添无限魅力。

任务　使用钢笔工具设计图形

微课 使用钢笔
工具设计图形

一、任务描述

Photoshop中的钢笔工具是商业设计中非常重要的工具之一，可以用于绘制各种形状，并进行精确地编辑和调整。通过钢笔工具在区域选择、图形设计中的灵活应用，结合图片、文字、颜色等元素可以清晰地表达和展示商品信息，并引导消费者了解产品的特点和优势，激发顾客的购买欲，进而实现商品的有效推广。

同时，在设计过程中加入一些心形、阳光等符号，可以传递积极向上的正能量，让消费者感受到品牌情感和文化内涵。

钢笔工具属于矢量绘图工具，鼠标绘制、做精确选区、路径抠图等，都需要使用钢笔工具。其优点是可以勾画平滑的曲线，在缩放或者变形之后仍能保持平滑效果。钢笔工具画出来的矢量图形称为路径，路径是矢量的路径，如果把起点与终点重合绘制就可以得到封闭的路径，也允许是不封闭的开放形状。

任务示例图

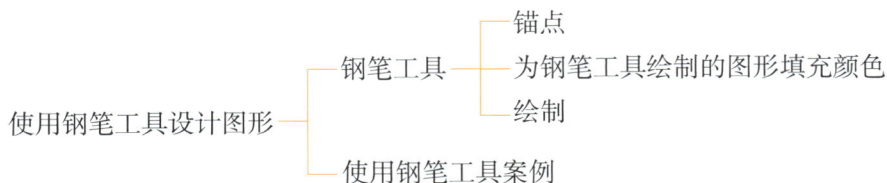

图2-3-1

导图引领

```
                                        ┌─ 锚点
                          ┌─ 钢笔工具 ─┼─ 为钢笔工具绘制的图形填充颜色
使用钢笔工具设计图形 ─┤              └─ 绘制
                          └─ 使用钢笔工具案例
```

学习目标

1．了解钢笔工具的基础知识；掌握钢笔工具常用的术语和参数设置；熟悉钢笔工具中"锚点""拐点"等设计工具。

2．能够灵活使用钢笔工具，完成常用商业图形的创意设计。

3．能够在视觉设计中保持精益求精的工匠精神。

重点

明确钢笔工具中锚点的定位选择、拐点的调整、填充柄的拖动弧度、填充颜色的配置。

✿ **难点**

根据商业主题，独立运用Photoshop的钢笔工具灵活搭配使用锚点、拐点工具设计心形创意设计图。

二、知识铺垫

（一）钢笔工具中的"锚点"

1．选择"钢笔"工具后，鼠标形状如图2-3-2中A所示。

2．按下鼠标左键开始拖动时，鼠标形状如图2-3-2中B所示。

3．当拖动鼠标以延长方向线时，鼠标形状如图2-3-2中 C所示。

图2-3-2

4．开始拖动第二个平滑点，如图2-3-3中A所示。

5．向远离前一条方向线的方向拖动，创建 C 形曲线，如图2-3-3中B所示。

6．松开鼠标按钮后如图2-3-3中C所示。

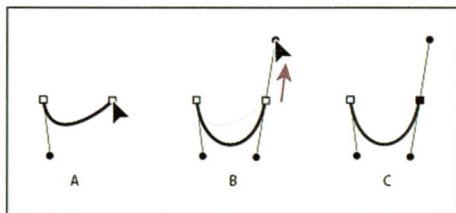

图2-3-3

7．若要创建 S 形曲线，按照与前一条方向线相同的方向拖动鼠标，然后松开鼠标按钮。

8．开始拖动新的平滑点，如图2-3-4中A右侧点所示。

9．按照与前一条方向线相同的方向拖动，创建 S形曲线，如图2-3-4中B所示。

10．松开鼠标后效果，如图2-3-4中C所示。

图2-3-4

（二）为钢笔工具绘制的形状填色

使用钢笔时，如果选择"形状"属性，可绘制最高精度的图像。创建形状图层模式不仅可以在路径面板中新建一个路径，同时还在图层面板中创建了一个形状图层。

1．在"工具"栏中，右键单击"钢笔工具"，出现如图2-3-5所示的5个选项，选择"钢笔工具"。

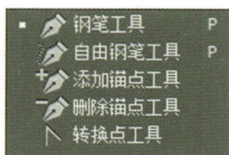

图2-3-5

2．在属性窗口中，选择"形状"，如图2-3-6所示。

3．单击图2-3-7所示的"填充"按钮后，出现图2-3-8所示颜色配置窗口；单击图2-3-8所示"纯色"按钮，可以为绘制的图形或者选区配置如图2-3-8下方所示的纯色。

图2-3-6

图2-3-7

图2-3-8

4．单击图2-3-9所示的"渐变"按钮，可以为绘制的图形或者选区配置图2-3-9下方所示的渐变颜色。

5．单击图2-3-10所示的"图案"按钮，可以为绘制的图形或者选区配置图2-3-10所示的系统图案颜色。

6．单击图2-3-10所示右上角的"拾色器"按钮，可以打开图2-3-11所示的拾色器。

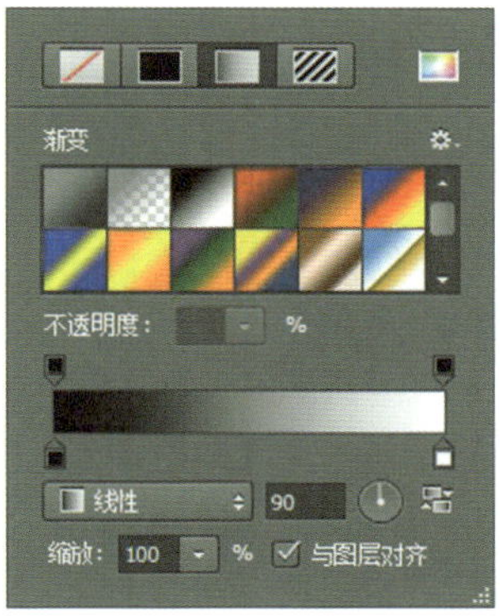

图2-3-9

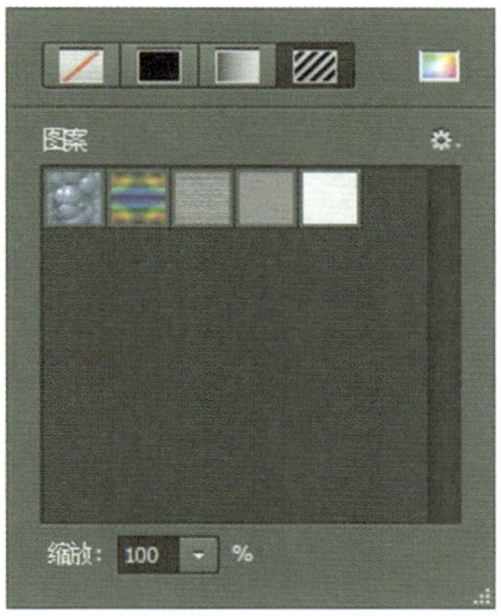

图2-3-10

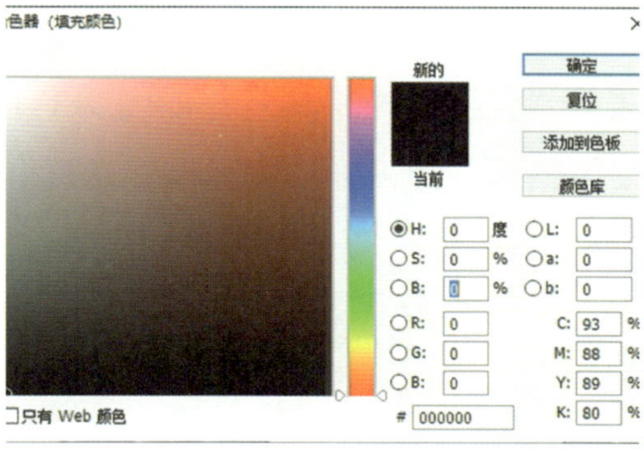

图2-3-11

（三）绘制

1．选择"钢笔工具"，配置参数："形状"，颜色"无填充"，描边为黑色，RGB值为（0，0，0），描边粗细为"3"，线形为"实线"，如图2-3-12所示。

2．在画布左上角单击，定位第一个锚点，如图2-3-13所示。

图2-3-12　　　　　　　　　　　　　　　　图2-3-13

3．单击定位并拖动第二个锚点，然后向右上方45°角方向拖动，形成弧度，如图2-3-14所示。

4．单击定位并拖动第三个锚点，垂直向下拖动，形成弧度，如图2-3-15所示。

5．单击定位并拖动第四个锚点，垂直向下拖动，形成弧度，效果如图2-3-16所示。

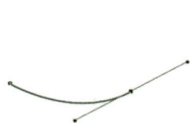　　　　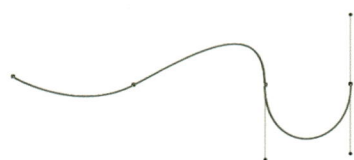

图2-3-14　　　　　　　　　图2-3-15　　　　　　　　　图2-3-16

6．鼠标在画布外单击，确定弧线。如图2-3-17所示；将线形更改为虚线，如图2-3-18所示。

图2-3-17　　　　　　　　　　　　图2-3-18

7．如果发现弧度有误，需要进一步调整时，在工具栏中右键单击"选择工具"，选择"直接选择工具"，如图2-3-19所示，在需要更改的部分单击，会出现"拐点"，按住鼠标左键，拖动拐点调整角度和长度，即可调整弧度，如图2-3-20所示。

![路径选择工具 A / 直接选择工具 A]

图2-3-19　　　　　　　　　　图2-3-20

8．按住【SHIFT】键绘制45°整数倍夹角。选择"路径"（第二种绘图方式），然后用钢笔在画面中单击，会看到在锚点之间有线段相连，始终按住【SHIFT】键可以让所绘制的点与上一个点保持45°整数倍夹角（比如0°或90°）。

9．这样可以绘制水平或者是垂直的线段，效果如图2-3-21所示。

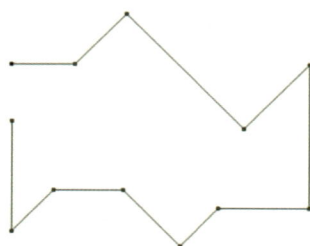

图2-3-21

▶ **行业前沿**

　　在电商视觉设计中，Photoshop钢笔工具的使用是行业前沿的精细操作典范。它以其强大的矢量绘图能力，让设计师能够精准绘制商品轮廓、创建复杂路径，实现高质量的图像编辑与设计。随着技术的不断进步，钢笔工具结合智能辅助线、吸附功能等前沿技术，使操作更加高效、精准。掌握Photoshop钢笔工具，是电商视觉设计师提升设计品质与效率的关键。

图2-3-22

三、任务实施

　　用钢笔工具的形状属性来设计心形，如图2-3-22所示。要求文件为1920×600像素，分辨率为72像素/英寸，RGB模式，其他参数默认。

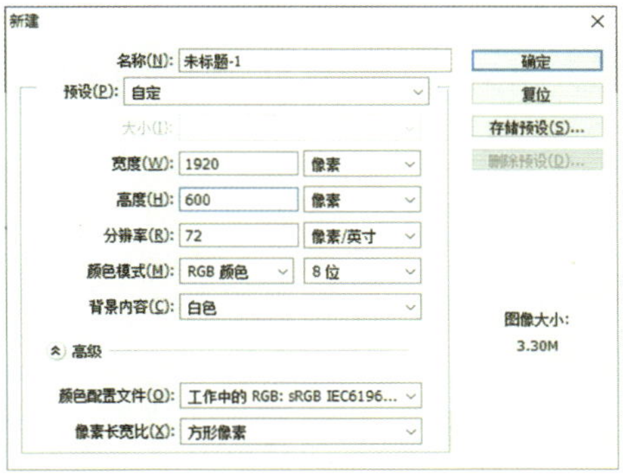

　　1. 新建文档，宽度为1920像素，高度为600像素，分辨率为72像素/英寸，其他参数为默认值，如图2-3-23所示。

　　2. 设置钢笔工具为"形状"，其他参数为默认值。将素材文件"09钢笔工具设计形状图形-5素材2"在Photoshop中打开，并拖动到当前文件中，调整到适当位置，如图2-3-24所示。保存文件重命名为"心连心．PSD"，作图过程中，随时按【CTRL+S】组合键进行保存。

图2-3-23

　　3. 单击"视图"中的"新建参考线"，如图2-3-25、图2-3-26所示，沿着图形周围的顶点位置建立参考线。

图2-3-24 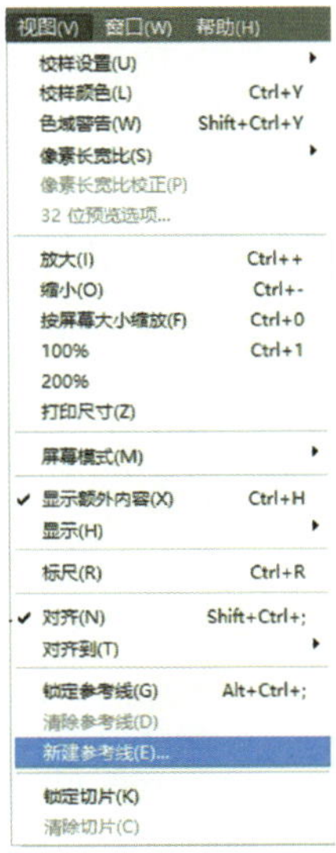　　　　　　　　图2-3-25 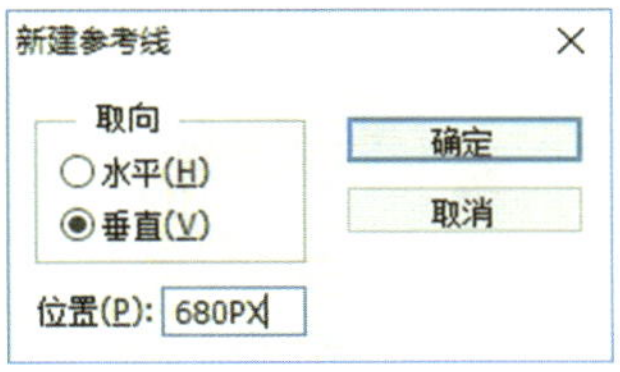　　　　　　　　图2-3-26

4．当前文档的第一条垂直参考线，参考线为680像素。最右侧垂直参考线1220像素，中间位置的参考线950像素。同时，建立顶端和底端的参考线，如图2-3-27所示。

图2-3-27

5．绘制第一点，单击第二点后，一直按着鼠标，如图2-3-28所示。

6．向左上方拖动鼠标，和心形外边界贴合，如图2-3-29所示。

7．单击第三点后，如图2-3-30所示。

8．向右下角拖动调整后，还有部分区域不能很好地和心形贴合，如图2-3-31所示。

图2-3-28　　　　　　图2-3-29　　　　　　图2-3-30　　　　　　图2-3-31

9．左手按住【ALT】键，此时，鼠标会变成如图2-3-32所示形状。

10．此时，按住鼠标左键继续拖动拐点，并调整至完全贴合，如图2-3-33所示。

11．按住【ALT】键，拖动鼠标将拐点调整到如图2-3-34所示。

12．在中间位置单击鼠标，定位锚点，并拖动鼠标，调整到如图2-3-35所示。

图2-3-32　　　　　　图2-3-33　　　　　　图2-3-34　　　　　　图2-3-35

13．按住【ALT】键，将拐点向左上调整，如图2-3-36所示。

14．左侧定位锚点，如图2-3-37所示。

15．按住【ALT】键，将调整右侧拐点，与心形贴合，如图2-3-38所示。

16．调整左下方拐点到左上方，如图2-3-39所示。

图2-3-36　　　　　　图2-3-37　　　　　　图2-3-38　　　　　　图2-3-39

17．在两心交会处定位锚点并拖动拐点后，如图2-3-40所示。

18．按住【ALT】键，将调整左侧拐点，与心形贴合，如图2-3-41所示。

19．在右侧心形心尖位置定位锚点，如图2-3-42所示。

20．先拖动鼠标调整到如图2-3-43所示，不能贴合。

图2-3-40　　　　　图2-3-41　　　　　图2-3-42　　　　　图2-3-43

21．按住【ALT】键调整右侧拐点，与心形贴合，调整时，可以根据实际需要调整两个拐点，调整后如图2-3-44所示。

22．定位"新锚点"后，继续按住鼠标左键，如图2-3-45所示。

23．按住【ALT】键拖动，调整左侧拐点，与心形贴合，如图2-3-46所示。

24．向上调整拐点，如图2-3-47所示。

图2-3-44　　　　　图2-3-45　　　　　图2-3-46　　　　　图2-3-47

25．按住鼠标左键，定位新锚点，如图2-3-48所示。

26．按住【ALT】键拖动并调整上方的两个拐点，与心形贴合，如图2-3-49所示。

27．调整拐点到右上角，如图2-3-50所示。

28．将鼠标放在起点的锚点上，鼠标右下角会出现一个句号，单击后将完成闭合线路的绘制，如图2-3-51所示。

图2-3-48　　　　　图2-3-49　　　　　图2-3-50　　　　　图2-3-51

29．在起点按下左键，并调整后，但依然没有完全贴合，如图2-3-52所示。

30．单击左侧的"直接选择"工具，如图2-3-53所示。

31．单击心形右侧外侧心尖的锚点，再次显示拐点，如图2-3-54所示。

32．按住【ALT】键，调整拐点，与心形贴合，如图2-3-55所示。

图2-3-52　　　　　图2-3-53　　　　　图2-3-54　　　　　图2-3-55

33．隐藏参考的心形，为自己用钢笔工具绘制的心形填充颜色，如图2-3-56所示。

34．单击钢笔工具按钮，设置填充颜色，如图2-3-57所示。

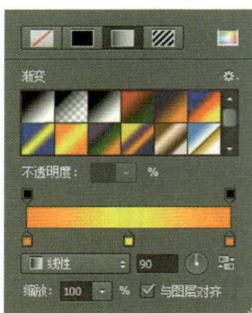

图2-3-56

图2-3-57

35．设置橙色渐变，如图2-3-58、图2-3-59所示。

36．设置纯红色填充，如图2-3-60、图2-3-61所示。

图2-3-58　　　　图2-3-59　　　　图2-3-60　　　　图2-3-61

注意：

依次沿着内部定位锚点，弧度较大时，需要多次定位锚点。

绘制过程中，根据实际需要，我们可以随时调整图形显示比例大小，以更方便绘图。可以随时按住【ALT】键调整锚点调节杆的方向和长度。锚点调节杆的调整，一般遵循弧度的切线原理。

四、知识测试

知识测试

五、总结评价

评价表

项目	评价内容	分值	评价标准	得分		
				自评	互评	师评
美	颜色搭配好	10	优秀：搭配美观：9~10分 良好：搭配合理：7~8分 合格：完成搭配：6分 不合格：搭配不合理：0~5分			
	美观度高	10	优秀：赏心悦目：9~10分 良好：搭配合理：7~8分 合格：完成搭配：6分 不合格：搭配不合理：0~5分			
	视觉冲击力强	10	优秀：耳目一新：9~10分 良好：吸引兴趣：7~8分 合格：效果一般：6分 不合格：设计不合理：0~5分			
	创意创新	10	优秀：创意新颖：9~10分 良好：创新性强：7~8分 合格：有一定创新性：6分 不合格：创新性不足：0~5分			
工	诠释主题要求	20	优秀：主题鲜明突出：17~20分 良好：主题表现力强：13~16分 合格：主题表述准确：12分 不合格：主题不明显：0~11分			
	恰当使用工具	10	优秀：工具选用精准：9~10分 良好：工具选用恰当：7~8分 合格：工具选用合理：6分 不合格：工具选用不合理：0~5分			
	图片精致	10	优秀：图片精致：9~10分 良好：图片美观：7~8分 合格：图片设计合理：6分 不合格：图片设计不合理：0~5分			
	工作效率高	5	优秀：精益求精：5分 良好：齐心协力：4分 合格：各司其职：3分 不合格：效率较低：0~2分			

续表

项目	评价内容	分值	评价标准	得分		
				自评	互评	师评
能	文案设计好	10	优秀：设计新颖：9~10分 良好：设计合理：7~8分 合格：完成设计：6分 不合格：设计不合理：0~5分			
	自我超越提升	5				
	合计	100				
得分						
说明：自评、互评、师评的平均分为最终得分						

六、任务延伸

钢笔工具的商业应用

项目四 使用渐变工具

📎 **项目概述**

渐变工具 —— 色彩交融，演绎视觉设计的无限层次

　　渐变工具作为视觉设计中的重要辅助工具，能够轻松实现色彩之间的平滑过渡，为设计作品增添层次感与立体感。

　　本项目将详细介绍渐变工具的基本操作与功能，包括如何设置渐变的颜色、类型、方向及透明度等参数。通过实践练习，掌握渐变工具在不同设计场景中的应用技巧，如背景填充、按钮设计、图标美化等。结合图层样式、蒙版等其他设计工具，进一步丰富渐变效果的表现力，创造出独特的渐变纹理，以及如何利用渐变色彩来引导视觉流向，增强设计作品的视觉冲击力。

　　通过学习本项目，学习者可以理解渐变工具在视觉设计中的重要性，掌握其灵活运用的方法。运用渐变工具创作出既美观又富有层次感的设计作品，为设计作品增添一抹独特的色彩魅力。

● ● ●

任务　设计立体图形

微课　设计立体图形

一、任务描述

渐变工具是一种常见的图形设计工具，它可以通过不同颜色的渐变来创建出具有层次感和丰富度的视觉效果。

立体图形是各部分不在同一平面内的几何图形，是由一个或多个面围成的、可以存在于现实生活中的三维图形。点动成线，线动成面，面动成体。由面围成体，看一个长方体、正方体等规则立体图形最多看到立体图形实物的三个面。

纵观中国的发展，先贤们有一种刻意追求对称（或旋转对称）的情结，道家的太极八卦图是旋转对称，儒家追求的是中正典雅。方是中心旋转对称，圆是中心旋转对称，一代代的坚守和创新，凝结成了规对应圆，矩对应方。

立体图形在商业设计中，经常以产品效果图和展台辅助展示道具等形式出现，一方面可以为商家节省打样成本，同时还可以呈现预期效果，是很多设计师常用的技能之一。商业设计中利用Photoshop渐变工具可以制作出漂亮而具有立体感的图形，辅助展示商品和表达商品特点。

通过对本任务的学习，了解立体图形的光影构造，掌握参数配置及绘制方法，完成球体、立方体、柱体、椎体等图形的设计，设计时注意增加画面质感，突出店铺及商品的营销主题，任务示例如图2-4-1所示。

任务示例图

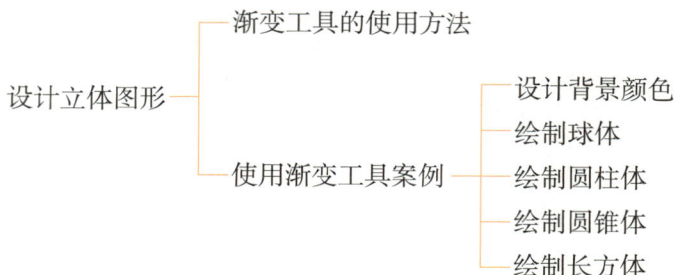

图2-4-1

导图引领

```
                      ┌── 渐变工具的使用方法
                      │                      ┌── 设计背景颜色
                      │                      ├── 绘制球体
设计立体图形 ──────────┤                      │
                      │                      ├── 绘制圆柱体
                      └── 使用渐变工具案例 ──┤
                                             ├── 绘制圆锥体
                                             │
                                             └── 绘制长方体
```

学习目标

1．了解渐变工具在商业背景中的应用；熟悉参数配置以及绘制方法；掌握球体、

　　长方体、柱体、圆锥体等图形的设计技巧并完成Banner立体图的初步设计。

　　2．能够灵活使用渐变工具进行立体视觉感觉的商业营销图设计。

　　3．能够在视觉设计过程中提升文化素养，感受中华传统文化的精髓。

♻ 重点

　　灵活使用渐变工具，明确球体、立方体、柱体、圆锥体图形的设计技巧。

⚜ 难点

　　根据商业主题，独立运用Photoshop渐变工具，灵活搭配使用渐变颜色，设计有立体视觉感觉的图形，完成Banner的初步设计。

二、知识铺垫

　　渐变工具是一种常见的图形设计工具，它可以通过不同颜色的渐变来创建具有层次感和丰富度的视觉效果。使用渐变工具可以创建颜色渐变、透明度渐变、阴影效果、渐变背景。以菱形图案从中心向外侧渐变到角为例，渐变工具的使用方法如下。

　　1．渐变工具按钮，如图2-4-2所示。

　　2．渐变工具属性栏，如图2-4-3所示。

图2-4-2

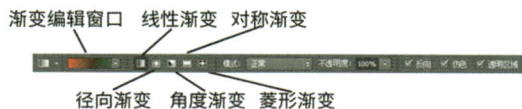

图2-4-3

　　3．单击"渐变编辑窗口"按钮，可以弹出渐变编辑窗口，如图2-4-4所示。

　　4．单击图2-4-5中"1"处的色标，可以打开并配置颜色。

　　5．单击图2-4-6中"2"处的"不透明度色标"，可以配置不透明度。

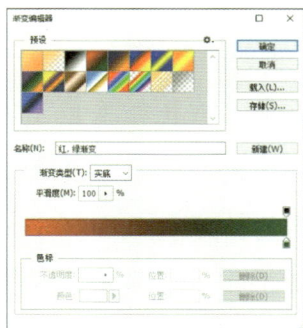

图2-4-4

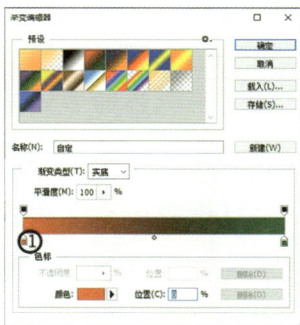

图2-4-5

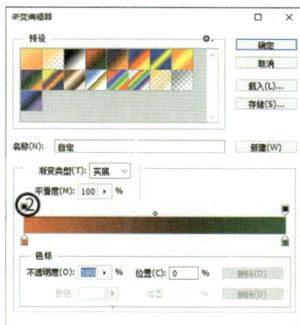

图2-4-6

6. 选择一个选项以确定起点（按下鼠标的位置）和终点（松开鼠标的位置）影响渐变外观。

7. 线性渐变：以直线从起点渐变到终点。配置黑白色，线性渐变。按住【SHIFT】键水平绘制，效果如图2-4-7所示。

8. 黑白色，线性渐变。按住【SHIFT】键上下垂直绘制，效果如图2-4-8所示。

9. 黑白色，线性渐变。按照从左上到右下的顺序绘制，效果如图2-4-9所示。

图2-4-7　　　　　　　　　　　图2-4-8　　　　　　　　　　　图2-4-9

10. 径向渐变：以圆形图案从起点渐变到终点。径向渐变中心向外，如图2-4-10所示。

11. 角度渐变：围绕起点以逆时针扫描方式渐变。角度渐变中心水平向右绘制，如图2-4-11所示。

图2-4-10　　　　　　　　　　　图2-4-11

12. 对称渐变：在起点的两侧镜像相同的线性渐变。对称渐变，中心向右，如图2-4-12所示。

13. 菱形渐变中心水平向右，如图2-4-13所示。

图2-4-12　　　　　　　　　　　图2-4-13

▶ 行业前沿

　　当前渐变设计呈现出多元化、创新化的趋势。半透明渐变、双色渐变以及多色渐变等不同类型的渐变效果，为电商设计带来了全新的视觉体验。这些渐变效果不仅能够增强设计的层次感，还能通过色彩的变化传递出不同的情感和氛围，从而吸引消费者的注意力。随着设计工具的不断进步，渐变工具的操作也变得更加便捷和高效。渐变工具将在电商视觉设计与制作领域发挥重要作用，推动设计创新和技术进步，为电商行业的发展注入新的活力和动力。

三、任务实施

（一）新建文档

新建文档，宽度为1920像素，高度为600像素，分辨率为72像素/英寸，其他参数为默认值，如图2-4-14所示。

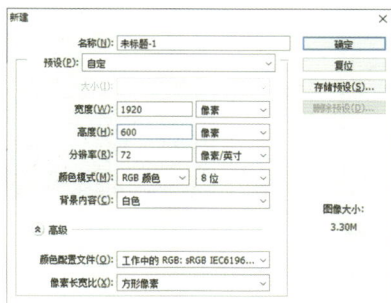

图2-4-14

（二）设计背景颜色

1. 设置背景色为深绿色，颜色RGB值为（11，94，98），如图2-4-15所示，按【CTRL+DELETE】组合键，将背景层填充为背景颜色。

2. 设置前景色为浅绿色，颜色RGB值为（46，137，140），在背景层上半部分绘制矩形选区，按【ALT+DELETE】组合键，将选区填充为浅绿色，如图2-4-16所示。

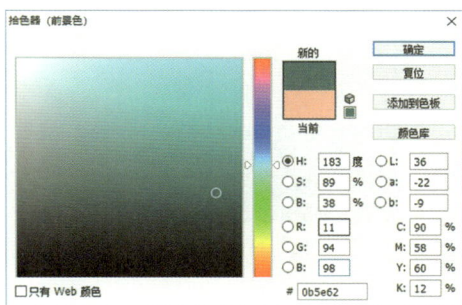

图2-4-15　　　　　　　　　　　　　　图2-4-16

（三）绘制球体

1. 新建图层，命名为"球"，鼠标定位在"球"图层，选择"椭圆选框工具"，如图2-4-17所示。

2. 按住【SHIFT】键，按住鼠标左键绘制一个正圆选区。

3. 选择"渐变工具"按钮，设置为"径向渐变"，如图2-4-18所示。

图2-4-17

图2-4-18

4．单击"渐变颜色缩略图"，打开"渐变编辑器"，如图2-4-19所示。

5．设置左侧颜色为纯白色，RGB值为（255，255，255），右侧颜色为深灰色，RGB值为（114，122，111），如图2-4-20所示。

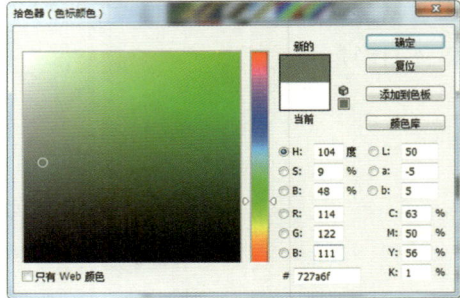

图2-4-19   图2-4-20

6．在当前的"渐变编辑器"中，名称（N）命名为"圆球"，单击"新建"保存，在设计圆柱时会再次调用该颜色配置，如图2-4-21所示。

7．在绘制的正圆选区中，在左上方位置，按住鼠标左键，向右下拖动到选区边界，填充渐变颜色，得到立体的球体效果，如图2-4-22所示。

图2-4-21   图2-4-22

（四）绘制圆柱体

1．单击菜单"图层"，选择"新建"→"组"，创建"圆柱"组，如图2-4-23所示；也可以在"图层面板"中单击"创建新组"按钮，创建"圆柱"组，如图2-4-24所示。

2．在"圆柱"组中，建立新图层"圆柱"，单击定位在"圆柱"层，如图2-4-25所示。

图2-4-23   图2-4-24   图2-4-25

3．再次单击"渐变颜色缩略图"，打开"渐变编辑器"设置圆柱体的颜色。圆柱体颜色有五个，第一个颜色的RGB值为（169，179，170），位置为"0"，如图2-4-26、图2-4-27所示。

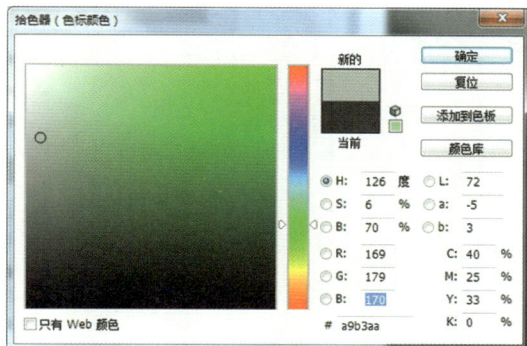

图2-4-26　　　　　　　　　　　　　　图2-4-27

4．第二个颜色的RGB值为（241，242，241），位置为"20"，如图2-4-28、图2-4-29所示。

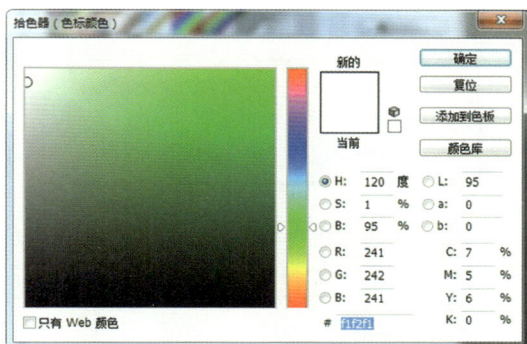

图2-4-28　　　　　　　　　　　　　　图2-4-29

5．第三个颜色的RGB值为（148，152，157），位置为"39"，如图2-4-30、图2-4-31所示。

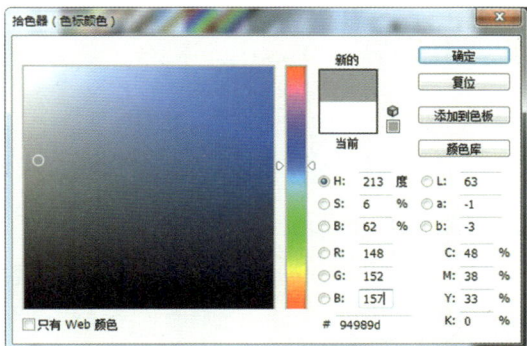

图2-4-30　　　　　　　　　　　　　　图2-4-31

6. 第四个颜色的RGB值为（130，134，130），位置为"63"，如图2-4-32、图2-4-33所示。

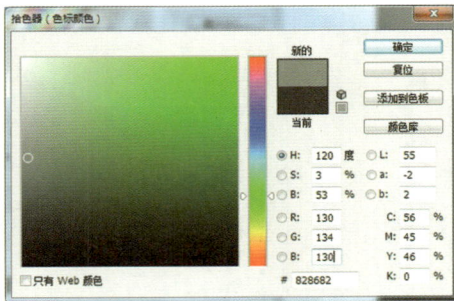 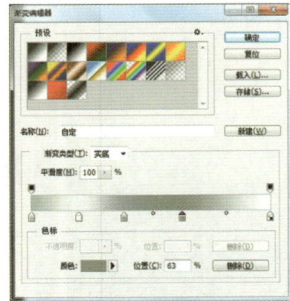

图2-4-32　　　　　　　　　　　　　　图2-4-33

7. 第五个颜色的RGB值为（164，169，162），位置为"100"，如图2-4-34、图2-4-35所示。

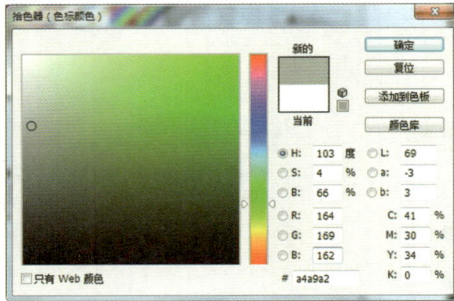 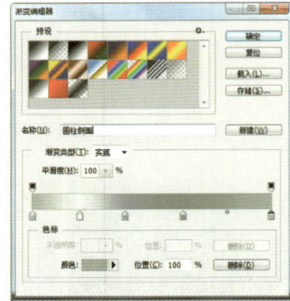

图2-4-34　　　　　　　　　　　　　　图2-4-35

8. 选择"矩形选框工具"，如图2-4-36所示。

9. 在"圆柱"层绘制矩形选区，如图2-4-37所示。

图2-4-36　　　　　　　　　　图2-4-37

10. 单击"渐变工具"按钮，在矩形选区中，按住【SHIFT】键，从左往右拖动，填充圆柱体颜色，按【CTRL+D】组合键确认，如图2-4-38所示。

11. "圆柱"组中，在"圆柱"层上方新建图层"圆柱顶"，如图2-4-39所示。在"圆柱顶"图层中选择"椭圆选框工具"，绘制一个椭圆，如图2-4-40所示。

图2-4-38　　　　　　　图2-4-39　　　　　　　图2-4-40

12. 单击"渐变工具"按钮，如图2-4-41所示，右侧的选项按钮选择"径向渐变"；单击左侧的"可编辑渐变"按钮，如图2-4-42所示，在"预设"颜色中，选择之前保存的"球体"颜色。

图2-4-41　　　　　　　　　　　　　　图2-4-42

13. 在"圆柱顶"层的椭圆选区中，按住【SHIFT】键，从椭圆左边界拖动到右边界，填充渐变颜色，形成圆柱顶部的渐变颜色，如图2-4-43所示。

14. 单击定位在"圆柱"层，按【CTRL+T】组合键，调整圆柱底端。

15. 鼠标在框线内右键单击，在出现的快捷菜单中，选择"变形"，如图2-4-44所示。

16. 按住鼠标左键拖动最下方的调整线，向下调整到如图2-4-45所示的效果，按【ENTER】键确认。效果如图2-4-46所示。

图2-4-43　　　　图2-4-44　　　　图2-4-45　　　　图2-4-46

17. 复制"圆柱"层，鼠标定位在"圆柱 拷贝"层，按住【SHIFT】键，鼠标向下拖动该层图形到图示位置，将该图层调整到"圆柱"层的下方，并调整该图层的不透明度为"50%"，如图2-4-47所示。

18. 调整后，效果如图2-4-48所示。

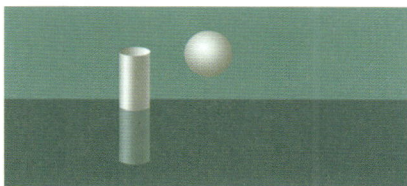

图2-4-47　　　　　　　　　　　　　图2-4-48

（五）绘制圆锥体

1．新建"圆锥"组，在"圆锥"组中，新建图层，命名为"圆锥"，如图2-4-49所示。

2．在"圆锥"层绘制矩形区域，如图2-4-50所示。

图2-4-49

图2-4-50

3．单击"渐变工具"按钮，如图2-4-51所示，右侧的选项按钮选择"径向渐变"；单击左侧的"可编辑渐变"按钮，如图2-4-52所示，在"预设"颜色中，选择之前保存的"圆柱体"颜色。

4．在"圆锥"层的椭圆选区中，按住【SHIFT】键，从矩形左边界拖动到右边界，填充渐变颜色，形成圆柱体渐变颜色，如图2-4-53所示。

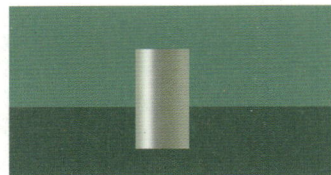

图2-4-51　　　　　　　　　　图2-4-52　　　　　　　　　　图2-4-53

5．单击定位在"圆锥"层，按【CTRL+T】组合键，按住【CTRL】键并将左上角的调整点调到上方横线的中心，如图2-4-54所示，右侧调整点，也调整到上方横线的中心，和左侧调整点重合，如图2-4-55所示，并按【ENTER】键确认。

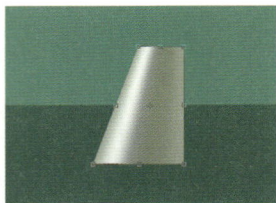

图2-4-54　　　　　　　　　　图2-4-55

6. 再次按【CTRL+T】组合键，如图2-4-56所示。

7. 在框线内单击鼠标右键选择"变形"，如图2-4-57所示，得到图2-4-58所示效果。

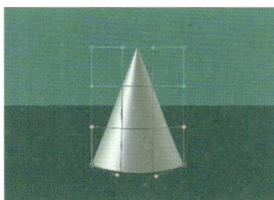

图2-4-56　　　　　　　　　图2-4-57　　　　　　　　　图2-4-58

8. 按住鼠标左键拖动最下方的调整线，向下调整到如图2-4-59所示的效果，按【ENTER】键确认，效果如图2-4-60所示。

9. 复制"圆锥"层，得到"圆锥 拷贝"层，鼠标定位在"圆锥 拷贝"层，按【CTRL+T】组合键，如图2-4-61所示。

图2-4-59　　　　　　　　　图2-4-60　　　　　　　　　图2-4-61

10. 在框线内单击鼠标右键，在出现的快捷菜单中，选择"垂直翻转"，按【ENTER】键确认，如图2-4-62所示。

11. 将该层调整到"圆锥"层的下方，调整该图层的不透明度为"50%"，如图2-4-63所示。

12. 按住【SHIFT】键，鼠标向下拖动该层图形到图2-4-64所示位置。

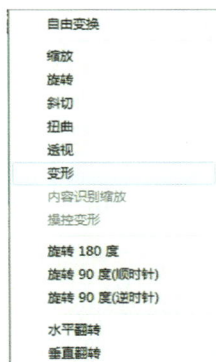

图2-4-62　　　　　　　　　图2-4-63　　　　　　　　　图2-4-64

（六）绘制长方体

1. 新建"长方体"组，在"长方体"组中，新建图层，命名为"左面"，如图2-4-65所示。

2. 在"左面"层，用"矩形选框工具"绘制矩形区域，如图2-4-66所示。

图2-4-65　　　　　　　　　　　　图2-4-66

3. 单击"渐变工具"按钮，如图2-4-67所示，右侧的选项按钮选择"径向渐变"；单击左侧的"可编辑渐变"按钮，如图2-4-68所示，在"预设"颜色中，选择之前保存的"球体"颜色。

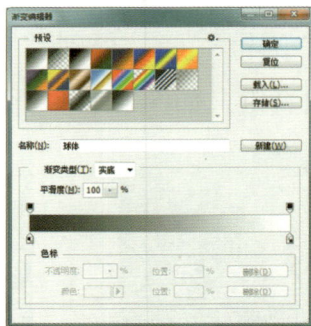

图2-4-67　　　　　　　　　　　　图2-4-68

4. 在"左面"层的矩形选区中，按住【SHIFT】键，从上边界拖动到下边界，填充渐变颜色，如图2-4-69所示。

5. 在"左面"层，按【CTRL+T】组合键，调整形状，如图2-4-70所示。

6. 在框线内点击鼠标右键，在出现的快捷菜单中选择"斜切"，如图2-4-71所示。

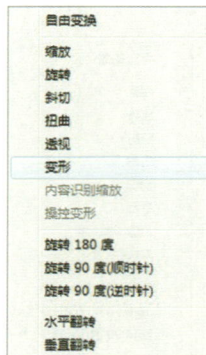

图2-4-69　　　　　　　　图2-4-70　　　　　　　　图2-4-71

7. 鼠标放在右侧边线上，出现上下箭头时，按住鼠标左键向下拖动到图2-4-72所示位置，并按【ENTER】键确认，效果如图2-4-73所示。

8. 新建图层"右面"，用与"左面"相同的方法设计右面图，如图2-4-74所示。

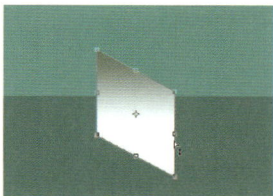　　　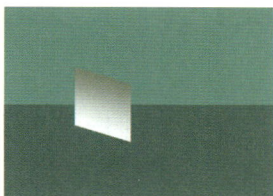　　　

图2-4-72　　　　　　　图2-4-73　　　　　　　图2-4-74

9. 新建图层，命名为"顶部"，如图2-4-75所示。在"顶部"图层绘制一个矩形选区，如图2-4-76所示。

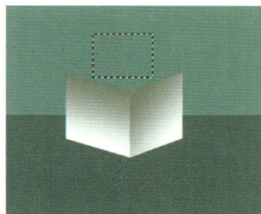

图2-4-75　　　　　　　　图2-4-76

10. 打开"渐变工具"，如图2-4-77所示，在右侧的选项按钮选择"径向渐变"，单击左侧的"可编辑渐变"按钮，如图2-4-78所示，在"预设"颜色中，选择之前保存的"球体"颜色。

图2-4-77　　　　　　　　　图2-4-78

11. 在"顶部"层的矩形选区，从右上角到左下角往拖动，填充渐变颜色，如图2-4-79所示。按【CTRL+D】组合键确认选区后，再次按【CTRL+T】组合键得到如图2-4-80所示。右键选择斜切，左手按住【CTRL】键拖到左侧的点，依次调整。

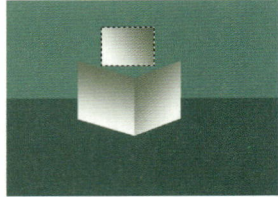

图2-4-79 　　　　　　　　　　　　　图2-4-80

12．按住【CTRL】键，拖动"顶部"图形左下角的顶点到"左面"图形最上方的顶点，如图2-4-81所示。

13．按住【CTRL】键，拖动"顶部"图形右下角的顶点到"左面"图形和"右面"图形交接的上方的顶点，如图2-4-82所示。

图2-4-81 　　　　　　　　　　　　　图2-4-82

14．按住【CTRL】键，拖动"顶部"图形右上角的顶点到"右面"图形最上方的顶点，如图2-4-83所示。

15．按住【CTRL】键，拖动"顶部"图形左上角的顶点到适当位置，形成立方体，如图2-4-84所示，并按【ENTER】键确认。

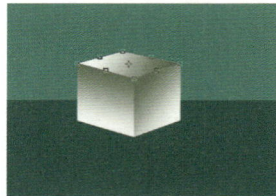

图2-4-83 　　　　　　　　　　　　　图2-4-84

16．选中"左面"和"右面"两层，右键单击选择"复制图层"，将复制的图层移动到"左面"和"右面"层的下方，如图2-4-85所示。

17．将"左面 拷贝"和"右面 拷贝"两层的不透明度更改为"50%"，如图2-4-86所示。

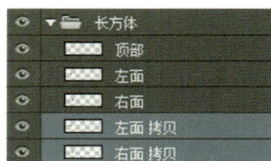

图2-4-85 　　　　　　　　　　　　　图2-4-86

18. 按住【SHIFT】键，将"左面 拷贝"和"右面 拷贝"向下移动得到如图2-4-87所示的倒影图。

19. 调整各个立体图形的位置，得到最终的效果图，如图2-4-88所示。

图2-4-87   图2-4-88

四、知识测试

知识测试

五、总结评价

评价表

项目	评价内容	分值	评价标准	得分		
				自评	互评	师评
美	颜色搭配好	10	优秀：搭配美观：9~10分 良好：搭配合理：7~8分 合格：完成搭配：6分 不合格：搭配不合理：0~5分			
	美观度高	10	优秀：赏心悦目：9~10分 良好：搭配合理：7~8分 合格：完成搭配：6分 不合格：搭配不合理：0~5分			
	视觉冲击力强	10	优秀：耳目一新：9~10分 良好：吸引兴趣：7~8分 合格：效果一般：6分 不合格：设计不合理：0~5分			
	创意创新	10	优秀：创意新颖：9~10分 良好：创新性强：7~8分 合格：有一定创新性：6分 不合格：创新性不足：0~5分			

续表

项目	评价内容	分值	评价标准	得分		
				自评	互评	师评
工	诠释主题要求	20	优秀：主题鲜明突出：17~20分 良好：主题表现力强：13~16分 合格：主题表述准确：12分 不合格：主题不明显：0~11分			
	恰当使用工具	10	优秀：工具选用精准：9~10分 良好：工具选用恰当：7~8分 合格：工具选用合理：6分 不合格：工具选用不合理：0~5分			
	图片精致	10	优秀：图片精致：9~10分 良好：图片美观：7~8分 合格：图片设计合理：6分 不合格：图片设计不合理：0~5分			
	工作效率高	5	优秀：精益求精：5分 良好：齐心协力：4分 合格：各司其职：3分 不合格：效率较低：0~2分			
能	文案设计好	10	优秀：设计新颖：9~10分 良好：设计合理：7~8分 合格：完成设计：6分 不合格：设计不合理：0~5分			
自我超越提升		5				
合计		100				
得分						
说明：自评、互评、师评的平均分为最终得分						

六、任务延伸

渐变工具的商业应用

项目五　使用画笔工具

📎 项目概述

画笔工具 —— 挥洒创意，绘制视觉设计的斑斓画卷

画笔工具作为设计软件中功能强大且灵活多变的工具，不仅能够模拟传统绘画中的笔触效果，还能创造出丰富多样的图形和纹理，为视觉设计增添无限可能。

本项目将全面介绍画笔工具的基本操作与特性，包括如何选择合适的画笔类型、调整画笔大小、硬度、间距等参数，以及如何利用画笔预设库中的丰富资源快速应用各种笔触效果。通过实践练习，帮助学习者掌握画笔工具在不同设计场景下的应用技巧，如绘制线条、填充色彩、制作纹理背景等。

此外，本项目还将深入探索画笔工具的高级功能，如压力感应、笔刷倾斜感应等，这些功能能够进一步模拟真实绘画的笔触变化，使设计作品更加生动自然。利用这些高级功能，结合自己的创意和想象力，绘制出独一无二的艺术作品。

通过本项目的学习，学习者可以体会画笔工具在视觉设计中的独特魅力，掌握其灵活运用的技巧。运用画笔工具自由挥洒创意，绘制出色彩斑斓、层次丰富的设计作品，展现个人风格与审美追求。

任务　画笔工具绘制效果图

微课　画笔工具
绘制效果图

一、任务描述

Photoshop画笔工具的不同笔刷类型、叠加模式、不透明度等可以实现不同的绘画效果，流量和平滑度可以进一步提升绘画效果。

Photoshop画笔工具在商业设计中被广泛应用，特别是在商品营销领域。利用画笔工具可以帮助设计师更好地制作宣传海报、产品包装等营销资料，吸引消费者眼球。在使用画笔工具时需要注意版权问题，避免侵犯他人知识产权，同时也要注意保护自己的知识产权。

通过对本任务的学习，掌握画笔工具的基本操作和运用技巧，充分利用画笔工具的笔刷、参数设计完成如图2-5-1所示的花朵效果图，为产品和商业设计服务，增强视觉设计感，激发顾客购买欲，提升产品转化率。

☸ 任务示例图

图2-5-1

✍ 导图引领

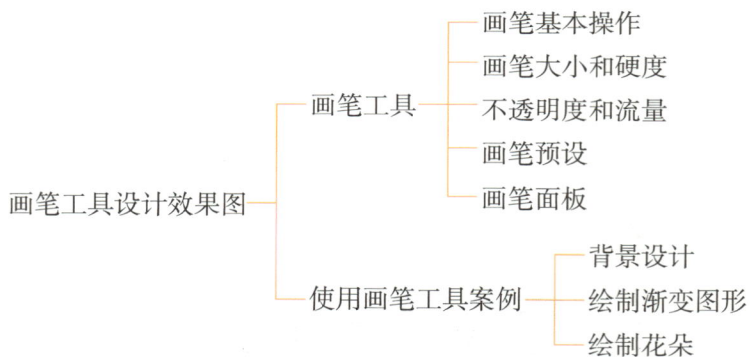

♕ 学习目标

1．掌握画笔工具的基本操作和运用技巧，利用画笔工具的笔刷、参数设计进行效果图设计。

2．能够利用Photoshop的画笔工具，设计一幅具有创意和吸引力的效果图。

3．视觉设计的内容健康向上，能体现社会主义核心价值观。

♻ 重点

明确画笔工具的基本操作，包括画笔笔触、自定义图案、设置参数。

⚜ 难点

根据商业主题，使用Photoshop画笔工具，运用画笔与特效的搭配，设计创意效果图。

二、知识铺垫

（一）画笔基本操作

在工具栏中选择"画笔工具"，如图2-5-2所示，当鼠标显示为一个圆圈时，说明当前笔刷为普通的圆点笔刷，圆圈的大小代表当前笔刷的大小；如果选择了异形的笔刷，鼠标光标就会变成相应的预览形状，按【CAPSLOCK】键，鼠标光标则固定显示为精确十字形。

图2-5-2

按住【SHIFT】键来协助绘制直线，或者先用画笔点一个点，再按住【SHIFT】键的同时单击下一个点，两点之间就可以自动生成直线。

（二）画笔的大小和硬度

在选项栏的"画笔预设"选取器中设定画笔的大小和硬度，也可以在画面中单击鼠标右键打开此面板，如图2-5-3所示。

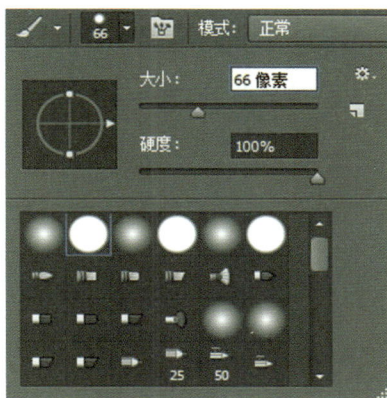

图2-5-3

快捷操作如下。

大小：可以通过快捷键"["和"]"逐步调节画笔笔刷大小；左中括号（[）代表变小，右中括号（]）代表变大。按【ALT】键+鼠标右键水平移动，将有红色的笔刷大小预览显示。

硬度：可以通过【SHITF+[】和【SHIFT+]】组合键逐步调节画笔硬度。左中括号代表变软，右中括号代表变硬。

按【ALT】键+鼠标右键垂直移动，将有红色的笔刷大小预览显示。

（三）不透明度和流量

1. 不透明度

"不透明度"用于设置画笔色彩的不透明度，即画笔的颜料，可以调得非常稠，看起来是不透明的，也可以调得非常稀，如同水彩般半透明。

在画笔模式下按小键盘数字键，可调节画笔的不透明度。例如，按8键，不透明度就是80%；按3键，不透明度就是30%；迅速按6和7键，不透明度就是67%。

而在移动工具下按小键盘的数字键可以调节图层的不透明度，如图2-5-4所示。

图2-5-4

2．流量

"流量"用于设置画笔颜色的轻重，也就是画笔里的颜料流出来多少。当设定为100%时，画笔的颜色就流出100%，而设定为50%则一次只能流出50%的颜色。

按住【SHIFT】键的同时按下小键盘数字键，即可调整流量。

3．压力、喷枪和对称

"压力"需要激活使用，激活该选项后，可以使用压感笔的笔尖压力来控制不透明度。压感笔多用于计算机绘画、CG艺术创作、动漫、插画等领域。

"喷枪"需要激活使用，激活该选项后，可使用喷枪模拟绘画。将鼠标移动到某个区域时，如果按住鼠标不放，颜料量将会增加。画笔的"硬度""不透明度""流量"选项可以控制应用颜料的速度和数量。

"对称"激活该选项后可以选择很多对称类型，直接绘制对称的图形。

（四）画笔预设

1．选择画笔

在选项栏中单击或者右击画笔预设按钮即可弹出"画笔预设选取器"面板，在该面板中不仅能调节画笔大小和硬度，还可以选择预设画笔，如图2-5-5所示。

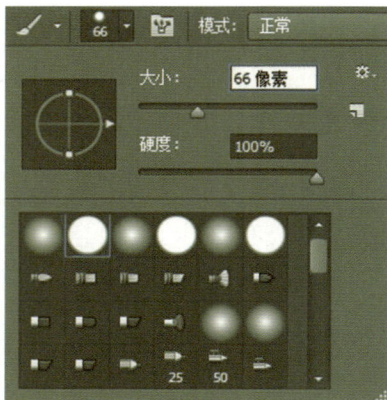

图2-5-5

使用【，】键和【。】键可以按顺序切换画笔预设，结合【SHIFT】键可以选择最前面或者最后面的画笔预设。

2．导入外部笔刷

在Photoshop中可以使用的画笔远远不止这些，还可以通过导入外部画笔资源，获得更多画笔。在"画笔预设选取器"面板菜单中选择"导入画笔"选项，在打开的"载入"对话框中选择画笔文件并载入。

3．新建画笔预设在"画笔预设选取器"面板菜单中单击"新建画笔预设"命令。

"新建画笔预设"就是把当前画笔的工具参数设置存储下来，放在预设列表当前的画笔组里，以备下次直接使用。除了可以存储当前状态的画笔大小和画笔属性之外，甚至当前颜色也可以被新建为预设，下次使用时，就不用多次调节了。

4．定义画笔预设

在"编辑"菜单中可以找到"定义画笔预设"命令，可以将当前的图像图形定义为画笔形态，如图2-5-6所示。

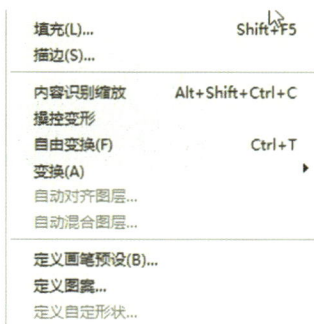

填充(L)...	Shift+F5
描边(S)...	
内容识别缩放	Alt+Shift+Ctrl+C
操控变形	
自由变换(F)	Ctrl+T
变换(A)	
自动对齐图层...	
自动混合图层...	
定义画笔预设(B)...	
定义图案...	
定义自定形状...	

（五）画笔面板

在画笔工具的选项栏中单击"切换画笔面板"，如图2-5-7所示；将弹出画笔面板，如图2-5-8所示。

图2-5-6

图2-5-7

图2-5-8

▶ 行业前沿

　　在电商视觉设计中，画笔工具不仅用于基础绘制，还可以结合AI技术实现智能选色与材质模拟，提升设计效率与质感。当前，个性化、精细化设计趋势明显。画笔工具结合大数据分析，能精准匹配消费者偏好，创造独特视觉体验。

三、任务实施

（一）背景设计

1. 新建文档，宽度为1920像素，高度为600像素，分辨率为72像素/英寸，其他参数为默认值，如图2-5-9、图2-5-10所示。

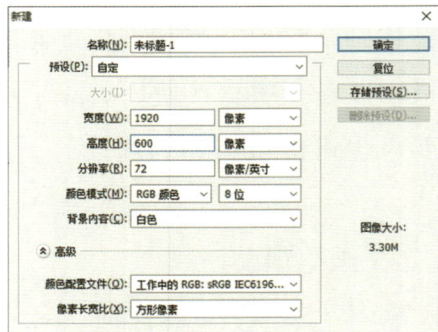

图2-5-9　　　　　　　　　　　　　　　图2-5-10

2. 设置背景色颜色为黑色，RGB值为（0，0，0），鼠标定位在背景层，按【CTRL+DELETE】组合键将背景层填充为黑色，如图2-5-11所示。

图2-5-11

（二）绘制渐变图形

1. 单击渐变工具按钮，设置双向渐变，如图2-5-12所示，设置左侧颜色RGB值为（1，15，75），如图2-5-13所示，右侧颜色RGB值为（0，40，246），如图2-5-14所示。

图2-5-12

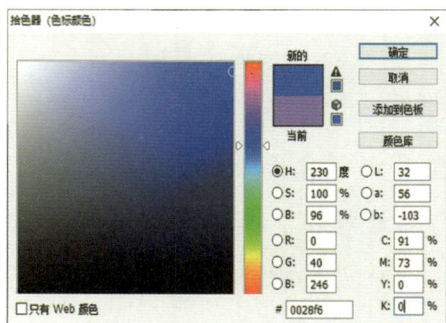

图2-5-13　　　　　　　　　　　　　　　图2-5-14

2．新建图层，选择"椭圆选框工具"，如图2-5-15所示，设置"新建选区"，羽化值"60"，如图2-5-16所示。

图2-5-15　　　　　　　　　　　图2-5-16

3．在画布左侧，按住【SHIFT】键绘制正圆，如图2-5-17所示。

4．选择"渐变工具"，选择"径向渐变"，选择"反向"，如图2-5-18所示。

图2-5-17　　　　　　　　　　　图2-5-18

5．从中间向外拖动鼠标，绘制图形，如图2-5-19所示。

6．将圆形调整到如图2-5-20所示位置。

图2-5-19　　　　　　　　　　　图2-5-20

（三）绘制花朵

1．新建图层，再次选择画笔工具，设置参数：画笔大小为"5像素"，画笔笔触为"硬边圆"。按住【SHIFT】键绘制垂直线段，设置前景色为白色，如图2-5-21、图2-5-22所示。

图2-5-21　　　　　　　　　　　图2-5-22

2. 选择"滤镜"，然后选择"风格化"，再选择"风"，参数如图2-5-23所示。

3. 使用一次风的效果，如图2-5-24所示。

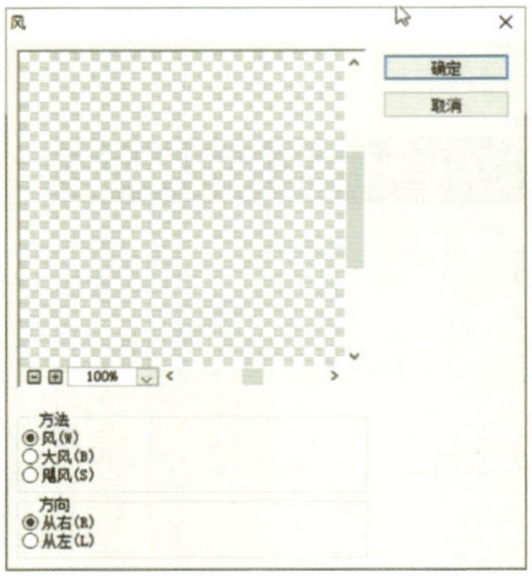

图2-5-23 　　　　　　　　　　　　　　　　图2-5-24

4. 使用四次风的效果，如图2-5-25所示。

5. 按【CTRL+T】组合键，右键选择"变形"，如图2-5-26所示，调整图形，如图2-5-27所示。

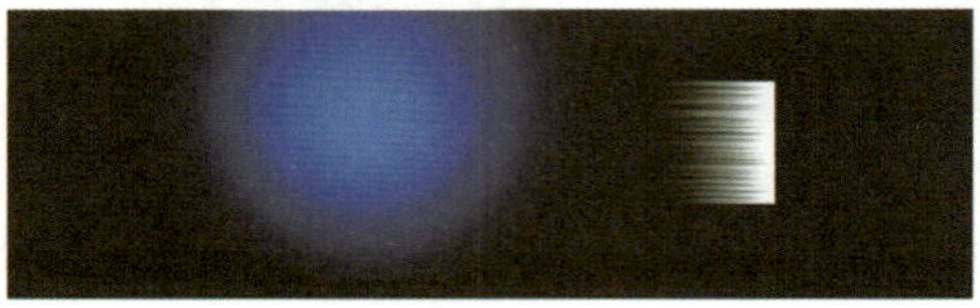

图2-5-25 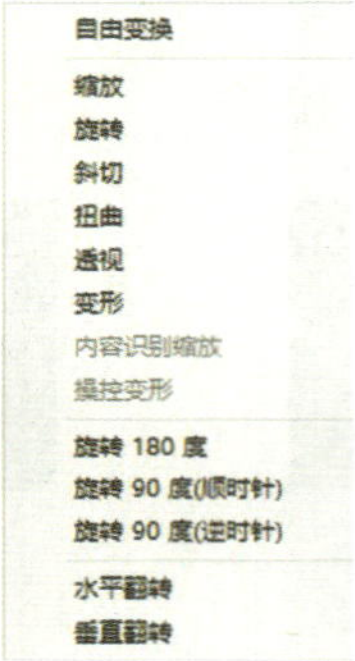　　　　　　　　　图2-5-26 　　　　　　　　　图2-5-27

6. 按【ENTER】键确定后，调整大小，再次按【CTRL+T】组合键，按住【CTRL】键，将中心点移动到左侧边界处，如图2-5-28所示。

7. 设置旋转角度72°，如图2-5-29所示，按两次【ENTER】键。

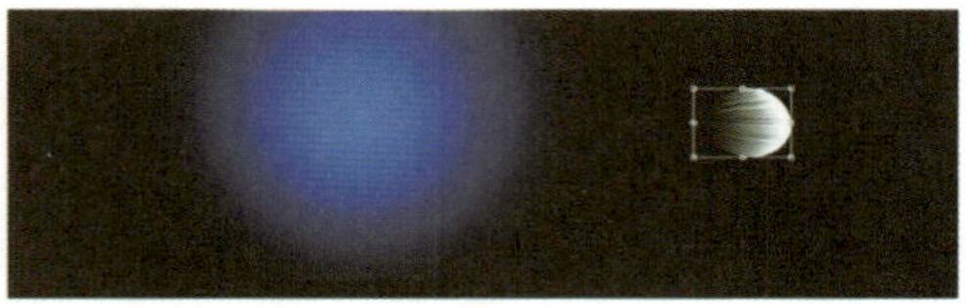

图2-5-28 　　　　　　　　　　　　　　　　图2-5-29

8. 左手按住【CTRL+SHIFT+ALT】组合键，右手敲击【T】键4次，如图2-5-30所示。

9. 将五个花瓣层选中，按【CTRL+E】组合键合并为一个图层，按【CTRL+T】组合键，鼠标右键，选择"变形"，将中心拖动到右侧，如图2-5-31所示。

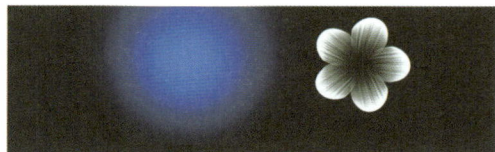

图2-5-30　　　　　　　　　　　　　　图2-5-31

10．复制该图层的花朵，并调小到中心，当作花蕊，如图2-5-32所示。

11．鼠标定位在大的花瓣层，右键单击图层，选择"混合选项"，然后选择"颜色叠加"，设置混合模式为"正常"，颜色RGB值为（255，0，254），如图2-5-33所示。

图2-5-32　　　　　　　　　　　　　　图2-5-33

12．设置完成后如图2-5-34所示。

13．对花蕊进行同样的操作。鼠标定位在小的花蕊层，右键单击图层，选择"混合选项"，然后选择"颜色叠加"，设置混合模式为"正常"，颜色RGB值为（252，255，0），效果如图2-5-35所示。

图2-5-34　　　　　　　　　　　　　　图2-5-35

14．选择"钢笔工具"，设置为"形状"，不填充，描边为"粉红色"，RGB值为（255，0，254），描边"4点"，粗细"4像素"。定位第一个锚点后，拖动调整出弧线，如图2-5-36所示。

15．将该线条复制两次，调整后，如图2-5-37所示。

图2-5-36　　　　　　　　　　　　　　图2-5-37

16. 新建图层，选择画笔工具，设置"柔边圆"，大小"30像素"，前景色RGB值为（255，0，254），如图2-5-38所示，在线条上方绘制三个红点，如图2-5-39所示。

<table>
<tr><td>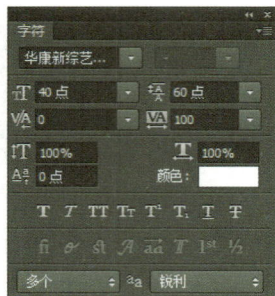</td><td></td></tr>
<tr><td>图2-5-38</td><td>图2-5-39</td></tr>
</table>

17. 同样的方法，绘制花茎，设置颜色RGB值为（12，92，25），绘制后如图2-5-40所示。

18. 将花朵复制三层，调整大小和位置后，如图2-5-41所示。

<table>
<tr><td>图2-5-40</td><td>图2-5-41</td></tr>
</table>

19. 选择"横排文字工具"，输入文字"洛阳城东桃李花　飞来飞去落谁家"，参数设置为：字号"40点"，字体"华康新综W7（P）"，字体效果为"锐利"，颜色RGB值为（255，255，255），如图2-5-42所示，效果如图2-5-43所示。

<table>
<tr><td></td><td></td></tr>
<tr><td>图2-5-42</td><td>图2-5-43</td></tr>
</table>

四、知识测试

知识测试

五、总结评价

评价表

项目	评价内容	分值	评价标准	得分		
				自评	互评	师评
美	颜色搭配好	10	优秀：搭配美观：9~10分 良好：搭配合理：7~8分 合格：完成搭配：6分 不合格：搭配不合理：0~5分			
	美观度高	10	优秀：赏心悦目：9~10分 良好：搭配合理：7~8分 合格：完成搭配：6分 不合格：搭配不合理：0~5分			
	视觉冲击力强	10	优秀：耳目一新：9~10分 良好：吸引兴趣：7~8分 合格：效果一般：6分 不合格：设计不合理：0~5分			
	创意创新	10	优秀：创意新颖：9~10分 良好：创新性强：7~8分 合格：有一定创新性：6分 不合格：创新性不足：0~5分			
工	诠释主题要求	20	优秀：主题鲜明突出：17~20分 良好：主题表现力强：13~16分 合格：主题表述准确：12分 不合格：主题不明显：0~11分			
	恰当使用工具	10	优秀：工具选用精准：9~10分 良好：工具选用恰当：7~8分 合格：工具选用合理：6分 不合格：工具选用不合理：0~5分			
	图片精致	10	优秀：图片精致：9~10分 良好：图片美观：7~8分 合格：图片设计合理：6分 不合格：图片设计不合理：0~5分			
	工作效率高	5	优秀：精益求精：5分 良好：齐心协力：4分 合格：各司其职：3分 不合格：效率较低：0~2分			

续表

项目	评价内容	分值	评价标准	得分		
				自评	互评	师评
能	文案设计好	10	优秀：设计新颖：9~10分 良好：设计合理：7~8分 合格：完成设计：6分 不合格：设计不合理：0~5分			
	自我超越提升	5				
	合计	100				
	得分					
说明：自评、互评、师评的平均分为最终得分						

六、任务延伸

画笔工具的商业应用

项目六 **设计图层效果**

📎 项目概述

图层效果 —— 层次叠加，打造视觉设计的立体盛宴

图层效果是指在图层上直接应用各种视觉特效，如阴影、发光、浮雕、描边等，从而实现层次分明的立体效果。

本项目将全面介绍图层效果的基本操作与原理，包括如何添加、编辑、复制和删除图层效果，以及如何通过调整图层效果的参数来精确控制视觉效果。通过实践练习，学习者可以掌握各种图层效果的应用技巧，学会如何根据设计需求灵活运用它们来增强画面的表现力和感染力。

此外，本项目还将深入探讨图层效果的组合与叠加技巧。通过不同效果的相互作用，创造出更加丰富多变的视觉效果。结合图层蒙版、透明度调整等高级功能，进一步提升图层效果的运用水平，使设计作品更加精致和立体。

通过对本项目的学习，深刻理解图层效果在视觉设计中的重要作用，掌握其灵活运用的技巧。运用图层效果为设计作品增添独特的视觉冲击力，使画面更加生动、立体且富有层次感。

任务一 应用图层蒙版

一、任务描述

Photoshop蒙版，是一种以非破坏的方式隐藏或者显示特定部分图像的工具。通过创建蒙版图层，可以选择性地控制图层区域可见、不可见或者半透明呈现。可以实现多种多样的视觉效果，为店铺和产品的视觉表达增添一抹亮色。常用的Photoshop蒙版有四种，分别是图层蒙版、剪贴蒙版、快速蒙版和矢量蒙版。

微课 应用图层蒙版

通过对本任务的学习可以了解Photoshop中的四大蒙版，掌握它们的使用技巧。根据表达效果的需求，选择不同的蒙版方式对图片进行处理操作，实现女孩背影剪影的视觉效果，如图2-6-1。设计中要充分实现图片的互溶和相辅相成，切忌出现拼凑效果。

✵ 任务示例图

图2-6-1

✍ 导图引领

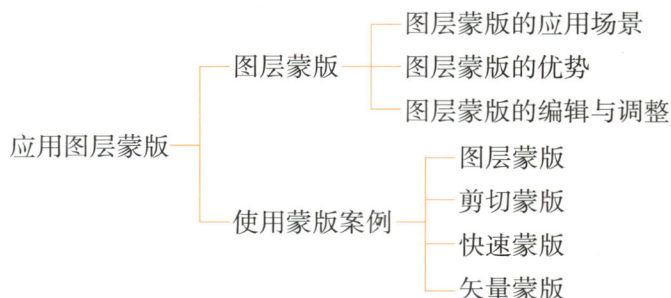

♕ 学习目标

1．了解什么是蒙版；掌握不同类型的蒙版对图片进行处理操作的方法和技巧。

2．能够选择不同的蒙版方式对图片进行处理操作，实现特定的视觉呈现；能够在设计中充分实现图片的互溶和相辅相成，达到整体美感。

3．能够根据目标顾客的特征和需求，个性化展示商品，解决顾客的痛点。

♻ 重点

用不同类型的图层蒙版对图片进行处理操作的方法和技巧。

⚜ 难点

选择不同的蒙版对图片进行处理操作，实现特定的视觉呈现。

二、知识铺垫

在视觉设计与制作中，图层蒙版是一种非常重要的工具，它主要用于控制图层的可见性，允许用户隐藏或显示图层的某些部分，从而创造出复杂的图像合成和效果。图层蒙版本质上是一种特殊的Alpha通道，它基于黑白灰的像素图像来工作。在图层蒙版中，白色区域表示图层内容完全可见，黑色表示完全隐藏，而灰色则表示部分透明，即"黑遮白显"的原理。

（一）图层蒙版的应用场景

图层蒙版在视觉设计与制作中有着广泛的应用场景，包括但不限于以下几个方面：

图像合成：在合成多个图像时，可以使用图层蒙版来控制每个图层的显示区域，使得不同元素之间的过渡更为自然。例如，在合成一张风景图片时，可以将天空和地面分成不同的图层，通过蒙版控制天空的透明度，使其自然融入地面。

局部调整：当只想调整图像中的某一部分时，可以使用图层蒙版来遮盖不需要调整的部分。例如，在进行颜色校正时，可以通过蒙版仅调整人物的颜色而不改变背景。

创造特效：图层蒙版也常用于创造各种特效，如局部模糊、渐变透明效果等。通过调整蒙版的形状和透明度，可以在图像中实现丰富的视觉效果。

（二）图层蒙版的优势

非破坏性编辑：使用图层蒙版进行编辑时，不会直接改变图层中的图像信息，而是通过调整可见性来决定显示哪些部分。因此，这种编辑方式是非破坏性的，可以随时修改和撤销。

灵活性高：图层蒙版可以应用于任意图层，无论是普通图像图层、调整图层还是智能对象图层，均可通过蒙版来控制其显示效果。此外，蒙版的形状和效果也可以随时修改和调整。

易于控制：通过调整图层蒙版的浓度、羽化等参数，可以实现对图像显示效果的精细控制。同时，使用各种处理像素相关的工具、命令及滤镜来编辑和修饰蒙版也非常方便。

（三）图层蒙版的编辑与调整

图层蒙版可以像普通图层一样进行编辑和调整，包括使用画笔工具、涂抹工具、橡皮擦工具等进行局部修饰，以及使用色阶、曲线等命令进行反差调整。此外，还可以通过双击图层蒙版缩览图打开"属性"面板，对蒙版的浓度、羽化等参数进行精细调整。

> ▶ 行业前沿
>
> 蒙版作为Photoshop软件中的一项重要的设计工具，通过预先创建好的图层样式和属性，实现设计的高效与多样化。它不仅能够提升设计师的工作效率，还能让设计作品呈现出更为丰富的视觉效果。随着技术的不断进步，蒙版的应用场景也在不

断拓宽。无论是在商业网站设计、商业App界面设计，还是在营销海报设计领域，都展现出了其独特的价值和魅力。

三、任务实施

（一）图层蒙版

1. 新建文档，文档宽度为1920像素，高度为600像素，分辨率为72像素/英寸，其他参数为默认值，如图2-6-2所示。

2. 将素材文件"111蒙版-夕阳"和"111蒙版-人像"导入画布中，人像图在上方，夕阳图在下方，如图2-6-3所示，呈现效果如图2-6-4所示。

图2-6-2

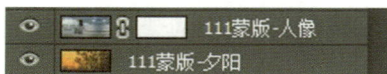

图2-6-3

图2-6-4

3. 鼠标选中"111蒙版-人像"层，单击图层窗口下方的"添加图层蒙版"，如图2-6-5所示，图层窗口出现，效果如图2-6-6所示。

图2-6-5

图2-6-6

4. 选择画笔工具，如图2-6-7所示，设置前景色为纯黑色，RGB值为（0，0，0），选择"柔边圆"，设置大小为"80像素"，如图2-6-8所示。

图2-6-7

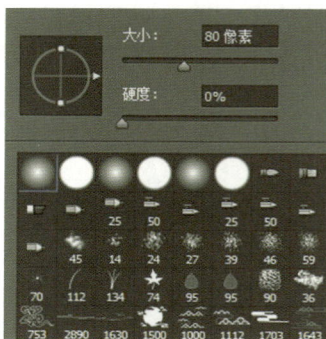

图2-6-8

5．单击图层"111蒙版-人像"层右侧的"图层蒙版缩览图"按钮，如图2-6-9所示，鼠标在画布上涂抹，人像层被涂抹的区域被隐藏，显示出下一层的风景。如图2-6-10所示。

注：图2-6-9中左侧为图层缩览图，右侧为图层蒙版缩览图。

6．如果涂抹式操作错误，则会出现如图2-6-11所示的效果。

图2-6-9　　　　　　　　　图2-6-10　　　　　　　　　图2-6-11

7．此时，将前景色更改为纯白色，RGB值为（255，255，255），重新涂抹被隐藏的区域，涂抹后再次被显示出来，如图2-6-12所示。

8．使用图层蒙版实现如图2-6-13所示效果。

图2-6-12　　　　　　　　　　　　　图2-6-13

（二）剪贴蒙版

1．新建文档，文档宽度为1920像素，高度为600像素，分辨率为72像素/英寸，其他参数为默认值，如图2-6-14所示。

2．将素材文件"111蒙版-城市"和"111蒙版-人像抠图"导入画布中，人像图在下方，城市图在上方，如图2-6-15、图2-6-16所示。

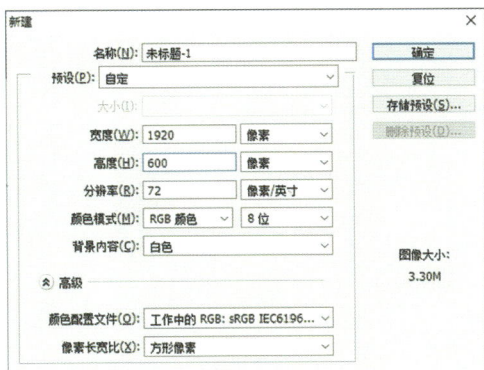

图2-6-15

图2-6-14　　　　　　　　　　　　图2-6-16

3．在"111蒙版–城市"的下方绘制矩形，矩形一定要填充颜色，颜色值自定，鼠标右键单击图层"111蒙版–城市"，选择"创建剪贴蒙版"，只有矩形的区域显示，其他区域都被隐藏，如图2-6-17所示。

4．鼠标右键单击"111蒙版–城市"右侧的"图层蒙版缩览图"，在出现的快捷菜单中选择"删除图层蒙版"，将原图呈现如图2-6-18所示。

5．删除矩形层。鼠标再次右键单击图层"111蒙版–城市"，选择"创建剪贴蒙版"，此时，对人像抠图层建立了蒙版图层，如图2-6-19所示。

图2-6-17   图2-6-18   图2-6-19

6．此时，可以进一步对"111蒙版–城市"层选择"添加图层蒙版"，添加后选择画笔工具，设置：笔刷为"柔边圆"，大小80像素，不透明度为50%，如图2-6-20所示，前景设置为纯黑色，涂抹人像区域，效果如图2-6-21所示。

图2-6-20   图2-6-21

四、任务延伸

（一）快速蒙版

1．新建文档，文档宽度为1920像素，高度为600像素，分辨率为72像素/英寸，其他参数为默认值，如图2-6-22所示。

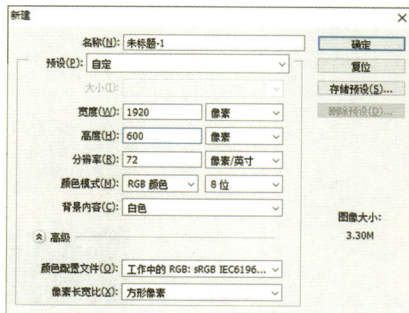

图2-6-22

2．将素材文件"111蒙版–车"导入画布中，呈现效果如图2-6-23所示。

3．单击"111蒙版–车"层，单击工具栏下方的"以快速蒙版模式编辑"按钮，如图2-6-24所示。

图2-6-23　　　　　　　　　　　　　　　图2-6-24

4．单击画笔工具，系统会自动设置前景色为纯黑色。然后使用画笔工具在车身位置涂抹，涂抹的区域会以红色显示，如图2-6-25所示。将车身全部涂抹完成后如图2-6-26所示。

图2-6-25　　　　　　　　　　　　　　　图2-6-26

5．涂抹完成后，按【Q】键退出蒙版，出现选区，如图2-6-27所示。

6．此时处于选定状态的是车身之外的区域，如果要选择车身内容，需要单击"选择"，然后单击"反向"，则选中车身区域，如图2-6-28所示。

图2-6-27　　　　　　　　　　　　　　　图2-6-28

7．按【CTRL+C】组合键，复制出车身区域，将原"111蒙版–车"图层隐藏，得到如图2-6-29所示的效果。

（二）矢量蒙版

1．复制"111蒙版–车"图层，并定位在该图层。按【CTRL】键，单击图层窗口下方的"添加图层蒙版"，如图2-6-30所示，添加成功后，如图2-6-31所示。

图2-6-29

图2-6-30　　　　　　　　　　　　　　图2-6-31

2．选择矩形工具，设置参数为"路径"，如图2-6-32、图2-6-33所示。

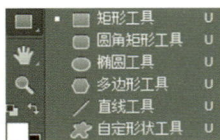

图2-6-32　　　　　　　　　　　　　图2-6-33

3．在画布中绘制矩形，绘制的矩形区域显示，其他区域被隐藏，如图2-6-34所示。

4．继续绘制几个矩形，可以得到如图2-6-35所示的效果。

图2-6-34　　　　　　　　　　　　图2-6-35

五、知识测试

知识测试

六、总结评价

评价表

项目	评价内容	分值	评价标准	得分		
				自评	互评	师评
美	颜色搭配好	10	优秀：搭配美观：9~10分 良好：搭配合理：7~8分 合格：完成搭配：6分 不合格：搭配不合理：0~5分			

续表

项目	评价内容	分值	评价标准	得分		
				自评	互评	师评
美	美观度高	10	优秀：赏心悦目：9~10分 良好：搭配合理：7~8分 合格：完成搭配：6分 不合格：搭配不合理：0~5分			
	视觉冲击力强	10	优秀：耳目一新：9~10分 良好：吸引兴趣：7~8分 合格：效果一般：6分 不合格：设计不合理：0~5分			
	创意创新	10	优秀：创意新颖：9~10分 良好：创新性强：7~8分 合格：有一定创新性：6分 不合格：创新性不足：0~5分			
工	诠释主题要求	20	优秀：主题鲜明突出：17~20分 良好：主题表现力强：13~16分 合格：主题表述准确：12分 不合格：主题不明显：0~11分			
	恰当使用工具	10	优秀：工具选用精准：9~10分 良好：工具选用恰当：7~8分 合格：工具选用合理：6分 不合格：工具选用不合理：0~5分			
	图片精致	10	优秀：图片精致：9~10分 良好：图片美观：7~8分 合格：图片设计合理：6分 不合格：图片设计不合理：0~5分			
	工作效率高	5	优秀：精益求精：5分 良好：齐心协力：4分 合格：各司其职：3分 不合格：效率较低：0~2分			
能	文案设计好	10	优秀：设计新颖：9~10分 良好：设计合理：7~8分 合格：完成设计：6分 不合格：设计不合理：0~5分			
	自我超越提升	5				
	合计	100				
	得分					
	说明：自评、互评、师评的平均分为最终得分					

任务二　应用图层混合选项

一、任务描述

　　Photoshop中的"图层"功能可以实现多种任务，如复合多个图像、向图像添加文本或添加矢量图形形状等，应用图层样式可以添加特殊效果，如投影或发光等，为店铺和产品视觉增色。Photoshop中的图层组是非常重要的一个工具，可以组织和管理图层，使用组可以按逻辑顺序排列图层，也可以将组嵌套在其他组内，还可以使用组将属性和蒙版同时应用到多个图层，这些功能为设计带来极大的便利。

微课　应用图层
混合选项

　　通过对本任务的学习，运用图层混合模式设计一幅展示年轻人拼搏精神的海报，如图2-6-36所示。

🕉 任务示例图

图2-6-36

✍ 导图引领

```
                                 ┌── 图层混合选项的基本知识
                                 │                        ┌── 正片叠底
                                 │                        ├── 叠加
                                 ├── 图层混合选项 ─────────┼── 变暗
应用图层混合选项 ─────────────────┤                        ├── 颜色加深
                                 │                        └── 滤色
                                 │                        ┌── 设计背景
                                 │                        ├── 设计素材图形
                                 └── 使用图层混合选项案例 ──┼── 绘制"三角形及线条"
                                                          └── 文案设计
```

👑 学习目标

　　1．了解图层混合选项的相关知识；掌握图层混合选项的应用方法和技巧。

　　2．能够按逻辑顺序排列图层，并能够用不同的方法将对象颜色与底层对象的颜色混合，根据产品特点使用图层混合选项，突出产品特性，实现良好的视觉效果。

3．在实践操作中，通过选择正确的图层混合模式，创建出更加丰富多彩、有趣并具备艺术性的视觉作品，提高工作效率，创造独特风格。

♻ 重点

图层混合选项的应用方法和技巧。

⚜ 难点

按逻辑顺序排列图层，用不同的方法将对象颜色与底层对象的颜色混合，设计突出产品的营销图。

二、知识铺垫

Photoshop图层混合是指当图像叠加时，上方图层和下方图层的像素进行混合，从而得到另外一种图像效果。Photoshop图层混合选项可以控制不同图层之间相互作用，它能够通过改变图层之间的透明度和颜色通道等属性，来创造出各种特殊效果，如渐变、阴影、发光、反差等。

混合模式是将图层各通道分别对应混合，所以通道混合是混合模式的基础。在混合模式中有三种颜色，分别是基色、混合色、结果色。

基色：图像中的原稿颜色，也就是要用混合模式选项时，两个图层中下面的那个图层中的像素颜色。

混合色：通过绘画或编辑工具应用的颜色，也就是要用混合模式命令时，两个图层中上面的那个图层中的像素颜色。

结果色：结果色是基色与混合色混合后得到的颜色。

常见的Photoshop图层混合选项有以下几种：

正片叠底（Multiply）：将两个或多个图层叠加在一起，并且将它们的像素值相乘。这样可以产生更暗的颜色，并增强整体对比度。

叠加：将两个或多个图层叠加在一起，并且将它们的像素值相加。这会导致更亮的颜色，并减少整体对比度。

变暗（Darken）：根据像素值选择较暗的颜色进行显示。如果新像素比旧像素更暗，则替换旧像素。

颜色加深（Color Burn）：使前景色与背景色进行"燃烧"，并产生类似于照片过度曝光时被"燃烧"的效果。

滤色（Overlay）：结合了正片叠底和屏幕模式，在某些情况下能够提供一个非常有趣而具有表现力特征的结果。

> **▶ 行业前沿**
>
> 　　应用图层混合选项通过将不同的效果深度融合，来实现突破传统思维的局限的视觉效果，探索出更多可能性，推动了视觉设计的进步。未来，随着虚拟现实（VR）和增强现实（AR）技术的不断发展，Photoshop图层混合选项可能会与这些技术更紧密地结合，为店铺设计带来更多的创新和可能性。

三、任务实施

（一）新建文档

　　新建文档，宽度为1920像素，高度为600像素，分辨率为72像素/英寸，其他参数为默认值，如图2-6-37所示。

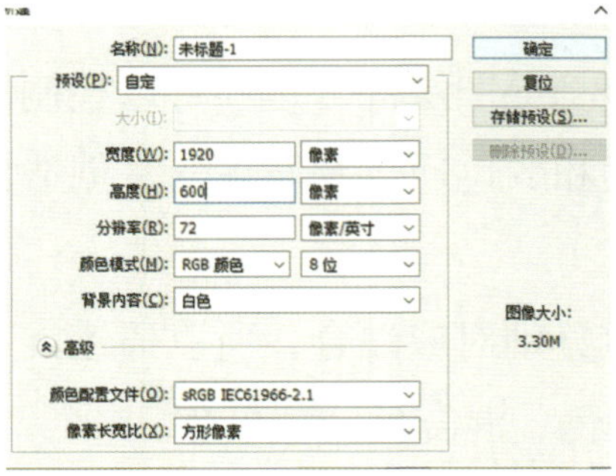

图2-6-37

（二）设计背景

　　1. 单击"图层"面板下方的"创建新图层"按钮，如图2-6-38所示；新图层命名为"背景1"，如图2-6-39所示。

图2-6-38

图2-6-39

　　2. 选择"渐变工具"按钮，如图2-6-40所示；设置为"径向渐变"，如图2-6-41所示。

图2-6-40

图2-6-41

　　3. 单击"渐变颜色缩略图"，如图2-6-42所示；打开"渐变编辑器"，在上方的"预设"面板中，任意选择一个双色颜色，如图2-6-43所示。

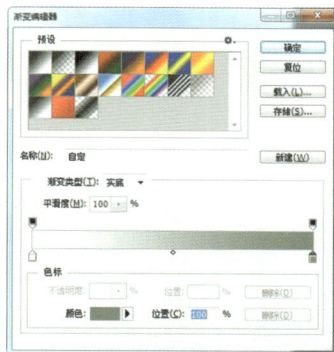

图2-6-42　　　　　　　　　　　　　　　　图2-6-43

4. 设置左侧颜色RGB值为（242，243，242），如图2-6-44所示，右侧颜色RGB值为（222，220，225），如图2-6-45所示。

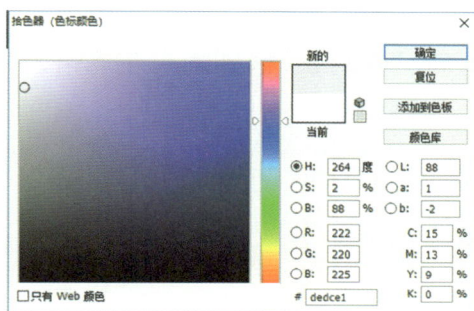

图2-6-44　　　　　　　　　　　　　　　　图2-6-45

5. 单击定位在"背景1"层，从左上到右下拖动形成图2-6-46所示的效果。

6. 再次新建图层，命名为"背景2"，如图2-6-47所示。

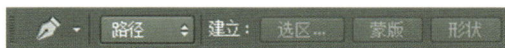

图2-6-46　　　　　　　　　　　　　　　　图2-6-47

7. 选择"钢笔工具（P）"，如图2-6-48所示；设置参数为"路径"，如图2-6-49所示。

8. 绘制一个不规则的路径如图2-6-50所示，按【CTRL+ENTER】组合键，将路径转为选区。

图2-6-48　　　　　　　　　图2-6-49　　　　　　　　　图2-6-50

9．将当前的"背景2"层，填充灰色。设置前景色RGB值为（230，230，232），如图2-6-51所示。使用【ALT+DELETE】组合键填充前景色，如图2-6-52所示。

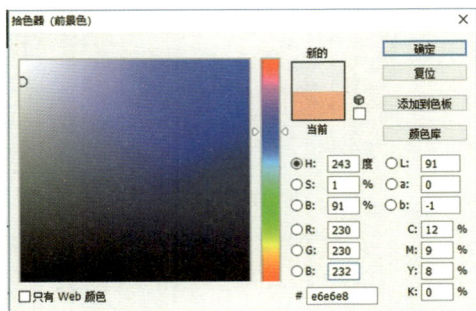

图2-6-51

图2-6-52

（三）设计素材图形

1．将"素材1"拖到画布左下角，并调整大小，如图2-6-53所示。

2．"设置图层的混合模式"为"明度"，也就是黑白色。如图2-6-54、图2-6-55所示。调整"不透明度"为"20%"。

图2-6-53

图2-6-54

图2-6-55

3．将"素材2"拖到画布右上角，并调整大小，调整"不透明度"为"20%"，如图2-6-56所示。

4．将"素材3"拖到画布右下角，并调整大小，调整"不透明度"为"20%"，如图2-6-57所示。

5．将"素材4"拖到画布左上角，并调整大小，"设置图层的混合模式"为"明度"，也就是黑白色，调整"不透明度"为"22%"，如图2-6-58所示。

图2-6-56

图2-6-57

图2-6-58

（四）绘制"三角形及线条"

1. 新建参考线。单击菜单，选择"视图"，再选择"新建参考线"，新建第一条水平参考线为"60像素"，第二条水平参考线为"550像素"，如图2-6-59所示。

2. 选择"多边形工具（U）"，如图2-6-60所示；"边"设置为"3"，如图2-6-61所示。

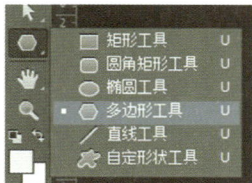

图2-6-59   图2-6-60   图2-6-61

3. 按住【SHIFT】键，同时用鼠标绘制正三角形，调整三角形大小和位置在两条参考线的中间位置，如图2-6-62所示。

4. 将鼠标定位在三角形所在的"多边形1"层，使用【CTRL+T】组合键进行变形，如图2-6-63所示；右键单击三角形，在快捷菜单中，选择"垂直翻转"，然后将其调整为倒三角形，如图2-6-64所示。

图2-6-62   图2-6-63   图2-6-64

5. 在图层窗口中，双击三角形所在层左侧的缩略图，如图2-6-65所示；在拾色器中，设置RGB值为（152，204，1），如图2-6-66所示。

图2-6-65   图2-6-66

6．参数设置完成后，效果如图2-6-67所示。

7．绘制装饰线条。选择"直线工具（U）"，如图2-6-68所示，设置参数为"形状"，颜色RGB值为（152，204，1），描边为"0"，线型为"实线"，粗细设置为"1像素"，如图2-6-69所示。

图2-6-67

图2-6-68

图2-6-69

8．按住【SHIFT】键绘制垂直线段，使用【CTRL+T】组合键将线段顺时针旋转"30"度，如图2-6-70所示；将调整后的线段移动到如图2-6-71所示的位置，并将线段所在的图层命名为"线条1"。

图2-6-70

图2-6-71

9．复制图层"线条1"，命名为"线条2"，并调整到如图2-6-72所示位置。

10．将"粗细"设置为"2像素"，如图2-6-73所示；按住【SHIFT】键绘制垂直线段，使用【CTRL+T】组合键将线段顺时针旋转"30"度，调整到如图2-6-74所示位置。

图2-6-72

图2-6-73

图2-6-74

11．将"粗细"设置为"4像素"，如图2-6-75所示；按住【SHIFT】键绘制垂直线段，使用【CTRL+T】组合键，将线段顺时针旋转"30"度，调整到如图2-6-76所示位置。

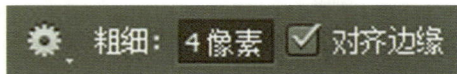

图2-6-75

图2-6-76

（五）文案设计

1. 单击"直排文字工具（T）"按钮，如图2-6-77所示；输入文字"是时候"，设置参数为："华康俪金黑"，"40点"，字符间距"60点"，行间距"100点"，颜色RGB值为（34，32，34），如图2-6-78所示；将文字调整到如图2-6-79所示位置。

图2-6-77   图2-6-78   图2-6-79

2. 单击"横排文字工具（T）"按钮，输入"拼"，设置参数为：字体"华康新综艺体""140点"，如图2-6-80所示，文字调整到如图2-6-81所示位置。

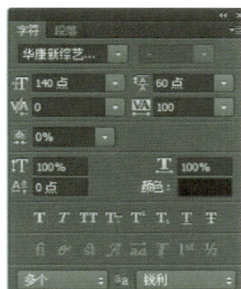

图2-6-80   图2-6-81

3. 在图层窗口中，鼠标右键单击图层"拼"，在弹出的快捷菜单中，选择"复制图层"，如图2-6-82所示，双击复制图层左侧的"指示文本图层"按【T】键，将文字"拼"更改为"博"，并调整到如图2-6-83所示位置。

4. 单击图层"拼"，按住【SHIFT】键，再选中图层"博"，如图2-6-84所示，鼠标右键单击图层"拼"，在弹出的快捷菜单中，选择"链接图层"，如图2-6-85所示。

图2-6-82   图2-6-83   图2-6-84   图2-6-85

5．在图层窗口中，鼠标右键单击图层"是时候"，在弹出的快捷菜单中，选择"复制图层"；双击复制图层左侧的"指示文本图层"按【T】键，将文字"是时候"更改为"了"，并调整到如图2-6-86所示位置。

6．为拼搏添加拼音。单击"横排文字工具（T）"，参数设置为：字体"华康俪金黑"，字号"40点"，字符间距"-100"，如图2-6-87所示。调整拼音的位置，效果如图2-6-88所示。

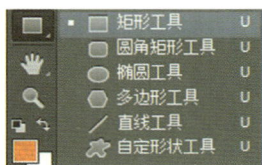

图2-6-86　　　　　　　　　　图2-6-87　　　　　　　　　　图2-6-88

7．选择"矩形工具"，如图2-6-89所示。参数设置为："形状"，RGB值为（255，255，255），不描边，如图2-6-90所示。

图2-6-89　　　　　　　　　　　　　　图2-6-90

8．在三角形右上角绘制矩形，系统自动命名为"矩形1"，如图2-6-91所示。

9．复制图层"矩形1"，得到"矩形1拷贝"层，按【CTRL+T】组合键，将该图层的宽度调整为"50%"，如图2-6-92所示，双击该图层左侧的"图层缩览图"，在出现的拾色器对话框中设置颜色RGB值为（0，0，0），如图2-6-93所示。

图2-6-91

图2-6-92　　　　　　　　　　图2-6-93

10．将"矩形1""矩形1拷贝"两个图层选中，如图2-6-94所示，单击"移动工具（V）"，在出现的对齐选项中，选择"右对齐"，如图2-6-95所示。

图2-6-94

图2-6-95

11．将两层"链接图层"，适当调整后，如图2-6-96所示。

12．单击"横排文字工具（T）"按钮，设置参数为：字体"微软雅黑"，字号"20点"，字间距"0"，颜色RGB值为（152，204，1），如图2-6-97、图2-6-98所示。

13．在矩形框中输入"趁青春"，如图2-6-99所示。

图2-6-96

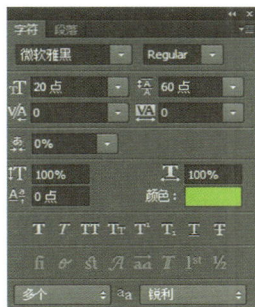

图2-6-97

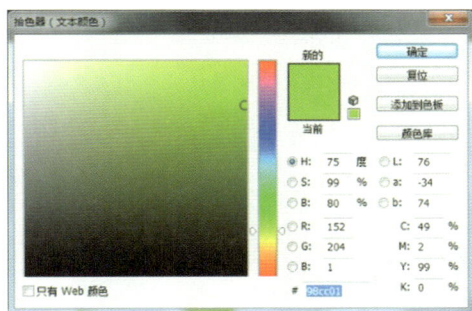

图2-6-98

图2-6-99

14．单击"横排文字工具（T）"按钮，设置参数为：字体"微软雅黑"，字号"20点"，字间距"0"，颜色RGB值为（255，255，255），如图2-6-100、图2-6-101所示。

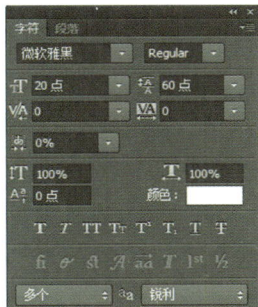

图2-6-100

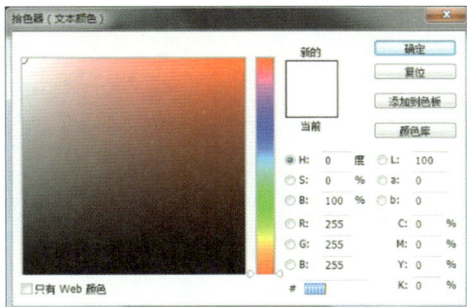

图2-6-101

15．在矩形框中输入"正当时"，如图2-6-102所示。

图2-6-102

16．复制绿色三角形所在的层"多边形1"层，得到"多边形1拷贝"层，将"多边形1拷贝"层缩小，按【CTRL+T】组合键垂直翻转，并填充颜色为黑色，RGB值为（0，0，0），调整到绿色三角形的左下角位置，如图2-6-103所示。

17．复制"趁青春"层，得到"趁青春 拷贝"层，将该层移动到下方黑色三角形上方，将文字更改为"华夏作品"，适当调整位置，得到如图2-6-104所示。

图2-6-103　　　　　　　　　　　　图2-6-104

18．保存输出后，得到效果如图2-6-105所示。

图2-6-105

四、知识测试

知识测试

五、总结评价

评价表

项目	评价内容	分值	评价标准	得分		
				自评	互评	师评
美	颜色搭配好	10	优秀：搭配美观：9~10分 良好：搭配合理：7~8分 合格：完成搭配：6分 不合格：搭配不合理：0~5分			
	美观度高	10	优秀：赏心悦目：9~10分 良好：搭配合理：7~8分 合格：完成搭配：6分 不合格：搭配不合理：0~5分			
	视觉冲击力强	10	优秀：耳目一新：9~10分 良好：吸引兴趣：7~8分 合格：效果一般：6分 不合格：设计不合理：0~5分			
	创意创新	10	优秀：创意新颖：9~10分 良好：创新性强：7~8分 合格：有一定创新性：6分 不合格：创新性不足：0~5分			
工	诠释主题要求	20	优秀：主题鲜明突出：17~20分 良好：主题表现力强：13~16分 合格：主题表述准确：12分 不合格：主题不明显：0~11分			
	恰当使用工具	10	优秀：工具选用精准：9~10分 良好：工具选用恰当：7~8分 合格：工具选用合理：6分 不合格：工具选用不合理：0~5分			
	图片精致	10	优秀：图片精致：9~10分 良好：图片美观：7~8分 合格：图片设计合理：6分 不合格：图片设计不合理：0~5分			
	工作效率高	5	优秀：精益求精：5分 良好：齐心协力：4分 合格：各司其职：3分 不合格：效率较低：0~2分			

续表

项目	评价内容	分值	评价标准	得分		
				自评	互评	师评
能	文案设计好	10	优秀：设计新颖：9~10分 良好：设计合理：7~8分 合格：完成设计：6分 不合格：设计不合理：0~5分			
	自我超越提升	5				
	合计	100				
得分						
说明：自评、互评、师评的平均分为最终得分						

模块三
网店视觉设计

网店视觉设计——打造良好购物氛围，优化商品转化率

在电子商务的网店视觉设计中，各个模块的设计都起着至关重要的作用，它们共同构成了消费者在线上购物时的视觉体验。

首页视觉设计如同舞台的序幕，至关重要且引人入胜。首页是电商网站的门户，其设计目的是吸引消费者、传达品牌形象，并引导消费者快速找到所需商品。首页视觉设计有多个要素构成。店招包含店铺商品、品牌、价位等重要信息，对消费者是否继续浏览起到引导作用；导航栏方便消费者搜索商品，分为隐形导航、半隐形导航和显形导航，以满足不同消费者的需求；轮播图片用于展示上市的新品、活动促销等重要信息，设计时要考虑主题、构图和配色，以吸引消费者注意。

商品主图是消费者在电商平台搜索商品时看到的第一印象，包括展示商品全貌、场景化设计、拼接式设计等，以突出商品特点和卖点等；添加售后信息、商品卖点简介等文案，以提高主图单击率，同时要注意文案的简洁明了和诱惑力。设计专业性和视觉吸引力直接影响店铺的点击率和转化率。

店铺详情页是消费者了解商品详细信息并决定是否下单的关键页面，其设计目的是激发消费者的购买欲望，帮助消费者快速了解产品并产生信任感。利用文字和素材对商品细节进行说明和展示；对商品的功能或作用进行详尽、透彻的分析和解说，使用修饰元素如图片、图表等丰富画面内容，提升商品的可信度。售后服务承诺展示店铺的售后服务政策和承诺，增加消费者的信任感。

店铺自定义页是商家根据自身需求设计的页面，用于展示产品信息、品牌故事、活动促销等内容。其设计目的是提升消费者黏度、复购率和会员等级。

综上所述，电子商务的网页视觉设计是一个综合性的工作，需要综合考虑品牌形象、消费者需求、平台规则等多方面因素。通过精心的设计，可以提升消费者的购物体验，增加店铺的转化率和忠诚度。

首页视觉设计

📎 项目概述

首页视觉设计 —— 打造令人难忘的第一印象

首页，作为用户接触产品的第一界面，其设计质量直接决定了用户的初步印象与后续行为。本项目不仅强调视觉元素的和谐统一与创意表达，而且注重用户体验与信息架构的合理性，详细介绍如何通过色彩搭配、布局规划、图像选择及字体设计等手段，营造出既吸引眼球又符合品牌调性的首页风格。

同时，本项目还将深入探讨用户心理与行为模式，学习如何根据目标用户的需求与习惯，优化首页的导航结构、内容展示及交互设计，确保用户能够迅速找到所需信息，提升整体的用户满意度与留存率。

学习者将通过参与真实或模拟的首页设计项目，将理论知识转化为实际操作能力，同时在分析经典案例的过程中，汲取灵感，拓宽视野，不断提升自己的设计水平与创新能力。

任务一 设计 Logo

微课 设计Logo

一、任务描述

Logo（商标/徽标）是店铺的一种符号体现。Logo的设计追求形体简洁，形象明朗，引人注意，易于识别、理解和记忆。还要讲究点、线、面、体等设计要素的搭配，要符合美学和视觉营销原理。

　　在设计Logo时，可以结合店铺或者公司名称、店铺缩写、商品特点等，可以先通过搜索同行业品牌优秀Logo找灵感，再结合自己店铺的理念和商品确定店铺的Logo类型，Logo可以是纯文字、纯图形，也可以是图文结合。根据确定的类型以及店铺Logo的主要目的，设计文字内容和代表图案。然后再去调整配色、字体、角度等，进一步优化。

　　在理解Logo的重要性，掌握Logo的分类和设计方法、流程的基础上，根据色彩知识的搭配和运用技巧，完成"山清水秀大美中国"的Logo设计，如图3-1-1所示。设计中要充分考虑企业特色和企业文化，掌握色彩在Logo使用中的重要性。

任务示例图

图3-1-1

导图引领

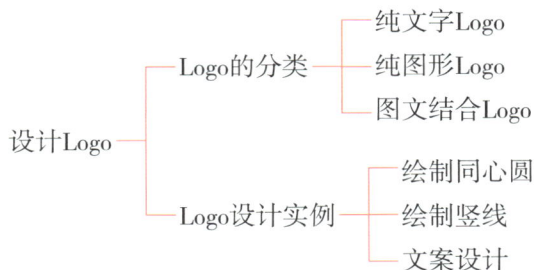

学习目标

　　1．了解Logo的重要性和Logo的分类。

　　2．能够根据色彩知识的搭配和运用技巧，完成Logo设计；能够准确地传达企业特色和企业文化品牌的价值观、特点和定位，从而在消费者心中留下深刻印象。

　　3．学做合一，深刻领会Logo设计在视觉营销领域起到的宣传与塑造品牌形象的作用。

♻ **重点**

Logo的分类和设计方法。

⚜ **难点**

根据色彩知识的搭配和运用技巧为企业设计Logo。

二、知识铺垫

Logo设计是一个多样化和富有创意的领域，根据不同的标准和视角，Logo设计可以被分为多种类别。主要分为纯文字Logo、纯图形Logo、图文结合Logo。

1. 纯文字Logo

纯文字Logo是以文字和拼音字母等元素为主体，通常使用公司或品牌的名称首字母或缩写、或特定词汇进行排列、扭曲、变色等设计。这种类型的Logo简洁、易记，并具有较强的识别性。如佰草集的Logo，如图3-1-2所示，"哈佛汽车"的店标，如图3-1-3所示，就是以品牌名称为标志。

图3-1-2

图3-1-3

2. 纯图形 Logo

纯图形Logo是以具体的几何图形、线条、色彩等抽象元素进行设计，往往寓意深刻，富有艺术性和设计感。相较于纯文字Logo，纯图形Logo 更加直观、易于识别和富有感染力。如长城汽车标志以中国的著名建筑长城为起源，融入盾形的元素，具有坚固的含义，给人留下深刻的印象，如图3-1-4所示。小米公司的Logo如图3-4-5所示。

图3-1-4

图3-1-5

3. 图文结合 Logo

图文结合Logo是将文字、符号、具象或抽象的图形图像等多种元素组合在一起进行设计，兼具多种类型Logo的特点，可以根据需要灵活调整，图文并茂、形象生动。例如，华为Logo由图形和文字组合而成，它是由8个菊花花瓣和HUAWEI拼音字母组成，蕴含着强大的能量，如图3-1-6所示。

图3-1-6

▶ **行业前沿**

　　Logo设计涉及色彩心理学、字体设计、图形表达以及品牌理念等多个方面。2023年以来，开始用到AIGC等大量人工智能创意设计。Logo图形元素应简洁有力，易于记忆，并能准确传达品牌核心价值。同时，全球化背景下，还需考虑文化差异，确保Logo能被不同文化背景的受众接受和理解。这些前沿知识共同构成了现代Logo设计的核心要素，助力品牌塑造独特且有影响力的视觉形象。

三、任务实施

（一）新建文档

1. 新建文档，宽度为10厘米，高度为10厘米，分辨率为300像素/英寸，其他参数为默认值，如图3-1-7所示。

2. 使用【CTRL+R】组合键，或者单击"视图"，选择"标尺"，选择显示标尺。鼠标在标尺外围单击，出现菜单，选择"厘米"，如图3-1-8所示。

　　　　图3-1-7　　　　　　　　　　　　　　　　　图3-1-8

（二）绘制同心圆

1. 单击"视图"，选择"新建参考线"，新建水平0.6厘米和9.4厘米两条参考线，如图3-1-9、图3-1-10所示。

图3-1-9   图3-1-10

2．选择"椭圆工具"，设置参数为：不填充，描边颜色RGB值为（173，3，4），描边"6像素"。如图3-1-11所示，按住【SHIFT】键绘制正圆，如图3-1-12所示位置，将当前圆命名为"大圆"。

3．单击"视图"，选择"新建参考线"，新建水平2.05厘米和7.95厘米两条参考线，复制"大圆"图层，命名为"小圆"，定位在"小圆"图层，按【CTRL+T】组合键后，按住【SHIFT+ALT】组合键，按照同一圆心缩小到如图3-1-13所示效果。

图3-1-11   图3-1-12   图3-1-13

（三）绘制竖线

1．单击"视图"，选择"新建参考线"，绘制两条水平参考线：2.95厘米、7厘米；绘制七条垂直参考线：2.87厘米、3.22厘米、3.35厘米、3.85厘米、5.6厘米、6.05厘米、6.53厘米，新建水平0.6厘米和9.4厘米两条参考线，如图3-1-14所示。

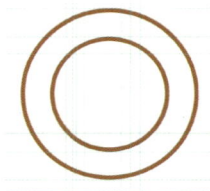

2．选择"矩形工具"，设置参数为："形状"，填充颜色RGB值为（173，3，4），如图3-1-15所示，不描边，如图3-1-16所示。

图3-1-14

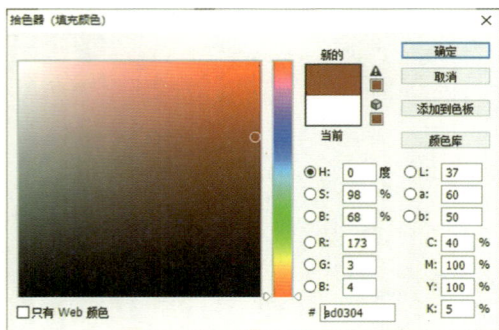

图3-1-15   图3-1-16

3．在垂直参考线2.87厘米和3.22厘米之间绘制矩形，如图3-1-17所示。

4．将刚刚绘制的矩形层复制5次，按住【SHIFT】键，依次移动到垂直参考线3.35厘米、3.85厘米、5.6厘米、6.05厘米、6.53厘米的右侧，单击"视图"，选择"清除参考线"后，如图3-1-18所示。

5．新建4条垂直参考线：0.35厘米、0.8厘米、1.4厘米，5厘米（中心轴）；水平参考线：0.6厘米、1.05厘米、1.4厘米，效果如图3-1-19所示。

图3-1-17　　　　　　　图3-1-18　　　　　　　图3-1-19

6．选择钢笔工具，设置参数为：形状，填充颜色RGB值为（173，3，4），描边颜色RGB值为（255，255，255），描边"1点"。如图3-1-20所示。

7．在画布左上角定位钢笔起点，按住【SHIFT】键在垂直0.35厘米参考线位置单击，按住【SHIFT】键在水平0.6厘米参考线位置单击，如图3-1-21所示。

8．在水平1.05厘米和垂直0.8厘米交会处按下左键水平向右拖动出弧度，如图3-1-22所示。

图3-1-20　　　　　　　　　图3-1-21　　　　　　　图3-1-22

9．按住【SHIFT】键在垂直1.4厘米参考线位置单击，如图3-1-23所示。

10．按住【SHIFT】键，在垂直1.4厘米、水平1.4厘米参考线交会位置单击，如图3-1-24所示。

11．在水平1.4厘米参考线最左侧单击，如图3-1-25所示。

图3-1-23　　　　　　　图3-1-24　　　　　　　图3-1-25

12. 最后，鼠标回到起点时，鼠标右下角有个小圆，此时单击形成闭合回路。只保留中间的垂直5厘米参考线，其他参考线清除，如图3-1-26所示。

13. 鼠标定位在刚刚绘制的图形层，按【CTRL+T】组合键，设置角度为"-45度"，如图3-1-27所示。

图3-1-26

图3-1-27

14. 新建水平3.95厘米的参考线，将旋转后的图形移动到如图3-1-28所示的位置。

15. 复制形状层，按【CTRL+T】组合键垂直翻转，移动到如图3-1-29所示的位置。

16. 再次复制上述两层图形，旋转90°，调整到如图3-1-30所示的位置。

17. 选择"椭圆工具"在四个形状的上方，设置参数：填充颜色RGB值为（173，3，4），不描边，绘制正圆，调整到如图3-1-31所示位置。

图3-1-28

图3-1-29

图3-1-30

图3-1-31

（四）文案设计

1. 单击"小圆"层，为小圆添加文字"山清水秀大美中国"，设置参数为：字体"微软雅黑，字号"19点"，字符间距"600"，颜色RGB值为（29，32，135），选择菜单"文字"，选择"文字变形"，如图3-1-32所示。样式改为"扇形"，按【CTRL+T】组合键调整文字合适位置。

2. 设置完成后，如图3-1-33所示。

图3-1-32

图3-1-33

3．同样的方法，下方输入英文"Shan Qing Shui Xiu Da Mei Zhong Guo"，设置参数为：字体"宋体"，字号"15点"，字符间距"-100"，垂直放大"140%"，颜色RGB值为（29，32，135），如图3-1-34所示。

4．设置完成后，如图3-1-35所示。

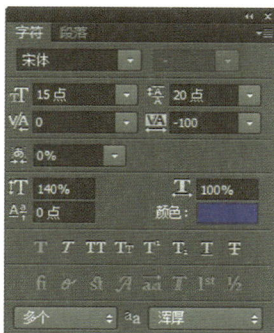

图3-1-34

图3-1-35

5．下方输入"9999"，设置参数为："宋体"，字号"12点"，字符间距"0"，颜色RGB值为（29，32，135），加粗，如图3-1-36所示。

6．设置完成后，效果如图3-1-37所示。

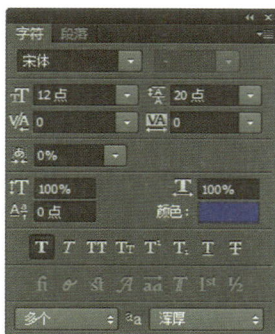

图3-1-36

图3-1-37

四、知识测试

知识测试

五、总结评价

评价表

项目	评价内容	分值	评价标准	得分		
				自评	互评	师评
	尺寸要求	25	优秀：搭配美观：21~25分 良好：搭配合理：16~20分 合格：完成搭配：15分 不合格：搭配不合理：0~14分			
	使用元素	25	优秀：赏心悦目：21~25分 良好：搭配合理：16~20分 合格：完成搭配：15分 不合格：搭配不合理：0~14分			
	颜色	20	优秀：色彩美观：17~20分 良好：色彩合理：13~16分 合格：完成搭配：12分 不合格：搭配不合理：0~11分			
	字体	10	优秀：字体美观：9~10分 良好：字体合理：7~8分 合格：完成设计：6分 不合格：字体不合理：0~5分			
	设计方式	10	优秀：设计美观：9~10分 良好：设计合理：7~8分 合格：完成设计：6分 不合格：设计不合理：0~5分			
自我超越提升		10				
合计		100				
得分						
说明：自评、互评、师评的平均分为最终得分						

任务二　设计几何线条"简约风"PC端Banner

一、任务描述

　　PC端Banner作为首页的重要视觉元素，承担着吸引用户注意、传达核心信息、引导点击行为等多重任务。在电商视觉设计中，几何线条"简约风"的Banner以其独特的魅力和视觉冲击力，成为吸引用户眼球的重要元素。这种风格的Banner设计，通过几何形状和线条的巧妙组合，营造出一种简洁、大气、现代的美感，与电商平台的时尚、潮流气质相得益彰。

　　本任务要求学习者在了解PC端Banner设计的特点和原则，掌握PC端Banner设计的方法和技巧的基础上，创意并设计完成几何线条简约风的PC端Banner图，如图3-1-38所示。

任务示例图

图3-1-38

导图引领

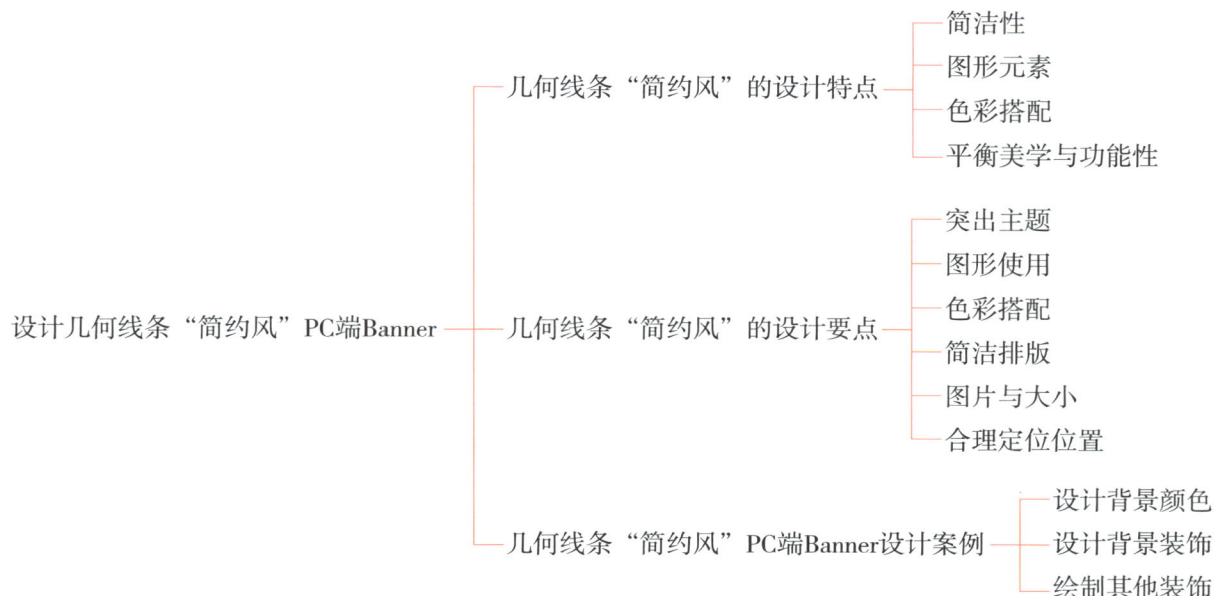

⚜ 学习目标

1．了解几何线条"简约风"Banner的设计特点和要点。

2．能够设计几何线条"简约风"的PC端Banner图，提升电商平台的品牌形象和竞争力。

3．通过设计实施，感受几何线条"简约风"的简洁、大气、现代的美感，提升创新能力。

♻ 重点

几何线条"简约风"PC端Banner的设计特点和设计要点。

⚜ 难点

灵活使用几何线条设计PC端Banner图。

二、知识铺垫

（一）几何线条"简约风"的设计特点

1．简洁性：几何线条"简约风"设计通常采用简单而干净的布局。在文字排版上，几何线条"简约风"的Banner注重文字的简洁性和可读性。采用简洁明了的字体和字号，简洁无衬线字体、清晰易读的字体、独特的定制字体是最佳选择。同时，文字的排版也会与图形设计相协调，形成整体的视觉美感。

2．图形元素：不同于传统装饰性图案或花哨效果，在线条感设计中采用流畅曲线和圆形或椭圆形等基本几何形状。通过对这些形状和线条的排列、组合、变形，构建出具有层次感和动感的视觉结构。同时，这些形状和线条的轮廓也会经过精心处理，如加粗、加长、弯曲等，以增强整体设计的视觉冲击力。

3．色彩搭配：几何线条"简约风"的Banner往往运用有限的色彩组合，如黑白灰、蓝白、红黑等，通过色彩对比和搭配，营造出一种清晰、明快的视觉效果。同时，色彩的饱和度和明度也会经过精心调整，确保整体设计的和谐统一。

4．平衡美学与功能性：在整体布局上，几何线条"简约风"的Banner注重平衡和对称。通过对图形、文字、色彩等元素的精心布局，确保整体设计的和谐统一，保持版面整洁，减少多余元素。同时，根据具体的电商平台和促销活动需求，会对整体设计进行微调和优化，以更好地满足用户的视觉需求和购物体验。

（二）几何线条"简约风"的设计要点

1．突出主题：需要明确主题，并通过简单而有力的方式呈现给用户。

2．图形使用：使用大量线条。线条可以创造出很多形状、层次感和纹理等视觉效果，从而吸引用户眼球。不过也要注意控制使用频率，避免过于复杂。

3．色彩搭配：适当搭配不同颜色可以增强Banner的视觉效果。选择对比度较高的颜色进行搭配，使整个布局更加鲜明突出。

4．简洁排版：尽可能减少冗余信息，让内容更加简洁易懂。合理的布局和排版能够提高广告曝光率和单击率。

5．图片与大小：图片要求清晰并且大小不应过大。过大的图片会影响页面加载速度，从而影响用户购买体验。

6．合理定位位置：选择合适位置放置Banner能够提高曝光率和单击率。通常情况下，在网站首页或者商品分类页上方都是比较好的选择。

总之，几何线条"简约风"PC端Banner的设计关键是注重视觉效果与品牌展示相结合，并追求美学效果上的极致。

▶ 行业前沿

几何线条"简约风"在Banner设计中占据重要地位，以其独特的视觉语言传递出时尚、现代的审美感受。设计师巧妙运用线条的粗细、曲直、虚实变化，构建出富有层次感和空间感的画面。同时，结合"简约风"的设计理念，几何线条"简约风"的Banner注重色彩搭配和版面布局，以简洁明了的视觉形式展现品牌或产品的核心信息。这种设计风格不仅符合现代审美趋势，还能有效提升品牌形象和传播效果。

随着数字化技术的不断发展，设计师可以利用各种专业软件进行几何线条的绘制和编辑。这些软件具有丰富的工具和功能，使设计师能够更轻松地实现复杂的几何线条设计和效果处理。AI技术也可以帮助设计师快速生成多种设计方案，提高设计效率和创意水平。

三、任务实施

（一）新建文档

新建文档，文档宽度为1920像素，高度为600像素，分辨率为72像素/英寸，其他参数为默认值，命名为"线条Banner1"，如图3-1-39所示。

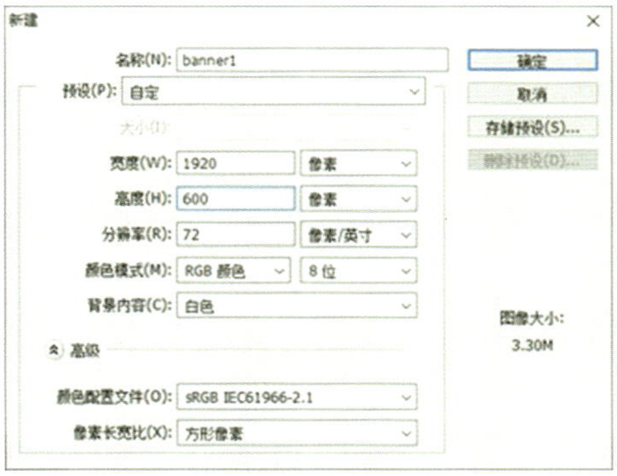

（二）设计背景颜色

1．单击选择"矩形工具"，如图3-1-40所示，在右侧绘制矩形，参数设置为："形状"，在颜色配

图3-1-39

置上，选择"渐变"，左侧颜色RGB值为（245，27，53），右侧颜色RGB值为（212，14，32），如图3-1-41、图3-1-42所示。

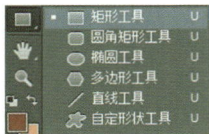

图3-1-40

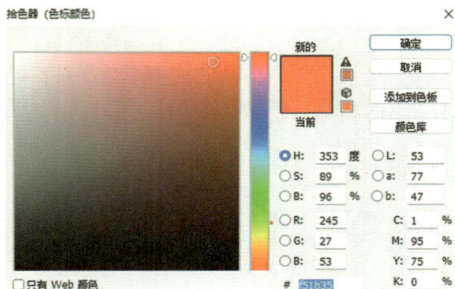
图3-1-41

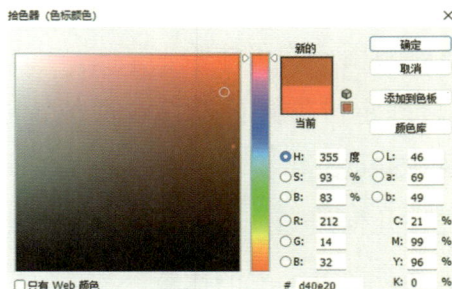
图3-1-42

2. 绘制左侧矩形，选择渐变工具，左侧颜色RGB值为（94，94，94），右侧颜色RGB值为（53，53，53），如图3-1-43所示。绘制完整后，效果如图3-1-44所示。

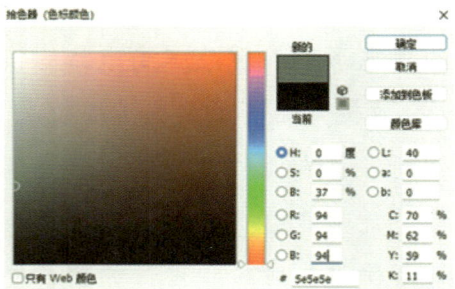
图3-1-43

图3-1-44

（三）设计背景装饰

1. 选择所绘制的矩形分别命名为"左侧""右侧"，单击"新建图层"放置到图层最上方，并命名为"框线"，如图3-1-45所示。

2. 选择"矩形选框工具"，如图3-1-46所示。绘制矩形边框，鼠标右键单击"描边"，如图3-1-47所示。设置描边颜色为"纯白色"，描边的宽度为"10像素"，其他参数为默认，如图3-1-48所示。绘制完成后按【CTRL+D】组合键确认，效果如图3-1-49所示。

图3-4-45

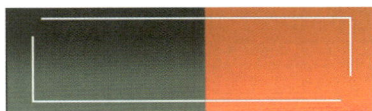

图3-1-46　　　　图3-1-47　　　　　　　图3-1-48　　　　　　　　　图3-1-49

3. 适当调整矩形边框，再次选择"矩形选框工具"，如图3-1-117所示，将"左上角"和"右下角"各选中一个选区，删除选区内容，形成两个缺口，效果如图3-1-118所示。

图3-1-50　　　　　　　　　图3-1-51

4. 在左上方缺口位置，绘制装饰性图案。新建组，将组命名为"左上装饰"，如图3-1-52所示，选择"椭圆工具"，按住【SHIFT】键，绘制正圆，填充白色。如图3-1-53所示，复制三次，调整至合适位置，效果如图3-1-121所示。

图3-1-52　　　　　　　图3-1-53　　　　　　　　　图3-1-54

5. 再次新建一个组，将组命名为"右下角装饰"，如图3-1-55所示，选择"矩形工具"，绘制矩形，填充白色，右键"复制"形成三个白色矩形，调整至合适位置，如图3-1-56所示。

6. 将产品素材导入，放入中间区域，效果如图3-1-57所示。

图3-1-55　　　　　　　图3-1-56　　　　　　　　　图3-1-57

7. 选择"横排文字工具"，如图3-1-58所示，输入文案："春季新风尚"，设置字体参数，字体为"华康雅宋体"，字体颜色为白色，RGB值为（255，255，255），字体大小为"100点"，如图3-1-59所示，效果如图3-1-60所示。

| 图3-1-58 | 图3-1-59 | 图3-1-60 |

（四）绘制其他装饰

1. 复制文案"春季新风尚"移动至右侧，选中文案改为"暖心大回馈"，如图3-1-61所示，效果如图3-1-62所示。

| 图3-1-61 | 图3-1-62 |

2. 新建一个组，将组的名字命名为"符号1"，选择"自定义工具"，如图3-1-63所示，找到"箭头"图案，如图3-1-64所示，按住【SHIFT】键绘制箭头图案，设置为白色，并复制15次，如图3-1-65所示。

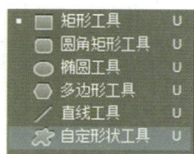
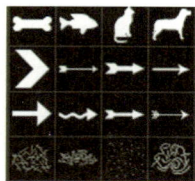
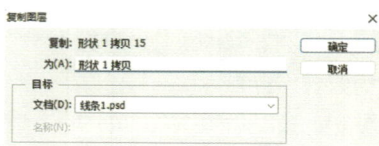

| 图3-1-63 | 图3-1-64 | 图3-1-65 |

3. 调整复制图层，效果如图3-1-66所示。

4. 再次复制组，复制"符号一组"调整到合适位置，效果如图3-1-67所示。

| 图3-1-66 | 图3-1-67 |

5．在左下角加入文案"NEW FASHION"，字体采用"华康雅宋体"，字体参数设置为：字体大小"30点"，颜色为白色，RGB值为（255，255，255），其他数值为默认，如图3-1-68所示。

6．复制左下角的文案，移动到右上角，将文案内容改为"2035 NEW FASHION"，效果如图3-1-69所示。

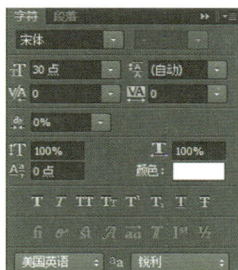

图3-1-68

图3-1-69

四、知识测试

知识测试

五、总结评价

评价表

项目	评价内容	分值	评价标准	得分		
				自评	互评	师评
美	颜色搭配好	10	优秀：搭配美观：9～10分 良好：搭配合理：7～8分 合格：完成搭配：6分 不合格：搭配不合理：0～5分			
	美观度高	10	优秀：赏心悦目：9～10分 良好：搭配合理：7～8分 合格：完成搭配：6分 不合格：搭配不合理：0～5分			

续表

项目	评价内容	分值	评价标准	得分		
				自评	互评	师评
美	视觉冲击力强	10	优秀：耳目一新：9~10分 良好：吸引兴趣：7~8分 合格：效果一般：6分 不合格：设计不合理：0~5分			
	创意创新	10	优秀：创意新颖：9~10分 良好：创新性强：7~8分 合格：有一定创新性：6分 不合格：创新性不足：0~5分			
工	诠释主题要求	20	优秀：主题鲜明突出：17~20分 良好：主题表现力强：13~16分 合格：主题表述准确：12分 不合格：主题不明显：0~11分			
	恰当使用工具	10	优秀：工具选用精准：9~10分 良好：工具选用恰当：7~8分 合格：工具选用合理：6分 不合格：工具选用不合理：0~5分			
	图片精致	10	优秀：图片精致：9~10分 良好：图片美观：7~8分 合格：图片设计合理：6分 不合格：图片设计不合理：0~5分			
	工作效率高	5	优秀：精益求精：5分 良好：齐心协力：4分 合格：各司其职：3分 不合格：效率较低：0~2分			
能	文案设计好	10	优秀：设计新颖：9~10分 良好：设计合理：7~8分 合格：完成设计：6分 不合格：设计不合理：0~5分			
自我超越提升		5				
合计		100				
得分						
说明：自评、互评、师评的平均分为最终得分						

任务三　设计新中式风格移动端 Banner

微课　设计新中式
风格移动端Banner

一、任务描述

随着智能手机的普及，移动端Banner已成为品牌宣传、产品推广的重要渠道。移动端Banner的设计需要探索如何在有限的屏幕空间内，创造出既美观又高效的移动端Banner。

新中式风格是一种将传统中国元素与现代设计手法相结合的风格。强调简洁大方、注重线条和形状，同时融入中华优秀传统文化的元素。在设计移动端Banner时可以采用新中式风格，根据不同产品和目标受众，将"中国风"元素巧妙地融入设计中，打造出既有中国特色又符合现代审美的新中式风格。

本任务要求学习者在掌握移动端Banner设计的方法和技巧的基础上，创意并设计一幅新中式风格的移动端Banner图，如图3-1-70所示。

任务示例图

图3-1-70

✍ 导图引领

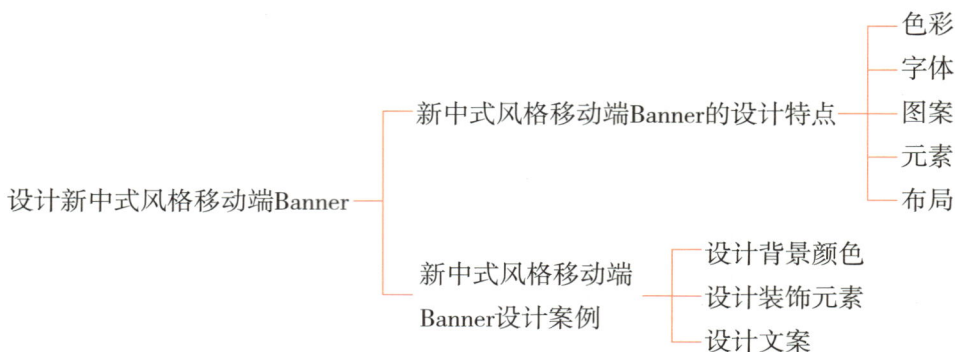

👑 学习目标

1．了解新中式风格的设计特点；掌握新中式风格移动端Banner设计的要点。

2．能够灵活使用新中式风格设计理念设计移动端Banner图。

3．通过设计实施，感受新中式风格呈现方式所承载的信息、情感与美感。

♻ 重点

新中式风格的设计特点和要点。

⚜ 难点

运用新中式风格设计理念，为现代企业提供营销服务，营造新中式的现代美感。

二、知识铺垫

在设计Banner时应该注重简洁性与可读性。由于移动端屏幕相对较小，设计元素需更加精练，文字需清晰易读，确保用户在快速滑动屏幕时也能迅速捕捉到Banner的核心信息。同时，运用色彩、图形、动画等视觉元素，创造出吸引人的视觉效果，提升用户的单击意愿。

新中式风格是指在中华优秀传统文化与现代设计之间取得平衡，将中国传统的元素与现代时尚元素相结合，从而打造出独具特色的风格。它不仅保留了中华优秀传统文化的精髓和特点，同时也融入了现代人们对于生活便利、实用、美观等方面的需求。中式美学讲究对称与平衡，居中对称式的构图方式能够很好地体现这一特点，使Banner整体看起来更加和谐、稳定。

新中式风格移动端 Banner 的设计特点

新中式风格移动端Banner设计结合了中国传统元素和现代设计元素，既保留了中华优秀传统文化的韵味，又具有时尚感和现代感。

1．色彩：将传统中式颜色，如红、黄、绿、蓝等与现代风格的颜色，如黑、白、灰等相结合，形成鲜明的对比。在设计中经常使用红色与金色、墨色（黑色）与白色、翠绿与金黄等经典搭配，红色和金色常常被用来代表喜庆和吉祥，这两种颜色的组合在新中式风格Banner设计中能够很好地传达出文化寓意。

2．字体：选择既要有传统书法字体，如楷书、草书、行书等，又有现代简约字体的搭配，使字体既具有传统韵味，又易于辨认和阅读。复古宋体作为中国传统书法的代表字体之一，其端庄、秀美的特点与新中式风格所追求的传统与现代相结合的理念相吻合。

3．图案：在Banner上添加传统中式图案，如山水画、花鸟画、福字、寿字等，既具有传统中式的美感，又不会过于单调。新中式风格强调将中国传统元素与现代设计相结合，古典水墨画作为中国传统艺术的代表，能够很好地体现新中式风格的特点。

4．元素：在Banner上添加现代元素，如动态图形、现代建筑、抽象图案等，既具有时尚感，又能够突出Banner的主题。古典元素的叠加与透视可以形成虚实相间的效果，增加画面的层次感和空间感，使新中式Banner更加具有深度和立体感。古典元素的叠加与透视、强烈的色彩对比、动态效果的运用以及强调光影效果都是提升新中式Banner视觉效果的有效设计技巧。

5．布局：新中式Banner设计可以采用多种构图方式，包括居中对称式，以体现中式美学；斜线式、散点式，以及层次叠加式来丰富画面效果。

在设计新中式Banner时，需要充分考虑中华优秀传统文化的元素和现代设计元素的特点，使Banner既具有文化底蕴，又具有时尚感和现代感。同时，要确保Banner的清晰明了，并能够准确传达出Banner的主题和内容。

> ▶ **行业前沿**
>
> 　　新中式风格的移动端Banner作为现代设计领域的一种独特表达形式，融合了中国古典美学与现代审美，展现了浓郁的中国特色与前沿设计思维，其设计元素常取自中华优秀传统文化，如书法、国画、传统纹饰等，通过现代设计手法进行重构与创新，形成独具魅力的视觉形象。同时，随着科技的不断进步，数字化技术也为新中式风格Banner的设计带来了更多可能性，如动态效果、交互体验等，使其更加符合现代人的审美需求。

三、任务实施

（一）新建文档

新建文档，宽度为750像素，高度为1000像素，分辨率为72像素/英寸，其他参数为默认值，如图3-1-71所示。

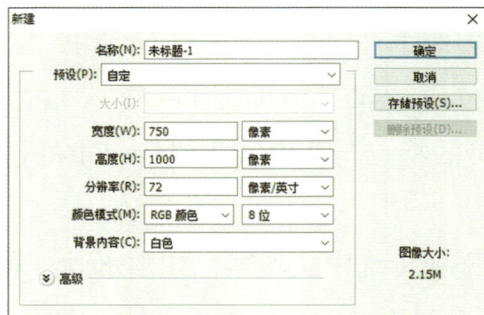

图3-1-71

（二）设计背景颜色

1. 选择"矩形工具"，如图3-1-72所示，参数设置为："形状"，填充颜色RGB值为（26，121，142），无描边，如图3-1-73所示。

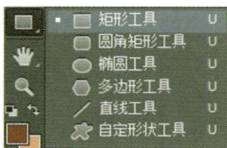

图3-1-72

图3-1-73

2. 设置完成后，保存文档，效果如图3-1-74所示。

3. 绘制矩形2，设置颜色RGB值为（129，219，209），调整大小和位置（水平750像素到1000像素之间），如图3-1-75所示。

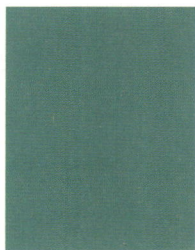

图3-1-74

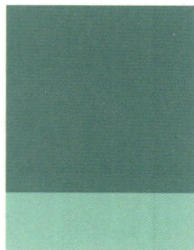

图3-1-75

（三）设计装饰元素

1. 设计展台。选择"椭圆工具"，设置填充颜色为双色。左侧颜色RGB值为（107，192，181），如图3-1-76所示。右侧颜色RGB值为（26，121，142），如图

3-1-77所示。

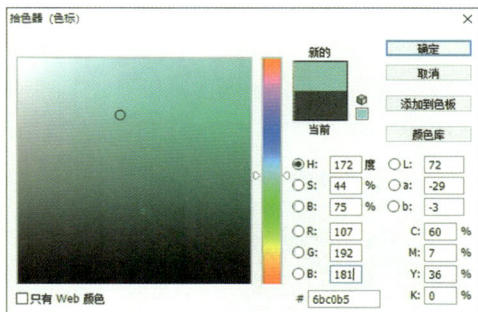
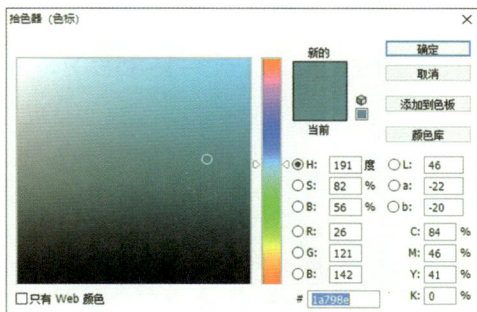

图3-1-76　　　　　　　　　　　　　图3-1-77

2. 其他参数设置为，"线性渐变""0"度，缩放"100%"，如图3-1-78所示。

3. 绘制椭圆后，如图3-1-79所示。

4. 复制椭圆层，并鼠标右键单击图层名称空白处，选择"栅格化"，如图3-1-80所示，单击选中栅格化的椭圆层，单击菜单"图像"，选择"调整"，再选择"亮度对比度"，设置亮度为"26"，如图3-1-81所示。

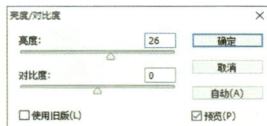

图3-1-78　　　　　　　图3-1-79　　　　　　　图3-1-80　　　　　　　图3-1-81

5. 将调整后的椭圆向下微调（可以按向下的方向键一次），并复制该椭圆7次，将最下方的椭圆向下移动5毫米，将8层调整亮度后的椭圆全都选中，单击"垂直居中分布"，如图3-1-82所示。

6. 设置完成后，效果如图3-1-83所示。选择共计9个椭圆层，按【CTRL+G】组合键将图层组合成组，将该组命名为"展台"。

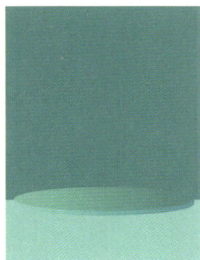

图3-1-82　　　　　　　　　　　　　图3-1-83

7．设计折扇。新建图层，单击选择"渐变工具"按钮，打开"渐变编辑器"，设置左侧颜色RGB值为（38，171，194），如图3-1-84所示，设置右侧颜色RGB值为（26，180，191），如图3-1-85所示。

图3-1-84   图3-1-85

8．选择"矩形选框工具"，在画布中绘制矩形，如图3-1-86所示，按住【SHIFT】键，自上向下拖动鼠标，绘制颜色后，如图3-1-87所示。

9．按【CTRL+T】组合键，对当前的矩形进行调整，按住【CTRL】键，将右上角向右下拖动，如图3-1-88所示，将右下角向左拖动，如图3-1-89所示。

图3-1-86   图3-1-87   图3-1-88   图3-1-89

10．选择复制后的矩形层，按【CTRL+T】组合键，在矩形上右键单击，选择"水平翻转"，并向左移动，如图3-1-90所示，将该矩形层亮度调整为"-120"，如图3-1-91所示。

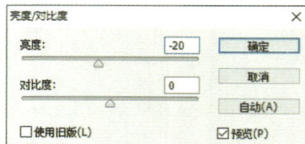

图3-1-90   图3-1-91

11．设置后调整位置，效果如图3-1-92所示。

12．将两个矩形合并，复制合并后的图形，按【CTRL+T】组合键将中心点调整到下方中间位置，如图3-1-93所示，将图形旋转到图3-1-94所示位置，左手按住【CTRL+SHIFT+ALT】组合键，右手敲击【T】键，形成如图3-1-95所示的图形，选中折扇的各个图层，按【CTRL+G】组合键，组合成"折扇"组。

图3-1-92　　　　　图3-1-93　　　　　图3-1-94　　　　　图3-1-95

13．调整后将折扇移动到展台的下方，如图3-1-96所示。

14．设计圆角矩形。选择圆角矩形工具，如图3-1-97所示，设置圆角矩形的填充色为三色填充，从左到右颜色分别为：左RGB值为（111，21，108），中RGB值为（83，185，208），右RGB值为（13，104，124），其他参数设置为："线性"，"90"度，设置完成后，如图3-1-98所示，半径为"50"，如图3-1-99所示。

 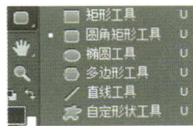 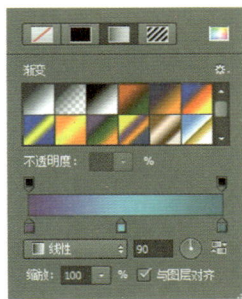

图3-1-96　　　　　图3-1-97　　　　　图3-1-98　　　　　图3-1-99

15．按住【SHIFT】键绘制圆角矩形后，如图3-1-100所示，将圆角矩形旋转45度，调整到如图3-1-101所示效果。

图3-1-100　　　　　图3-1-101

16. 设计竖线组合。选择"直线工具"，如图3-1-102所示，设置"无填充"，描边为白色，RGB值为（255，255，255），描边"5点"，线形为连续实线，粗细"5点"，如图3-1-103所示。

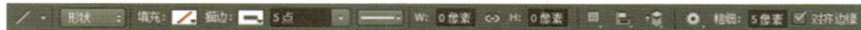

图3-1-102   图3-1-103

17. 按住【SHIFT】键，绘制垂直竖线，如图3-1-104所示，将该竖线层复制七次，将最上方的竖线层向右侧移动，如图3-1-105所示。

图3-1-104   图3-1-105

18. 选中八个竖线层，单击"移动工具"按钮，在出现的属性中，单击"水平居中分布"，如图3-1-106所示。

图3-1-106

19. 设置完成后，效果如图3-1-107所示。选中八个竖线层，按【CTRL+G】组合键组成新组，命名为"线条"组，并调整线条组到"展台"组的下方，效果如图3-1-108所示。

20. 将产品导入到当前的画布中，如图3-1-109所示。

图3-1-107   图3-1-108   图3-1-109

21. 为了凸显产品的位置，将展台最上方的椭圆复制一层，调整大小后，做描边，描边颜色为纯白色，RGB值为（255，255，255），粗细为"3点"，如图3-1-110所示。右键单击刚刚设置成功的图案填充层，为其"创建剪贴蒙版"，效果如图3-1-111所示。

图3-1-110　　　　　　　　　　　　　图3-1-111

（四）设计文案

1．输入文字"中华老字号"，设置参数：华康新综艺体，"30点"，字符间距"0"，RGB值为（129，219，209），加粗显示，其他参数为默认值，如图3-1-112所示，设置成功后，效果如图3-1-113所示。

图3-1-112　　　　　　　　　　图3-1-113

2．输入文字"国货狂欢盛宴"，设置参数："华康宋体W12"字体，"80点"，字符间距"0"，RGB值为（255，255，255），其他参数为默认值，如图3-1-114所示。单击"混合选项"，选择"描边"，设置大小为：大小"10像素"，位置"外部"，混合模式"正常"，不透明度"100%"，RGB值为（223，11，36），如图3-1-115所示。

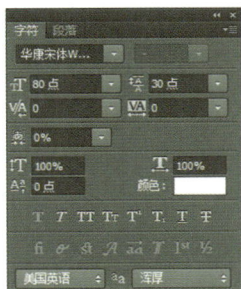
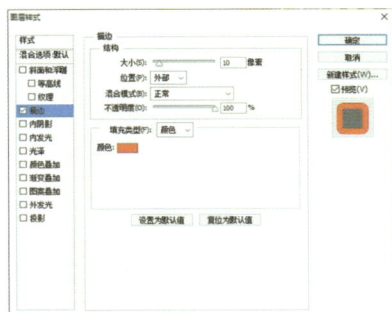

图3-1-114　　　　　　　　　　图3-1-115

3．设置文字变形。选择"文字"菜单，选择"文字变形"，参数设置为：样式"扇形""水平"，弯曲为"20%"，其他为"0"，如图3-1-116所示，设置完成后，如图3-1-117所示。

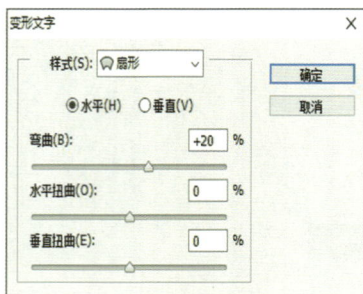
图3-1-116

图3-1-117

4．选择"圆角矩形工具"，如图3-1-118所示，圆角矩形的参数设置为：形状，填充颜色，RGB值为（26，121，142），不描边，半径60，如图3-1-119所示。

图3-1-118　　　　　　　　　　　图3-1-119

5．绘制圆角矩形，如图3-1-120所示。

6．输入文字"崂山百花蛇草水"，参数设置为：微软雅黑字体，字符间距100点，白色，RGB值为（255，255，255），其他默认值，如图3-1-121所示。

7．设置成功后，效果如图3-1-122所示。

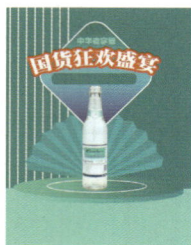
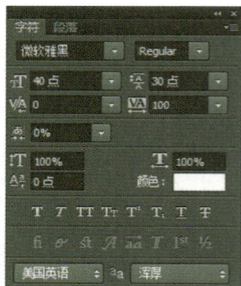
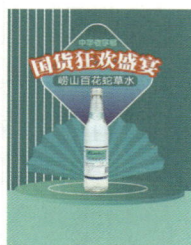

图3-1-120　　　　　　图3-1-121　　　　　　图3-1-122

四、知识测试

知识测试

五、总结评价

评价表

项目	评价内容	分值	评价标准	得分		
				自评	互评	师评
美	颜色搭配好	10	优秀：搭配美观：9~10分 良好：搭配合理：7~8分 合格：完成搭配：6分 不合格：搭配不合理：0~5分			
	美观度高	10	优秀：赏心悦目：9~10分 良好：搭配合理：7~8分 合格：完成搭配：6分 不合格：搭配不合理：0~5分			
	视觉冲击力强	10	优秀：耳目一新：9~10分 良好：吸引兴趣：7~8分 合格：效果一般：6分 不合格：设计不合理：0~5分			
	创意创新	10	优秀：创意新颖：9~10分 良好：创新性强：7~8分 合格：有一定创新性：6分 不合格：创新性不足：0~5分			
工	诠释主题要求	20	优秀：主题鲜明突出：17~20分 良好：主题表现力强：13~16分 合格：主题表述准确：12分 不合格：主题不明显：0~11分			
	恰当使用工具	10	优秀：工具选用精准：9~10分 良好：工具选用恰当：7~8分 合格：工具选用合理：6分 不合格：工具选用不合理：0~5分			
	图片精致	10	优秀：图片精致：9~10分 良好：图片美观：7~8分 合格：图片设计合理：6分 不合格：图片设计不合理：0~5分			
	工作效率高	5	优秀：精益求精：5分 良好：齐心协力：4分 合格：各司其职：3分 不合格：效率较低：0~2分			

续表

项目	评价内容	分值	评价标准	得分		
				自评	互评	师评
能	文案设计好	10	优秀：设计新颖：9~10分 良好：设计合理：7~8分 合格：完成设计：6分 不合格：设计不合理：0~5分			
	自我超越提升	5				
	合计	100				
得分						
说明：自评、互评、师评的平均分为最终得分						

拓展任务一　设计网店招牌

设 计 网 店 招 牌

拓展任务二　设计店铺导航

设 计 店 铺 导 航

📎 项目概述

商品主图—— 打造视觉焦点，激发购买欲望

　　商品主图作为商品详情页的首要视觉元素，直接影响用户的第一印象和购买决策。本项目深入讲解如何根据商品特性、目标受众及市场趋势，运用视觉设计原则，创作出既符合品牌形象，又能吸引目标用户的商品主图。

　　在设计过程中，注重商品主图的清晰度与信息量的平衡。运用高分辨率的摄影图片或高质量的设计元素，确保商品细节清晰可见；同时，通过巧妙的构图、色彩搭配与光影效果，突出商品的独特卖点与优势，让用户一眼就能被吸引。此外，根据商品类型与风格，选择合适的背景、道具与装饰元素，营造出与商品相匹配的视觉氛围，增强用户的代入感与购买欲望。还要考虑到不同平台的展示要求与规范，调整主图尺寸、优化加载速度，确保其在各平台上的展示效果都能达到最佳。

任务一　设计方形商品主图

一、任务描述

　　商品主图是指买家打开商品链接后看到的一组图片，第一张商品主图是买家在电商平台搜索商品时展现的图片，是卖点图和介绍商品的文案相结合的图片。打开产品链接后的一组主图，一般是5张，分别从不同角度诠释产品信息，激发顾客兴趣，进而促进产品销售。在商业设计中，一组好的主图能够吸引消费者的注意力，诠释产品特点，触发单击并促进商品营销。

　　在进行主图设计时，设计师需要考虑到主图构成和设计风格。采用哪种设计风格能够体现出商品的独特性和文

微课　设计方形商品主图

化内涵，还要提高商品的辨识度。字体规范和排版技巧同样也不可忽视，选定合适的字体规范能够提高整个页面的美感，并且排版技巧可以达到更好地呈现效果。此外，还需要关注设计中的细节处理问题，如色彩搭配、图片剪辑等。

　　本任务要求学习者认识主图，掌握主图的构成和常用设计方法，创意并设计完成素材产品的系列主图设计。

任务示例图

图3-2-1　　　　　　　　　图3-2-2　　　　　　　　　图3-2-3

导图引领

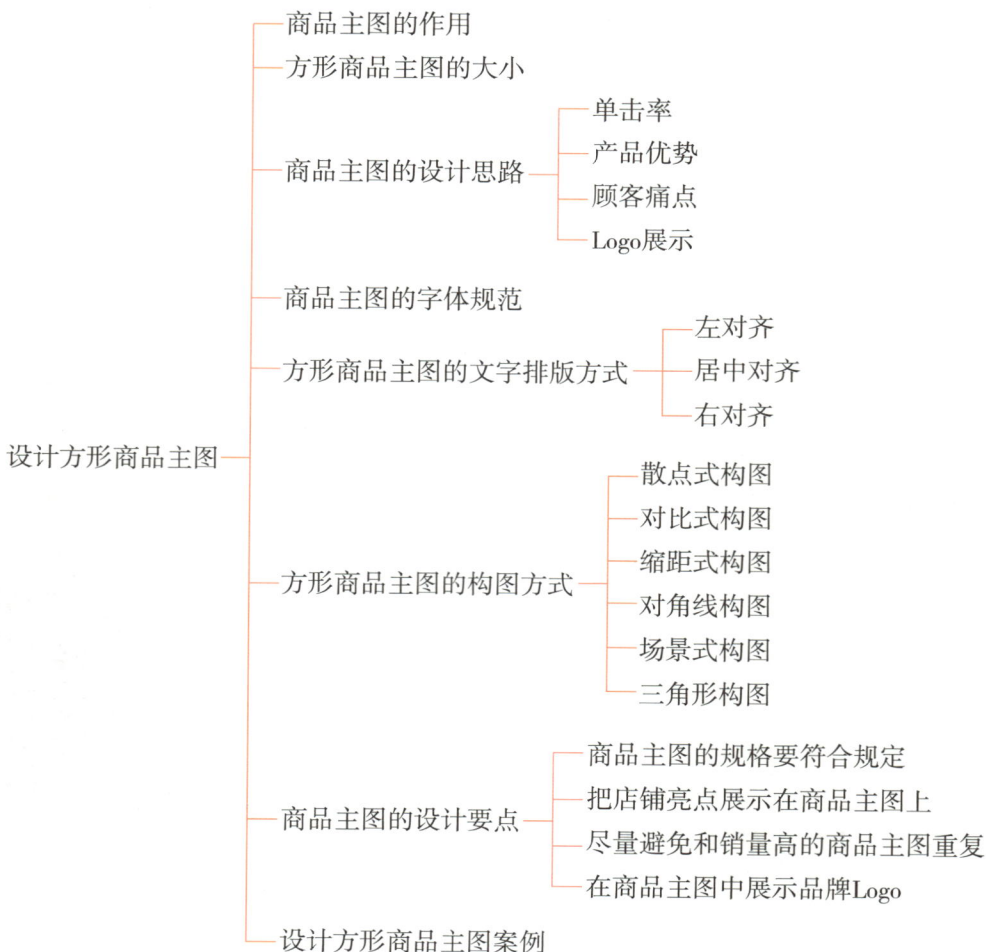

学习目标

1．了解商品主图的作用；掌握商品主图的设计思路、方法及要点。

2．能够用商品主图的相关知识创意并设计完成方形商品主图的设计。

3．了解并学习各大电商平台对商品主图的规范要求，确保主图合规；不断学习和探索新的设计元素和技巧，保持创意和竞争力。

重点

商品主图的作用。

方形商品主图的设计思路、方法及要点。

难点

深入了解目标受众和市场需求，通过卖点提炼、文案设计等独特的设计风格和创意，能清晰地展示产品特点和优势，打造与众不同的方形商品主图。

二、知识铺垫

（一）商品主图的作用

商品主图是用来展现产品的图片，常见的商品主图以正方形为主。在电商视觉设计中，主图设计是至关重要的环节，它直接关系到商品能否在海量同类产品中脱颖而出，吸引到消费者的注意。当用户搜索某个产品关键词的时候，就会展现出商品主图。淘宝主图一共有5张。客户在搜索的时候，展现在客户面前的图片，就是第1张主图。

目前，淘宝等电商平台主要使用"双主图"模式，一组是800像素×800像素的正方形图片，共5张；另一组是比例为3：4或者9：16的竖图，3：4的居多。800像素×800像素的主图（也就是1：1的主图），主要是用于搜索端，也是传统的主图，第一张是搜索图，其余四张是点进链接以后才能看到的，所以第一张主图一般选取直通车单击率高的图，但是注意和其他直通车区分；其余四张主图和详情页的功能类似，是为了提升产品的转化。

（二）方形商品主图的大小

商品主图应呈现为正方形或3：4竖版长图，淘宝主图尺寸不能超过500KB，最小可制成310像素×310像素，700像素×700像素以上主图可以显示为放大镜。

主图设计要完全遵从平台的规则，例如，淘宝等平台要求不能出现敏感词、违规词等。商品主图中的品牌Logo不能随意放置，一般放置在主图的左上角。

（三）商品主图的设计思路

在设计商品主图时，需要确保产品的图片在商品主图中占据主导地位，让消费者一眼就能看到商品本身。利益点要精简突出，通过文字、图标等方式精简地展示出商品的卖点、功能、价格或促销信息，避免信息冗长或过于复杂。还要注意视觉差异化，在视觉上与其他竞品产生差异，特别是中小企业和大品牌竞争时，要以独特的风格或创意吸引消费者。

在设计商品主图时，重点考虑以下几点：

（1）单击率：需要着重考虑的问题，在设计时背景色调要和产品图相吻合。

（2）产品优势：确定核心关键词，简洁明了地展示在商品主图中。

（3）顾客痛点：商品主图中展示的信息需要抓住顾客痛点，解决顾客的问题。

（4）Logo展示：在设计商品主图时需要使用品牌Logo，宣传推广企业文化。

（四）商品主图的字体规范

在商品主图中，文字的作用是增加产品的视觉吸引力。在使用文字时，要遵纪守法重视知识产权，避免造成字体侵权。常用的免费可商用字体有思源黑体、阿里巴巴普惠字体，也可以根据企业、品牌方的需求选择其他免费商用字体或者付费字体。

常规字体设计要求：

大标题：60-190点，可以适当使用粗体，行间距15-130像素，如图3-2-4所示。

副标题：28-140点，常规使用不要加粗，行间距10-120像素，如图3-2-5所示。

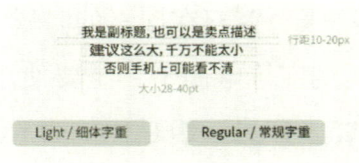

图3-2-4　　　　　　　　　　　　　　　　图3-2-5

（五）方形商品主图文字的排版方式

1．左对齐

左对齐方式在视觉上整齐、简单，还可以用线条、圆圈、英文、图案等元素对页面进行装饰，使整体画面更加丰富美观。左对齐方式的特点是文案整洁、焦点集中、设计感强，如图3-2-6和图3-2-7所示。

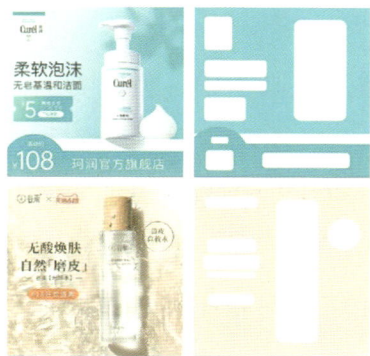
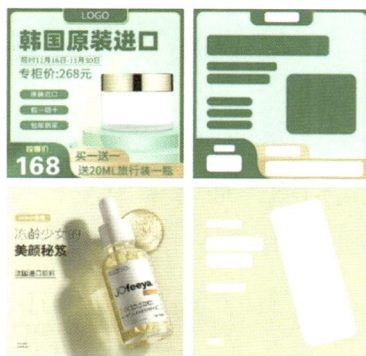

图3-2-6　　　　　　　　　　　　图3-2-7

2. 居中对齐

居中对齐方式在视觉上协调、简单，还可以用线条、圆圈、英文、图案等元素对页面进行装饰，使整体画面更加丰富美观，视觉协调、焦点集中，增强设计感，如图3-2-8所示。

图3-2-8

3. 右对齐

右对齐方式在视觉上更加倾向于突出产品，整体整齐、简单，还可以用线条、圆圈、英文、图案等元素对页面进行装饰，使整体画面更加丰富美观，更加突出产品、焦点集中，增强设计感，产品卖点的设计如图3-2-9和图3-2-10所示。

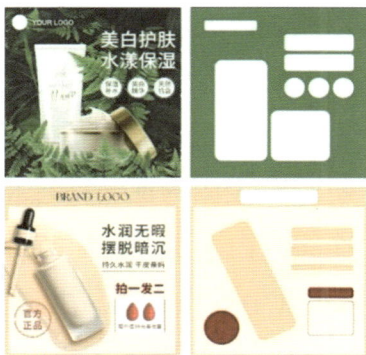

图3-2-9　　　　　　　　　　　　图3-2-10

（六）方形商品主图的构图方式

1．散点式构图：将一定数量的产品，重复散落在画面中，使消费者产生丰富的感觉，如图3-2-11所示。

2．对比式构图：通常采用左右对比或者上下对比，让消费者能直观地看出产品的大小，产生视觉冲击力，如图3-2-12所示。

3．微距式构图：产品近距离拍摄，突出个性完整性和完美性，让消费者能感受到产品视觉带来的冲击感，如图3-2-13所示。

4．对角线构图：将画面沿着对角线进行分布，引导消费者的视线"走"遍整个画面。使画面更有立体感、延伸感和运动感，增强画面的纵深感，变得更有张力，如图3-2-14所示。

5．场景式构图：给主图设置一定的场景，让消费者有代入感，更容易产生情感共鸣，对产品产生亲切感，如图3-2-15所示。

6．三角形构图：将产品的组合摆放构成三角形结构，形成一个稳定的整体区域，同时画面不会太散乱，能很好地表现出视觉的中心位置，让消费者一眼就看出想要突出的重点，如图3-2-16所示。

散点式构图	对比式构图	微距式构图	对角线构图	场景式构图	三角形构图
图3-2-11	图3-2-12	图3-2-13	图3-2-14	图3-2-15	图3-2-16

（七）商品主图的设计要点

1．商品主图的规格要符合标准

主图的分辨率一般是72DPI，图片大小不要超过800像素×800像素，800像素×800像素的图片可以实现放大镜功能。

2．把店铺的亮点展示在商品主图上

同样的产品，在主图上表现了店铺和产品卖点的商品一般销售就会多些，但亮点并不是越多越好。商品主图的促销信息和亮点不要喧宾夺主，尽量不要超过主图的三分之一。文字在十个字以内，要做到简短清晰，比如店铺名、1折起等。

3．尽量避免和销量高的商品主图重复

在没有价格优势的情况下，引进的流量是非常有限的，买家单击"多少家在销售此款商品"，就能知道有多少家店铺在销售同款商品的数据与价格，买家自然会选择销量较高、评价较好、价格较低的店铺去购买，如果主图毫无新意，和其他的卖家是重复的，很可能降低商品被购买的概率。

4．在商品主图中展示品牌Logo

在主图的适当位置添加店铺Logo或名称，有助于提升品牌识别度和信任感。Logo或名称的位置应避免遮挡商品主体或关键信息，同时要保证其清晰可见。

▶ **行业前沿**

商品主图的设计正朝着大尺寸、高清晰度、简约化、个性化以及交互性增强的方向发展，如800像素×800像素甚至更大尺寸，以确保在不同设备上都能呈现清晰的产品细节，设计上更趋向简约，避免过多的装饰元素，突出产品的核心特点和卖点，让消费者一目了然。为了在众多商品中脱颖而出，主图设计越来越注重创意和个性化，通过独特的视角和呈现方式来吸引消费者。随着技术的发展，动态效果和交互设计也被更多地应用到淘宝主图中，如嵌入产品视频或3D效果，提升用户参与度和购买欲望。随着移动互联网的普及和多元化消费场景的出现，商品主图也开始注重多场景与多渠道融合的设计。商品主图不仅要适应不同尺寸和分辨率的设备屏幕，还要能够在不同渠道和平台上保持一致的品牌形象和视觉效果。这种设计趋势有助于提升产品的跨平台传播能力和市场覆盖面。

三、任务实施

（一）设计主图1

1．新建文档，宽度为800像素，高度为800像素，分辨率为72像素/英寸，其他参数为默认值，如图3-2-17所示。

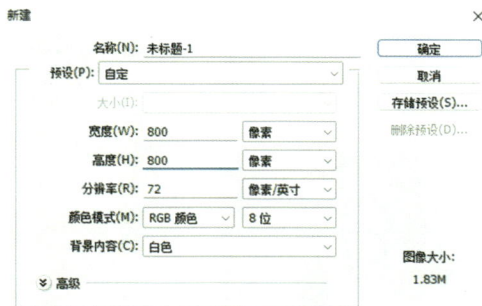

图3-2-17

2．背景颜色填充红色，RGB值为（158，36，45），如图3-2-18所示。导入背景素材，效果如图3-2-19所示。

3．导入产品素材，效果如图3-2-20所示。

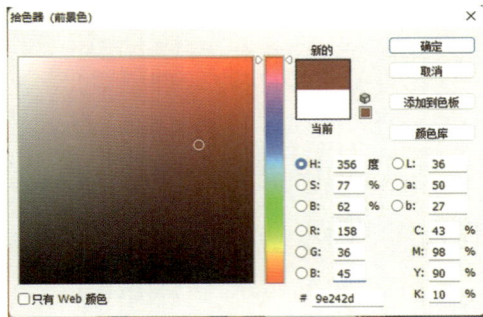
图3-2-18

图3-2-19

图3-2-20

4．设计背景装饰。插入中国风设计元素，将素材拖动到合适位置，将"水波纹"创建剪贴蒙版，如图3-2-21所示，将不透明度调为"30%"，如图3-2-22所示，效果如图3-2-23所示。

图3-2-21

图3-2-22

图3-2-23

5．新建组，命名为"新品"，将刚加入的素材拖入，输入文字"新品"，字体为"微软雅黑"，大小为"40点"，颜色为"纯白色"，间距为"100"，如图3-2-24所示。输入文字"艾迪香包"，字体大小为"35点"，间距为"100点"，字体为"微软雅黑"，颜色RGB值为（158，36，45），如图3-2-25、图3-2-26所示。

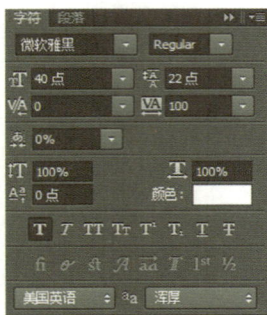
图3-2-24

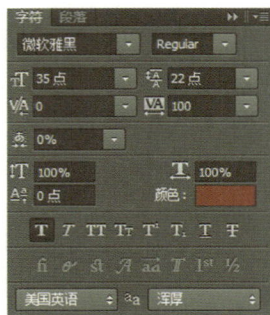
图3-2-25

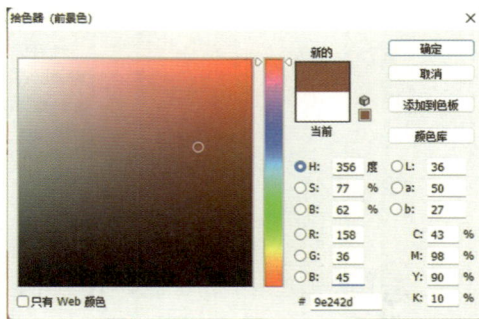
图3-2-26

6. 在下方输入主标题"春季新风尚"，字体为"微软雅黑"，大小为"80点"，间距为"100点"，颜色RGB值为（158，36，45），调整至合适位置，如图3-2-27所示，效果如图3-2-28所示。

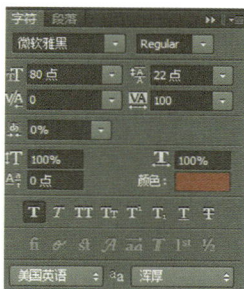　　　　

图3-2-27　　　　　　　　　　　图3-2-28

7. 鼠标右键单击，复制素材"素材5花纹框"，如图3-2-29所示，按【CTRL+T】组合键调整，再次复制，如图3-2-30所示，按【CTRL+T】组合键，右键单击垂直翻转，如图3-2-31所示，按住【SHIFT】键进行调整，将上方复制的素材栅格化，如图3-2-32所示，效果如图3-2-33所示。

图3-2-29

图3-2-30　　　　　图3-2-31　　　　　图3-2-32　　　　　图3-2-33

8. 新建组，将刚才复制的两层，拖入新建的组当中，选择"直排文字工具"，如图3-2-34所示，输入文字"中国风"，参数设置为：字体大小为"35点"，字体为"微软雅黑"，间距为"100"，如图3-2-35所示。

9. 选择"直线工具"，如图3-2-36所示，填充颜色选择吸取背景色，粗细为"2像素"，按住【SHIFT】键绘制直线后，效果如图3-2-37所示。

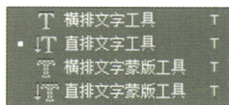　　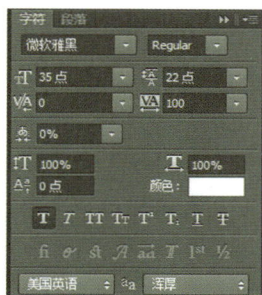　　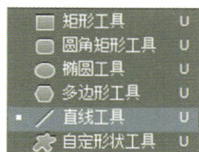　　

图3-2-34　　　　　图3-2-35　　　　　图3-2-36　　　　　图3-2-37

（二）设计主图 2

1．新建文档，宽度为800像素，高度为800像素，分辨率为72像素/英寸，其他参数为默认值，如图3-2-38所示。

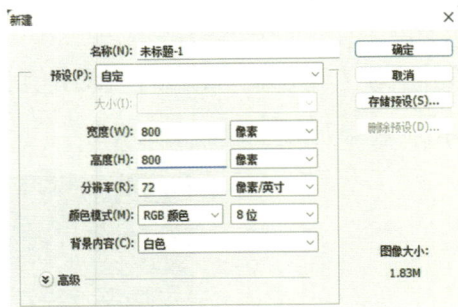

图3-2-38

2．填充背景颜色，RGB值为（158，36，45），按【ALT+DELETE】组合键，单击选择椭圆工具，如图3-2-39所示，参数设置为：形状，填充为纯白色，RGB值为（255，255，255），如图3-2-40、图3-2-41所示。

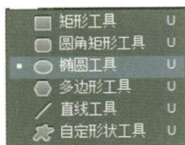

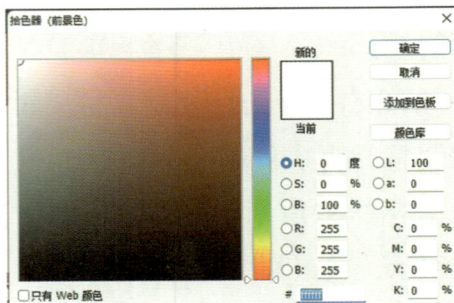

图3-2-39　　　　　　图3-2-40　　　　　　　　图3-2-41

3．设置完成后，按住【SHIFT】键绘制正圆，如图3-2-42所示。再选择"矩形工具"，绘制一个颜色与背景色相同的矩形，来遮挡正圆从而形成半圆，如图3-2-43所示。

4．设计背景装饰。选择"产品素材"，并拖到合适位置，如图3-2-44所示。选中椭圆图层，将半圆的不透明度调整为"70%"，如图3-2-45所示。

图3-2-42　　　　　　图3-2-43　　　　　　图3-2-44　　　　　　图3-2-45

5．选择"矩形工具"，如图3-2-46所示。绘制一个矩形，将矩形的宽度与半圆的直径对齐，如图3-2-47所示。将新绘制的矩形工具命名为"矩形底"，如图3-2-48所示。

图3-2-46　　　　　　图3-2-47　　　　　　图3-2-48

6. 右键单击矩形底图层，单击复制图层，命名为"矩形左"，如图3-2-49所示，按【CTRL+T】组合键调整，将矩形左侧上方的标点调整到合适位置，如图3-2-50所示，将颜色填充为与背景色一致，描边为"白色"，宽度"2点"，如图3-2-51所示。

图3-2-49　　　　　　　　　图3-2-50　　　　　　　　　图3-2-51

7. 选中"矩形左"，将其复制，如图3-2-52所示，命名为"矩形右"，选中"矩形右"层，按【CTRL+T】组合键，将矩形右侧调整位置，先水平翻转，如图3-2-53所示，再垂直翻转，如图3-2-54所示，效果如图3-2-55所示。

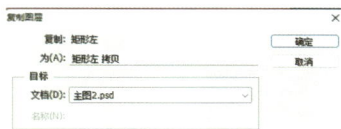　　　　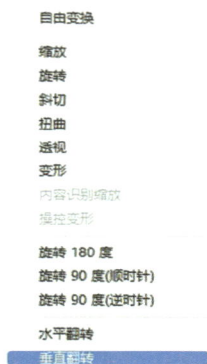　　

图3-2-52　　　　　　　图3-2-53　　　　　　　图3-2-54　　　　　　　图3-2-55

8. 拖入素材，右键单击素材，创建剪贴蒙版，如图3-2-56所示，效果如图3-2-57所示。

图3-2-56　　　　　　　　　图3-2-57

9．输入文字"进口牛皮（回车）德国锁扣"，参数设置为：字体大小为"30点"，间距为"0"，字体为"微软雅黑"，如图3-2-58所示。再次输入文字，"德国五金（回车）进口拉链"，参数设置为与"进口牛皮德国锁扣"一致，效果如图3-2-59所示。

10．拖入素材，调整至合适位置，效果如图3-2-60所示。

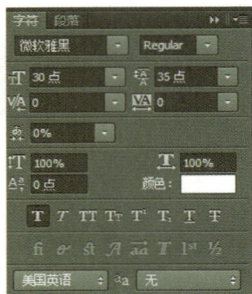
图3-2-58

图3-2-59

图3-2-60

（三）设计主图3

1．新建文档，文档宽度为800像素，高度为800像素，分辨率为72像素/英寸，其他参数为默认值，如图3-2-61所示。

2．设置背景颜色，RGB值为（158，36，45），如图3-2-62所示。

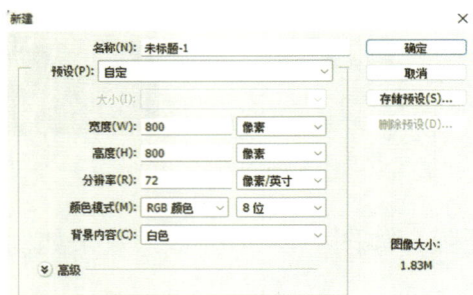
图3-2-61

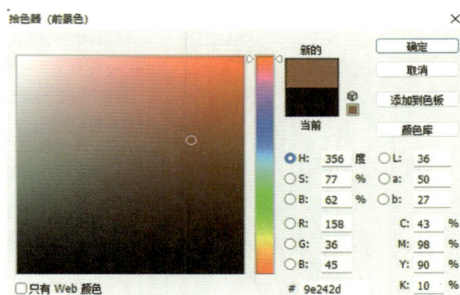
图3-2-62

3．设置完成后，选择"矩形工具"，如图3-2-63所示，设置矩形填充颜色为纯白色，无描边，如图3-2-64所示，按住【SHIFT】键绘制矩形，移动到合适位置，效果如图3-2-65所示。

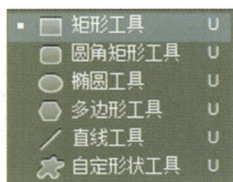
图3-2-63

图3-2-64

图3-2-65

4．设计背景装饰。输入文字"最美中国风"，大小为"80点"，字体为"微软雅黑"，加粗，间距为"0"，如图3-2-66所示。颜色为背景色，移动到合适位置，如图3-2-67所示。

5．导入模特素材，效果如图3-2-68所示。

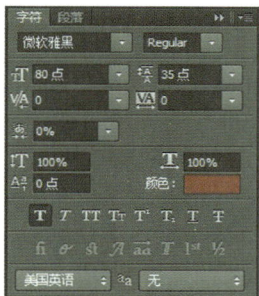

图3-2-66　　　　　　　　图3-2-67　　　　　　　　图3-2-68

6．单击选择圆角矩形工具，如图3-2-69所示，填充颜色为背景颜色，"无描边"，圆角半径为"42像素"，如图3-2-70所示，绘制图形，调整到合适位置，效果如图3-2-71所示。

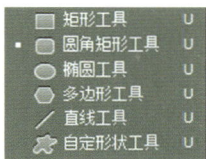

图3-2-69　　　　　　　　图3-2-70　　　　　　　　图3-2-71

7．输入文字"国风 国韵"，大小"30点"，字体为"微软雅黑"，间距为"600"，加粗，颜色为白色，如图3-2-72所示。

8．选择椭圆工具，如图3-2-73所示，按住【SHIFT】键绘制一个正圆，将当前的圆复制，移动到合适位置，如图3-2-74所示。

9．拖入产品素材，将导入的产品素材放置到合适的位置，鼠标右键单击素材，创建剪贴蒙版，如图3-2-75所示，效果如图3-2-76所示。

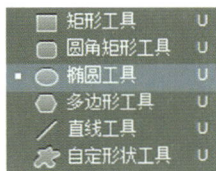

图3-2-72　　　　图3-2-73　　　　图3-2-74　　　　图3-2-75　　　　图3-2-76

10．选择直线工具，绘制直线，颜色填充RGB值为（158，36，45），如图3-2-77所示，设置为"无描边"，粗细为"4点"，如图3-2-78所示。

11．绘制直线，并移动到合适的位置，如图3-2-79所示。

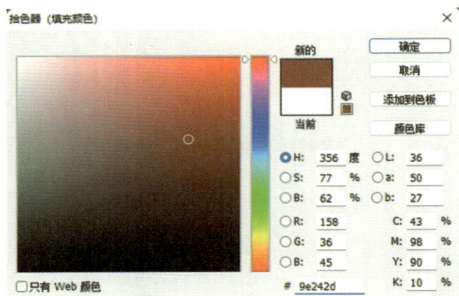

图3-2-77　　　　　　　　　　图3-2-78　　　　　　　　图3-2-79

12．绘制其他装饰。再次选择"椭圆工具"，如图3-2-80所示，按住【SHIFT】键绘制正圆，复制新绘制的正圆，调整到合适位置，如图3-2-81所示。

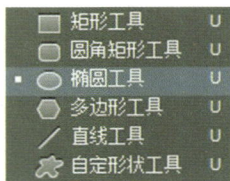

图3-2-80　　　　　　　　　　图3-2-81

13．单击文字工具，输入文字"真皮流苏"，字体大小为"25点"，字体为"微软雅黑"，间距为"0"，加粗，字体颜色为背景色，如图3-2-82所示。再次输入文字"刺绣"，字体大小为"25点"，字体为"微软雅黑"，间距为"0"，加粗，字体颜色为背景色，如图3-2-83所示。

14．将文案调整到合适位置，效果如图3-2-84所示。

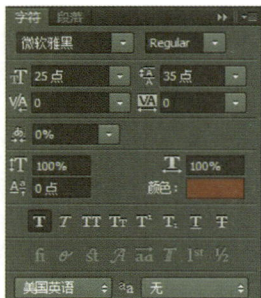
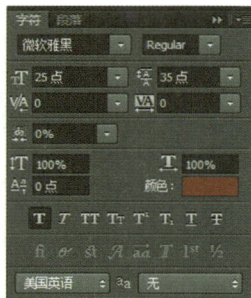

图3-2-82　　　　　　　　图3-2-83　　　　　　　图3-2-84

（四）设计主图4

1．新建文档，宽度为800像素，高度为800像素，分辨率为72像素/英寸，其他参数为默认值，如图3-2-85所示。

2．设计背景颜色，填充背景颜色，RGB值为（158，36，45），如图3-2-86所示。

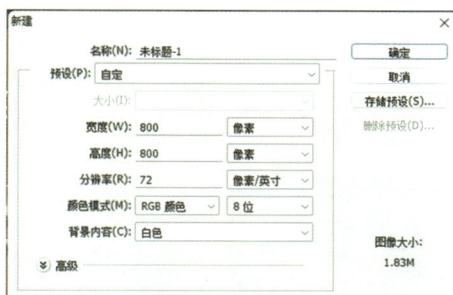 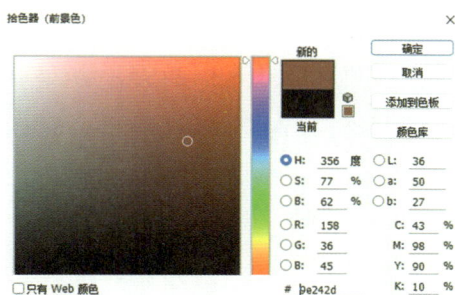

图3-2-85　　　　　　　　　　　　　　　　　图3-2-86

3．设置完成后，输入文字"细节无处不在"，大小为"80点"，字体为"微软雅黑"，间距为"0"，颜色为白色，如图3-2-87所示。调整到合适位置，效果如图3-2-88所示。

4．设计背景装饰。选择"矩形工具"，参数设置为："形状"，填充为纯白色，描边为纯白色，"2点"，在背景上绘制矩形，如图3-2-89所示，将"矩形1"复制，将复制图层改为矩形左，将当前矩形的颜色改为与背景色一致的红色。

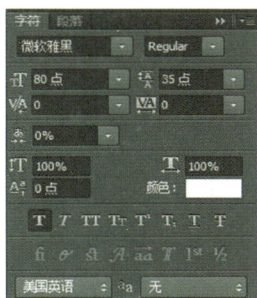  

图3-2-87　　　　　　　　　图3-2-88　　　　　　　　　图3-2-89

5．单击视图，新建参考线，垂直400像素，如图3-2-90所示，将新复制的矩形按【CTRL+T】组合键拖动到参考线位置，右上方的点按住【CTRL】键往左拖动，如图3-2-91所示。单击复制图层，按【CTRL+T】组合键，单击右键选择水平翻转、垂直翻转，调整到合适位置，效果如图3-2-92所示。

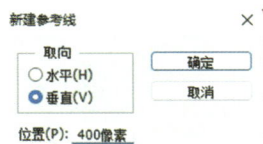  

图3-2-90　　　　　　　　　图3-2-91　　　　　　　　　图3-2-92

6．将素材拖入，移动到合适位置，鼠标选中素材图层，右键选择创建剪贴蒙版，如图3-2-93所示，效果如图3-1-94所示。

7．输入文字"镂空标识（回车）金属立体"，大小为"25点"，字体为"微软雅黑"，颜色为白色，如图3-2-95所示，再次输入文字"缝线细密（回车）精致在每一个瞬间"，文案参数与前一文字相同，移动到合适位置，如图3-2-96所示。

图3-2-93

图3-2-94

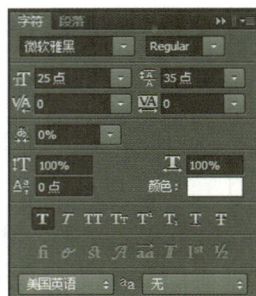
图3-2-95

图3-2-96

8．单击选择椭圆工具，填充为白色，无描边，按住【SHIFT】键绘制正圆，再复制一个正圆，将其缩小，位置移动到合适位置，效果如图3-2-97所示。

9．单击直线工具，设置填充颜色为白色，"无描边"，粗细"2像素"，绘制直线，右键复制刚绘制的直线移动到合适位置，效果如图3-2-98所示。

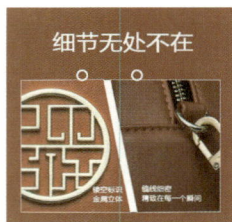
图3-2-97

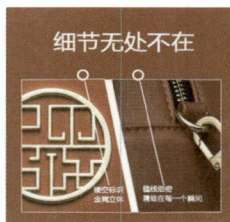
图3-2-98

四、知识测试

知识测试

五、总结评价

评价表

项目	评价内容	分值	评价标准	得分		
				自评	互评	师评
	信息分层清晰	10	优秀：分层科学：9~10分 良好：分层合理：7~8分 合格：完成分层：6分 不合格：分层不合理：0~5分			
	质感表现强	10	优秀：表现生动：9~10分 良好：表现有美感：7~8分 合格：表现效果一般：6分 不合格：表现效果不明显：0~5分			
	主图场景合适	10	优秀：赏心悦目：9~10分 良好：搭配合理：7~8分 合格：完成搭配：6分 不合格：搭配不合理：0~5分			
	主图设计规范	20	优秀：设计美观：17~20分 良好：设计合理：13~16分 合格：完成设计：12分 不合格：设计不合理：0~11分			
	主图主题突出	30	优秀：主题突出：25~30分 良好：主题明显：19~24分 合格：有主题：18分 不合格：主题缺失：0~17分			
	主图有视觉冲击力	20	优秀：耳目一新：17~20分 良好：吸引兴趣：13~16分 合格：效果一般：12分 不合格：设计不合理：0~11分			
合计		100				
得分						
说明：自评、互评、师评的平均分为最终得分						

任务二 设计长版商品主图

微课　设计长版
商品主图

一、任务描述

　　长版商品主图是指在电子商务中用于展示商品的一种图片形式。长版主图尺寸较长，相较于常规的正方形或长方形主图，能够提供更多的展示空间，从而可以容纳更丰富的商品信息和细节。

　　长版商品主图可以充分展示商品的全貌、使用场景等；能够通过连续的构图和排版，讲述一个关于商品的完整故事。比如，从商品的原材料选取，到生产加工过程，再到最终的成品呈现，给消费者提供一个全面且清晰的了解商品的路径。在设计上，长版主图可以更灵活地运用色彩、文字和图形元素，增强视觉吸引力和信息传达的效果。通过巧妙的布局，将关键信息和卖点突出展示，吸引消费者的注意力。

　　通过对本任务的学习，掌握长版商品主图的设计要点，完成"宫廷织锦香囊"的长版商品主图设计，如图3-2-99所示。

⊛ 任务示例图

图3-2-99

✍ 导图引领

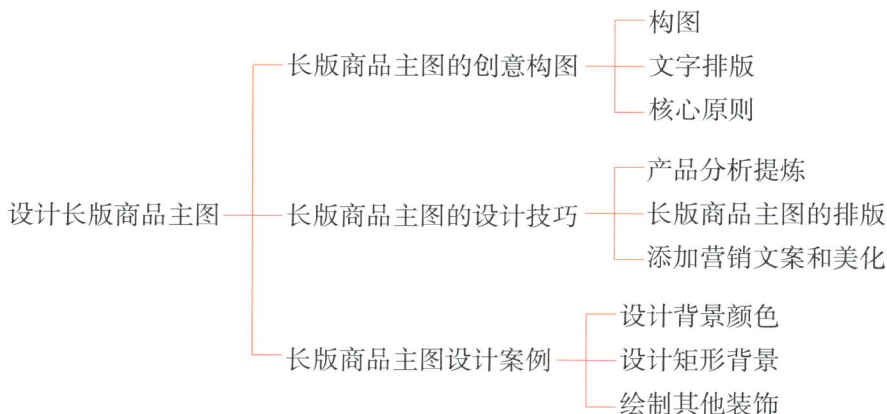

👑 学习目标

1．了解长版商品主图的使用场景；掌握长版商品主图的创意设计和使用技巧。

2．能够灵活设计长版商品主图，为消费者提供更好的视觉效果，为店铺获得更多流量和订单。

3．遵守各大电商平台的规范和要求，结合产品的特点和目标受众的喜好，合理设计图片的内容和排版，提升长版商品主图的营销效果。

♻ 重点

长版商品主图的使用场景、创意设计和使用技巧。

⚜ 难点

根据电商行业动态、最新设计趋势和消费者喜好变化，灵活设计长版商品主图，进一步增强商品主图的视觉效果，促进商品的差异化营销。

二、知识铺垫

电商平台的双主图就是后台可以上传两组不同规格的商品主图。一组是800像素×800像素的方图，一共5张；另一组是1200像素×1600像素的长版商品主图。从目前市场数据来看，3∶4的商品主图对于推荐流量会起到比较大的正面作用。

（一）长版商品主图的创意构图

1．长主图的构图可以划为分散点式构图、对比式构图、微距式构图、对角线构图、场景式构图、三角形构图。这是设计图像的基础，它决定了图像的布局、元素的位置和整体视觉效果。

2．长版商品主图的文字版式包括左对齐、居中对齐、右对齐三种版式。根据不同的商品，选择不同的版式，有效地安排文字和图像，使商品主图既美观又易于理解。

3．长版商品主图的设计还需要考虑平衡、对比、重复和统一等设计的核心原则，这些原则对于创造具有吸引力和一致性的设计至关重要。

（二）长版商品主图的设计要点

1．产品分析提炼

结合产品的特点和目标受众的喜好，设计既符合品牌形象又能吸引潜在买家的图片。为此，我们需要进行"产品分析提炼"，即深入了解产品的特性和卖点，以便在设计中准确传达。

2．长版商品主图的排版

确保图片、文字和其他元素在视觉上相互协调，同时保持信息的清晰和易于理解。这是将设计元素整合到一起的关键步骤。

3．添加营销文案和整体美化

营销文案可以确保视觉设计与品牌形象和营销策略保持一致，而美化则是对设计进行最后的润色和完善，使其更加出色和引人注目。

综上所述，通过遵循这个清晰的设计流程，并灵活运用流程中的各个关键点，可以创建出既美观又高效的商品长版主图设计，为电商平台上的商品带来更多的曝光和销售机会。

> **▶ 行业前沿**
>
> 　　随着消费者审美的不断提升，长版商品主图的设计也日趋精细化和个性化。当前的设计更强调清晰、醒目和具有吸引力的视觉元素。高清的产品图片、简洁明了的文案以及引人注目的配色方案，都是吸引消费者点击和购买的关键。同时，还注重将品牌故事、产品特色等元素融入设计中，以增强消费者对品牌的认知和信任。此外，随着技术的不断进步，交互式创新形式也逐渐被引入，为消费者带来更加丰富的购物体验。

三、任务实施

（一）新建文档

新建文档，宽度为750像素，高度为1000像素，分辨率为72像素/英寸，其他参数为默认值，如图3-2-100所示。

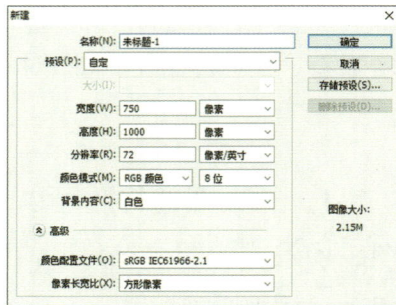

图3-2-100

（二）设计背景颜色

1．单击标尺，拖动横向水平参考线到800的位置，选择"矩形工具"，如图3-2-101所示，在下方绘制矩形，设置当前矩形的填充颜色，RGB值为（203，9，20），如图3-2-102所示。

2．设置完成后，保存文档，效果如图3-2-103所示。

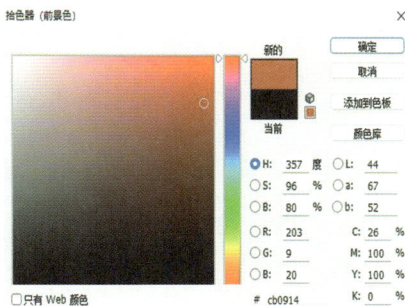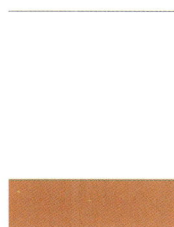

图3-2-101　　　　　　　图3-2-102　　　　　　　　图3-2-103

（三）设计矩形背景

1．选择"矩形工具"，如图3-2-104所示，在上方绘制矩形，设置填充的颜色为渐变左侧RGB值为（89，0，0），如图3-2-105所示，右侧颜色RGB值为（200，22，50），如图3-2-106所示。效果如图3-2-107所示。

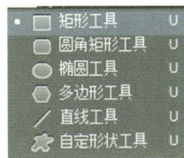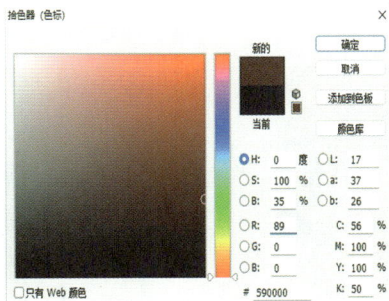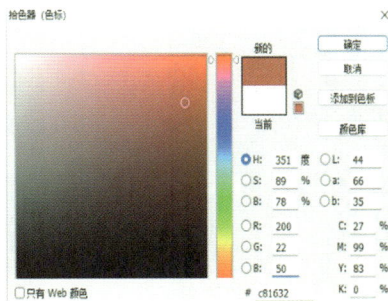

图3-2-104　　　　　　图3-2-105　　　　　　　图3-2-106　　　　　　图3-2-107

2．清除参考线，将产品素材导入，移动到合适位置，效果如图3-2-108所示。再次导入中国元素"红灯笼"，再次添加中国元素"梅花"，调整到合适位置，效果如图3-2-109所示。

3．选择"椭圆工具"，按住【SHIFT】键绘制正圆，将绘制的圆调整到产品下方，选中圆形图层，右键单击，选择"混合模式"，设置"内阴影"，参数设置为"正片叠底"，不透明度"75%"，角度为"-290"，距离"28"，阻塞"20%"，大小"40像素"，如图3-2-110所示，阴影颜色RGB值为（88，0，0），效果如图3-2-111所示。

  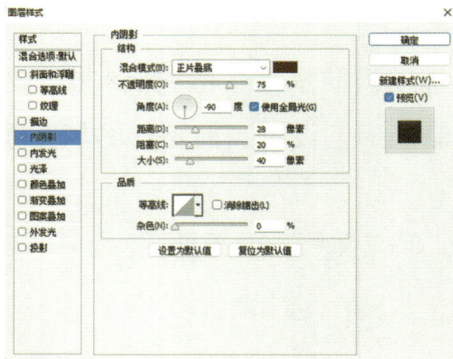 

图3-2-108　　　　图3-2-109　　　　　　　图3-2-110　　　　　　　图3-2-111

4．输入文字"锦香文创中国风"，参数设置为：字体为"思源黑体"，大小为"35点"，颜色为白色，RGB值为（255，255，255），间距为"50"，如图3-2-112所示。

5．输入主标题"宫廷织锦香囊"，参数设置为：字体为"微软雅黑"，大小为"80点"，间距为"0"，颜色为白色，RGB值为（255，255，255），将文案移动到合适位置，效果如图3-2-113所示。

6．选择"圆角矩形工具"，半径为"40像素"，绘制圆角矩形，填充为白色，RGB值为（255，255，255），在圆角矩形中输入文字"镶钻·琉璃·珍珠"，参数设置为：字体"思源黑体"，大小为"35"点，间距为"50"，颜色RGB值为（88，0，0），间距"50"，效果如图3-2-114所示。

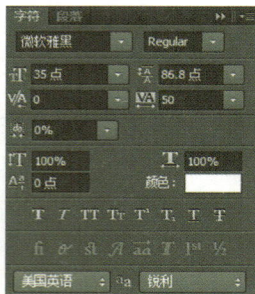  

图3-2-112　　　　　　　图3-2-113　　　　　图3-2-114

7．选择"锦鲤"素材导入，复制图层，单击复制的图层，按住【CTRL+T】组合键将旋转角度改为"180"度，如图3-2-115所示。调整到合适位置，效果如图3-2-116所示。

图3-2-115　　　　　　　　　图3-2-116

（四）绘制其他装饰

1. 选择"椭圆工具"，按住【SHIFT】键绘制正圆，设置圆的填充颜色RGB值为（255，255，0），调整到合适位置，效果如图3-2-117所示。

2. 输入文案"买1 送1"，参数设置为：字体"思源黑体"，大小为"60点"，间距为"50点"，颜色RGB值为（88，0，0），调整到合适位置，如图3-2-118所示，效果如图3-2-119所示。

图3-2-117

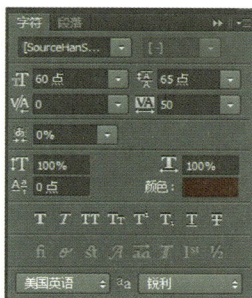
图3-2-118

图3-2-119

四、知识测试

知识测试

五、总结评价

评价表

评价内容	分值	评价标准	得分		
			自评	互评	师评
信息分层清晰	10	优秀：分层科学：9~10分 良好：分层合理：7~8分 合格：完成分层：6分 不合格：分层不合理：0~5分			
质感表现强	10	优秀：表现生动：9~10分 良好：表现有美感：7~8分 合格：表现效果一般：6分 不合格：表现效果不明显：0~5分			

续表

评价内容	分值	评价标准	得分		
			自评	互评	师评
主图场景合适	10	优秀：赏心悦目：9~10分 良好：搭配合理：7~8分 合格：完成搭配：6分 不合格：搭配不合理：0~5分			
主图设计规范	20	优秀：设计美观：17~20分 良好：设计合理：13~16分 合格：完成设计：12分 不合格：设计不合理：0~11分			
主图主题突出	30	优秀：主题突出：25~30分 良好：主题明显：19~24分 合格：有主题：18分 不合格：主题缺失：0~17分			
主图有视觉冲击力	20	优秀：耳目一新：17~20分 良好：吸引兴趣：13~16分 合格：效果一般：12分 不合格：设计不合理：0~11分			
	100				
得分					
说明：自评、互评、师评的平均分为最终得分					

项目三 设计商品详情页

📎 项目概述

商品详情页 —— 构建沉浸式购物体验，提升品牌认知

商品详情页作为展示商品信息、传递品牌理念的重要页面，其设计直接关系到用户的购买决策与对品牌的印象。本项目将从用户需求出发，结合品牌调性，设计出既信息丰富又视觉吸引人的店铺详情页。

在设计过程中，注重内容的逻辑性与视觉的连贯性。规划详情页的结构布局，合理安排商品图片、文字描述、规格参数、用户评价等信息，确保用户能够轻松获取所需信息。同时，通过色彩搭配、字体选择、图形元素等视觉元素的运用，营造出与品牌相符的视觉风格，增强用户的品牌认同感。

掌握商品详情页设计的综合技能，能够独立完成既美观又实用的设计作品。这不仅将提升视觉设计能力，更为电商设计、品牌策划、用户体验设计等领域的发展奠定坚实基础。一个精心设计的商品详情页，也会成为品牌与用户之间深度沟通的桥梁，促进销售转化与品牌价值的提升。

任务一 设计焦点图和卖点图

一、任务描述

在电商视觉设计中商品详情页是一个展示商品功能、商品参数、商品特点及卖点的页面。详情页不仅能让消费者充分了解商品，更能打消消费者对商品的疑虑，激发他们的购买欲望，促使消费者尽快下单。因此，卖家需要充分利用好商品详情页，做好页面的设计和优化。

微课　设计焦点图和卖点图

焦点图通常用于详情页的最显著位置，以吸引用户继续查看详情页中的产品信息；而卖点图则用于展示产品的核心优势和特点，帮助用户快速了解产品价值。

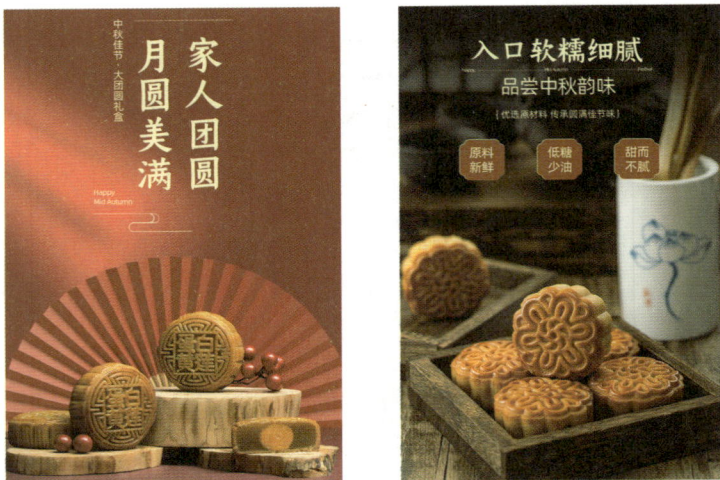

　　焦点图在详情页的最上方，它不仅是吸引顾客注意力的关键元素，更是展示产品特点和优势的重要窗口。通过清晰明了、美观实用的焦点图设计，吸引顾客的注意力、展示产品的特点和优势、增强品牌的认知度和信任感。在产品转化中，它扮演着至关重要的角色，甚至直接影响店铺的跳变率和跳失率。

　　产品卖点图是商品详情页中非常关键的内容，是提升产品竞争力的关键工具。卖点图能够有效地传达产品的核心价值，吸引消费者的注意力，并引导他们做出购买决策。设计者需要探索和创新，以适应不断变化的市场需求和消费者偏好，紧跟时代潮流，提炼卖点，展示产品的独特功能和优势，通过视觉手段强化顾客的购买欲望，进而提升产品的销售转化率。

　　本任务要求学习者在掌握商品焦点图和卖点图的内容及设计技巧的基础上，融入中国风魅力，提升视觉冲击力，设计一组中国风风格的商品焦点图和卖点图。

✿ 任务示例图

图3-3-1　　　　　　　　　　　　图3-3-2

📝 导图引领

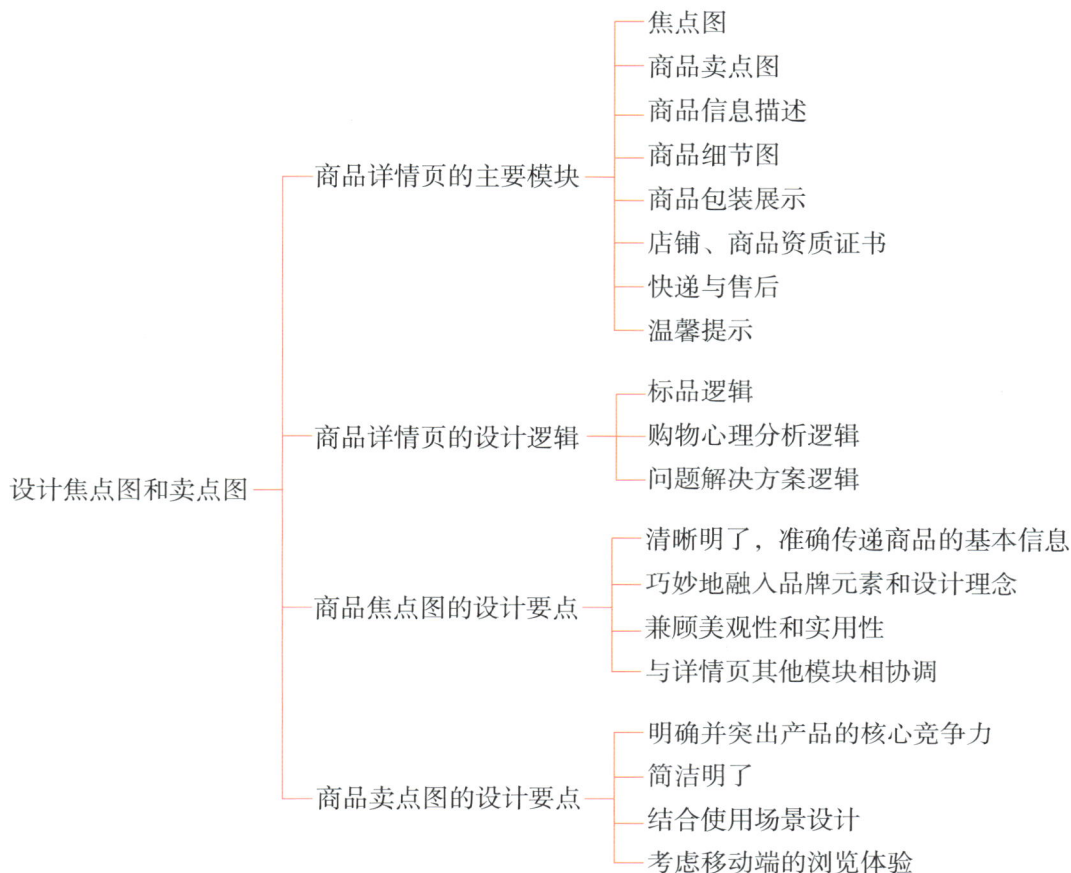

设计焦点图和卖点图

商品详情页的主要模块
- 焦点图
- 商品卖点图
- 商品信息描述
- 商品细节图
- 商品包装展示
- 店铺、商品资质证书
- 快递与售后
- 温馨提示

商品详情页的设计逻辑
- 标品逻辑
- 购物心理分析逻辑
- 问题解决方案逻辑

商品焦点图的设计要点
- 清晰明了，准确传递商品的基本信息
- 巧妙地融入品牌元素和设计理念
- 兼顾美观性和实用性
- 与详情页其他模块相协调

商品卖点图的设计要点
- 明确并突出产品的核心竞争力
- 简洁明了
- 结合使用场景设计
- 考虑移动端的浏览体验

🏆 学习目标

1．了解商品详情页的主要模块和设计逻辑；掌握详情页中焦点图和卖点图各自的作用和设计要点。

2．能够根据不同商品的特点和使用场景，灵活创意产品的焦点图、卖点图，有效展示商品卖点，吸引消费者。

3．学做合一，在实践中锻炼和提升创新思维和营销能力。

♻ 重点

掌握焦点图和卖点图的作用和设计要点。

⚜ 难点

灵活使用焦点图和卖点图的知识设计营销图，有效地传达产品的核心价值，吸引目标受众的注意力，并展示商品卖点，加强视觉吸引力。

二、知识铺垫

（一）商品详情页的主要模块

1. 焦点图：通常位于详情页的最上方，是一张或一组精心设计的图片，用于快速吸引消费者的注意力并展示商品的核心卖点。

2. 商品卖点图：对商品独特优势、功能特点或设计理念的简短描述，旨在激发消费者的购买欲望。

3. 商品信息描述：对商品进行全面、客观地介绍，包括商品的基本属性、规格参数、使用方法等。

4. 商品细节图：对商品各个部位、细节进行高清拍摄的图片，以便消费者更直观地了解商品的外观、做工和材质。

5. 商品包装展示：向消费者展示商品的包装样式、材质及保护措施的环节。

6. 店铺、商品资格证书：电商平台对商家资质进行审核后颁发的证明文件，包括营业执照、税务登记证、行业许可证等。

7. 快递与售后：向消费者介绍商品配送方式和售后服务政策的环节。

8. 温馨提示：商家在商品详情页中向消费者提供的额外信息或建议，旨在提升消费者的购物体验和满意度。

（二）商品详情页的设计逻辑

1. 标品逻辑：对于标准化商品（标品），如电子产品、书籍、日用品等，其详情页设计逻辑主要侧重于清晰、准确地展示商品的核心信息和差异化卖点。

2. 购物心理分析逻辑：强调从消费者的心理需求出发，设计能够触动其购买欲望的详情页。

3. 问题解决方案逻辑：侧重于针对消费者可能遇到的问题或疑虑，提供具体的解决方案和说明。

（三）商品焦点图的设计要点

1. 清晰明了，能够准确传达产品的基本信息，如颜色、款式、尺寸等。同时，通过高质量的摄影和图像处理技术，确保焦点图呈现出产品的最佳状态，让顾客一眼就能被吸引。

2. 巧妙地融入品牌元素和设计理念。例如，通过独特的色彩搭配、字体选择或图形设计，彰显品牌的个性和风格。这样不仅可以提升产品的吸引力，还能增强顾客对品牌的认知度和信任感。

3．兼顾美观性和实用性。美观的焦点图能够吸引顾客的眼球，但过于复杂或花哨的设计可能会分散顾客的注意力，影响他们对产品信息的接收。因此，需要在保证美观性的同时，尽可能简化设计元素，突出产品的核心卖点。

4．与详情页的其他模块相协调。例如，与产品标题、价格、评价等信息的排版和风格保持一致，形成统一的视觉风格。这样不仅可以提升详情页的整体美感，还能增强顾客的阅读体验。

（四）商品卖点图的设计要点

1．明确并突出产品的核心竞争力。无论是价格优势、品质保证、独特功能还是创新设计，都需要在卖点图中得到直观的展现。需要深入挖掘产品的独特之处，通过图形、文字和色彩的巧妙组合，将这些卖点以极具吸引力的方式呈现出来。

2．简洁明了，避免过多复杂的元素干扰信息的传达。色彩选择应与品牌调性和产品特性相符，同时注重视觉冲击力，以吸引用户的眼球。文字说明要简短有力，能够一语中的地表达出产品的核心价值，帮助消费者快速理解产品优势。

3．除了突出产品本身的特点，卖点图还可以结合用户的使用场景来设计，展示产品在实际应用中的效果。这种情境化的设计手法能够增强消费者的代入感，激发顾客的购买欲望。

4．考虑移动端用户的浏览体验。随着移动互联网的普及，越来越多的消费者通过手机或平板电脑访问电商网站。因此，卖点图的布局和尺寸应适应不同设备的屏幕大小和分辨率，确保在各种设备上都能清晰展示。

► **行业前沿**

焦点图和卖点图是现代营销中的关键视觉元素，它们承载着品牌的核心价值和市场定位。焦点图以其醒目的设计和精准的信息传递，吸引用户的注意力，引导其深入了解产品。而卖点图则通过突出产品的独特功能和优势，增强用户的购买欲望。

随着数字化营销的快速发展，焦点图和卖点图的设计也日趋精细和创新，它们不仅是品牌形象的展示窗口，更是与消费者建立情感连接的重要桥梁。通过AR技术，用户可以在现实环境中与虚拟产品互动，体验产品的真实效果，全方位了解产品的特点和优势。需要注意的是焦点图和卖点图的优化是一个持续的过程。企业需要不断收集用户反馈和数据，分析用户的行为和需求变化，并根据分析结果进行设计和内容的优化。同时，还需要关注行业动态和竞争对手的表现，及时调整策略以保持竞争优势。

三、任务实施

设计商品焦点图

（一）新建文档

新建文档，宽度为750像素，高度为5000像素，分辨率为72像素/英寸，其他参数为默认值，如图3-3-3所示。

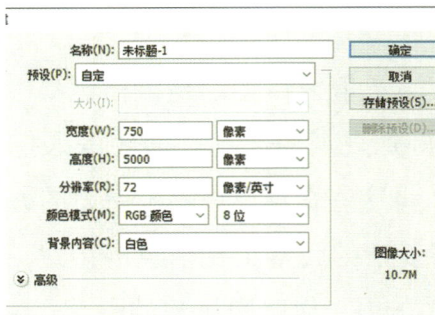

图3-3-3

（二）设计焦点图背景颜色

1. 新建组，将组的名字命名为"焦点图"，设置背景颜色，选择"矩形工具"，如图3-3-4所示，当前填充的矩形颜色RGB值为（158，36，45），如图3-3-5所示。

2. 设置完成后，保存文档，效果如图3-3-6所示。

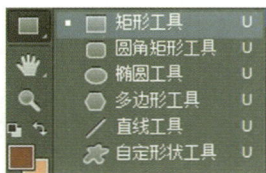 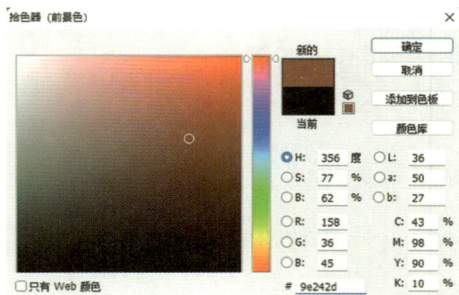 

图3-3-4　　　　　　　　　　　　图3-3-5　　　　　　　　　　　　图3-3-6

（三）设计焦点图背景装饰

1. 输入文案"全新设计""定义国风魅力"，参数设置为：大小"70点"，间距"100"，字体为"微软雅黑"，颜色为白色，RGB值为（255，255，255），如图3-3-7所示，移动到合适位置，效果如图3-3-8所示。

2. 再次输入文案"最美国风系女包"，参数设置为：大小为"30点"，间距为"500"，字体为"幼圆"，颜色为白色，RGB值为（255，255，255），如图3-3-9所示，将位置调整到合适位置，如图3-3-10所示。

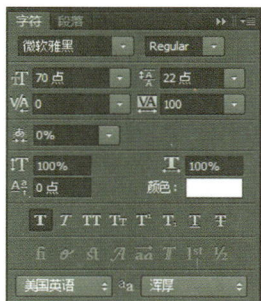 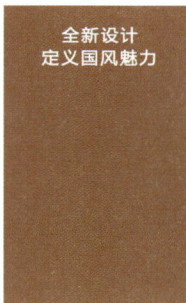 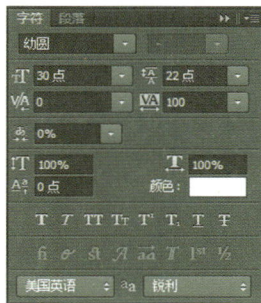 

图3-3-7　　　　　图3-3-8　　　　　图3-3-9　　　　　图3-3-10

3．单击选择"圆角矩形工具"，如图3-3-11所示，将半径设置为"20像素"，绘制一个圆角矩形，将填充色设置为白色，RGB值为（255，255，255），调整到合适位置，如图3-3-12所示。

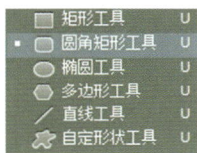 

图3-3-11　　　　　　　　图3-3-12

4．选择"椭圆工具"，如图3-3-13所示，按住【SHIFT】键绘制一个正圆填充为白色，将正圆和圆角矩形图层选中，右键选择链接图层，如图3-3-14所示，移动到合适位置，效果如图3-3-15所示。

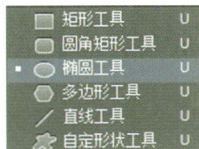  

图3-3-13　　　　　　图3-3-14　　　　　　图3-3-15

5．选择"椭圆工具"，如图3-3-16所示，按住【SHIFT】键绘制一个正圆，设置填充颜色RGB值为（230，143，149），如图3-3-17所示。描边为渐变描边，选择线性渐变，如图3-3-18所示，左侧颜色RGB值为（229，119，127）如图3-3-19所示，设置右侧颜色RGB值为（251，194，198），如图3-3-20所示，调整到合适位置，鼠标右键选择混合选项，参数设置：正片叠底，黑色，不透明度为"75%"，角度为"30"度，使用全局光，距离为"22像素"，大小为"38像素"，如图3-3-21所示，效果如图3-3-22所示。

 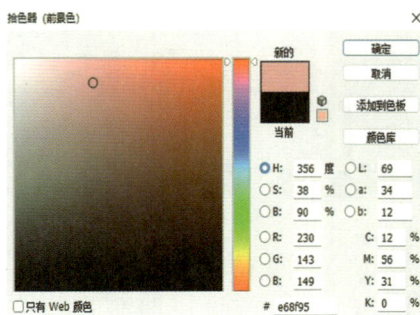 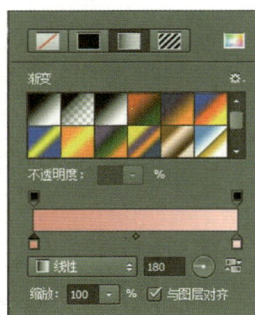

图3-3-16　　　　　　　　图3-3-17　　　　　　　　图3-3-18

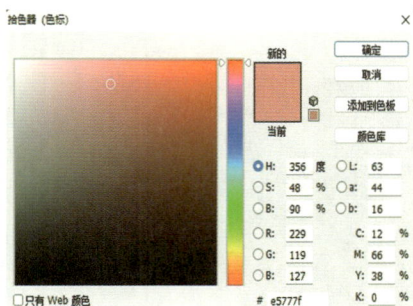 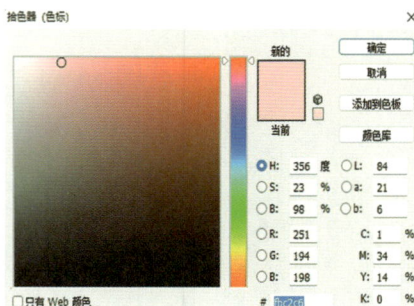

图3-3-19　　　　　　　　　　　　　图3-3-20

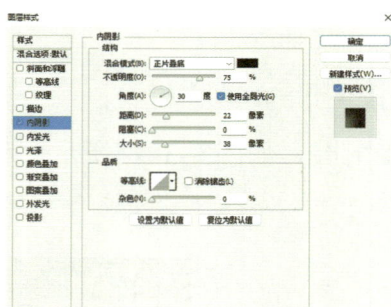 

图3-3-21　　　　　　　　　　　　图3-3-22

6．单击"矩形工具"，如图3-3-23所示，绘制一个矩形，填充颜色RGB值为（230，143，149），如图3-3-24所示，移动到合适位置，效果如图3-3-25所示。

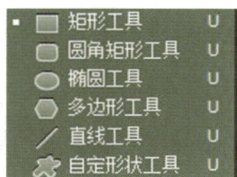 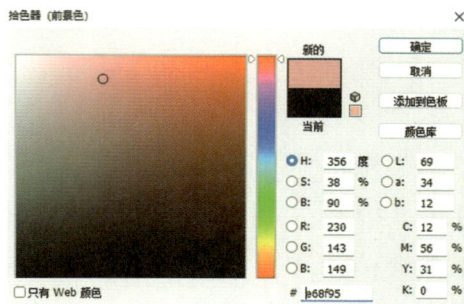 

图3-3-23　　　　　　　　图3-3-24　　　　　　　　图3-3-25

7. 右键复制新建的矩形图层，按【CTRL+T】组合键，将高度设置为"50%"，如图3-3-26所示，将颜色填充改为RGB值为（227，223，221），如图3-3-27所示。建立一条水平参考线，拖动到新建矩形上方的水平位置，按【CTRL+T】组合键，拖动上方的两个角，向内拖动，调整到合适位置，如图3-3-28所示。

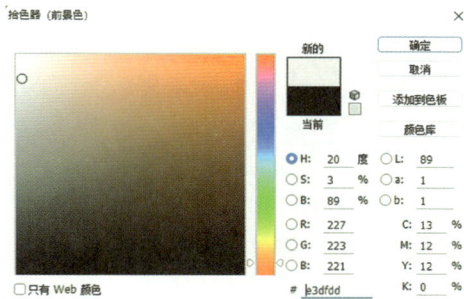

图3-3-26　　　　　　　　　　　图3-3-27　　　　　　　　　　　图3-3-28

（四）绘制焦点图装饰

拖入产品素材，调整到合适位置，效果如图3-3-29所示。

图3-3-29

设计商品卖点图

（一）新建组

新建一个组，命名为"设计师寄语"，选择"圆角矩形工具"，半径为"10像素"，填充颜色RGB值为（158，36，45），如图3-3-30所示，效果如图3-3-31所示。

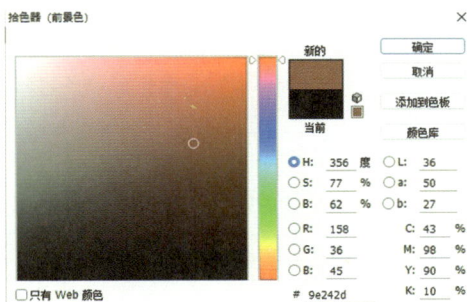

图3-3-30　　　　　　　　　　　　　　图3-3-31

（二）设计卖点图背景颜色

1. 选择"直线工具"，如图3-3-32所示，填充与圆角矩形的颜色一致，粗细为"2像素"，拖动到合适位置，如图3-3-33所示。

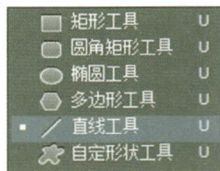

图3-3-32　　　　　　　　　　　　图3-3-33

2. 设置完成后，保存文档，单击选择"自定义工具"，选择图案，如图3-3-34所示，按住【SHIFT】键绘制，设置填充颜色RGB值为（158，36，45），如图3-3-35所示，移动到合适位置，效果如图3-3-36所示。

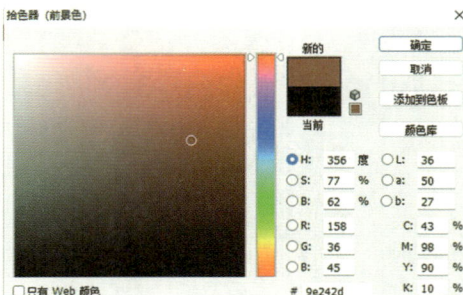

图3-3-34　　　　　　　　　图3-3-35　　　　　　　　　图3-3-36

（三）设计卖点图

1. 输入文案"SHEJISHI"，参数设置为：大小"20点"，间距为"150"，字体为"微软雅黑"，颜色与填充色一致，如图3-3-37所示，调整到合适位置，再次输入文案"设计师寄语"，设置参数为：大小"50点"，间距为"0"，颜色与上方文案一致，调整到合适位置，效果如图3-3-38所示。

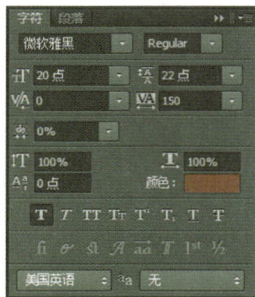

图3-3-37　　　　　　　　　图3-3-38

2. 选择"圆角矩形工具"，绘制一个矩形，填充为同上的红色，如图3-3-39所示。再次单击"矩形工具"，填充为白色，RGB值为（255，255，255），无描边，如

图3-3-40所示。单击右键选择复制，按【CTRL+T】组合键，单击右键选择水平翻转，如图3-3-41所示，调整到合适位置，效果如图3-3-42所示。

图3-3-39　　　　　　　图3-3-40　　　　　　　图3-3-41　　　　　　　图3-3-42

3．将所有素材拖入所对应的矩形，右键单击"创建剪贴蒙版"，如图3-3-43所示，效果如图3-3-44所示。

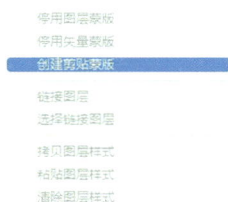

图3-3-43　　　　　　　　　　　　　图3-3-44

4．单击"椭圆工具"，如图3-3-45所示，按住【SHIFT】键绘制一个正圆，填充为之前的红色，描边为白色，拖入素材，右键"创建剪贴蒙版"，如图3-3-46所示，将素材拖入到合适位置，效果如图3-3-47所示。

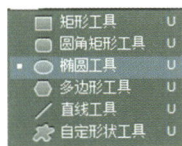
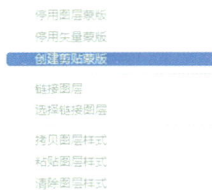

图3-3-45　　　　　　　图3-3-46　　　　　　　图3-3-47

5．绘制一个圆角矩形，描边仍然采用之前的红色，内部填充RGB值为（255，243，235），如图3-3-48所示，调整到合适位置，如图3-3-49所示。

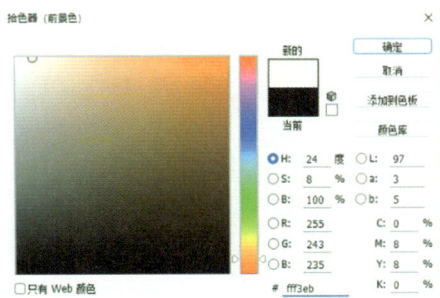

图3-3-48　　　　　　　　　　　　　图3-3-49

6．输入文案"中国风设计，流苏，刺绣等元素彰显国风气质（回车）轻吟一句情话，执笔一幅情画，绽放一地情花，覆盖一片青瓦，共饮一杯清茶，同研一碗青砂"，文案参数设置为：大小"30点"，字体为"幼圆"，行间距为"40点"，如图3-3-50所示，效果如图3-3-51所示。

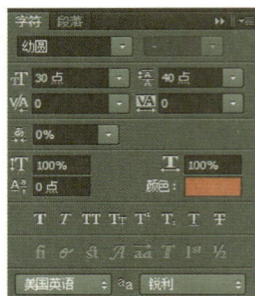
图3-3-50

图3-3-51

四、知识测试

知识测试

五、总结评价

评价表

评价内容	分值	评价标准	得分		
			自评	互评	师评
品牌定位准确	10	优秀：定位精准：9~10分 良好：定位准确：7~8分 合格：完成定位：6分 不合格：定位不合理：0~5分			
设计元素合理 （配色、字体、文案、构图、排版、氛围）	10	优秀：设计美观：9~10分 良好：设计合理：7~8分 合格：完成设计：6分 不合格：设计不合理：0~5分			
模块布局合理	10	优秀：布局美观：9~10分 良好：布局合理：7~8分 合格：完成布局：6分 不合格：布局不合理：0~5分			

续表

评价内容	分值	评价标准	得分		
			自评	互评	师评
商品海报美观	10	优秀：海报美观：9~10分 良好：海报设计合理：7~8分 合格：完成海报设计：6分 不合格：海报设计不合理：0~5分			
基本信息准确	10	优秀：信息准确：9~10分 良好：信息完整：7~8分 合格：重点信息完整：6分 不合格：信息不完整：0~5			
展示细节和卖点	10	优秀：展示有吸引力：9~10分 良好：展示准确：7~8分 合格：展示完整：6分 不合格：展示不完整：0~5			
关联销售	10	优秀：关联性突出：9~10分 良好：关联性强：7~8分 合格：有关联性：6分 不合格：关联性弱：0~5			
主图 设计规范	10	优秀：设计美观：9~10分 良好：设计合理：7~8分 合格：完成设计：6分 不合格：设计不合理：0~5分			
主图 主题突出	10	优秀：主题突出：9~10分 良好：主题明显：7~8分 合格：有主题：6分 不合格：主题缺失：0~5分			
主图 有视觉冲击力	10	优秀：耳目一新：9~10分 良好：吸引兴趣：7~8分 合格：效果一般：6分 不合格：设计不合理：0~5分			
	100				
		得分			
说明：自评、互评、师评的平均分为最终得分					

任务二　设计产品信息图和对比图

微课　设计产品
信息图和对比图

一、任务描述

在电商视觉设计中，详情页中的产品信息图不仅可以吸引顾客眼球，还可以传递商品信息、构建购买欲望的重要桥梁。详情页中的产品对比图是一种高效的信息传达工具，它能够直观地展现产品之间的差异，帮助顾客快速了解并对比产品的特点和优势，提升购物体验，进而作出购买决策。

本任务要求学习者在掌握产品信息图和对比图的设计要点的基础上，设计一款女士手提包的详情页产品信息图和对比图。

任务示例图

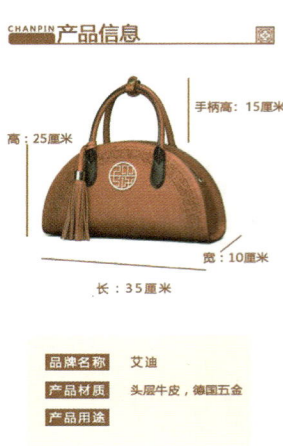

图3-3-52

图3-3-53

导图引领

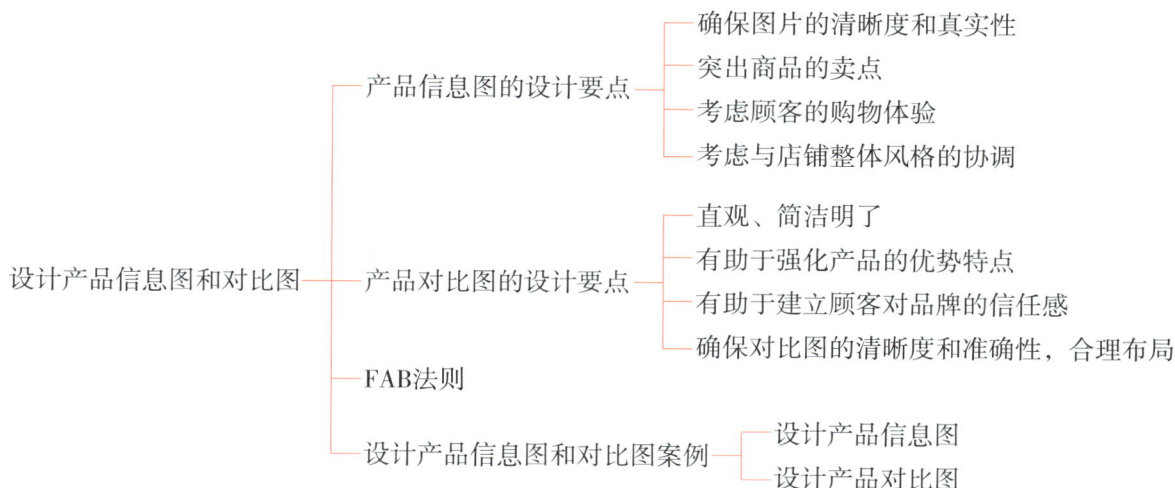

学习目标

1. 了解产品信息图、产品对比图的作用；掌握产品信息图、产品对比图的设计要点。

2. 能够灵活设计产品信息图和产品对比图，充分诠释产品信息，突出产品的特点和优势，打造与众不同的店铺详情页。

3. 遵守各大电商平台的规范和要求，全面客观地展现商品的信息并进行对比，关注消费者的需求和痛点，不断优化和调整，以提高营销效果并吸引更多潜在消费者。

重点

产品信息图、产品对比图的作用和设计技巧。

难点

从消费者的角度出发，设计基于用户需求，具有吸引力的信息图和对比图。

二、知识铺垫

（一）产品信息图的设计要点

产品信息图是顾客了解商品的首要资料。清晰、高质量的产品信息图能够让顾客在短时间内迅速捕捉到商品的关键信息，如颜色、款式、材质等。这些信息对于顾客形成初步购买意向至关重要。在设计时要考虑以下几点。

1. 确保图片的清晰度和真实性，避免过度美化或失真。

2. 突出商品的卖点。通过精心的构图和色彩搭配，将商品的独特之处或优势点进行放大和突出，可以激发顾客的购买欲望。例如，对于一款时尚女装，可以通过模特的穿着展示和搭配建议，突出其时尚感和搭配性；对于一款高科技产品，则可以通过展示其独特的功能和性能参数，强调其科技感和实用性。

3．考虑顾客的购物体验。在设计中，应注重细节和人性化设计，让顾客在浏览过程中感到舒适和愉悦。例如，可以采用简洁明了的文字说明，配合醒目的标签和图标，帮助顾客快速了解商品信息；同时，也可以添加一些互动元素，如放大镜功能让顾客更全面了解商品。

4．考虑与店铺整体风格的协调。一个统一、和谐的店铺风格能够提升顾客的信任感和忠诚度。因此，在设计产品信息图时，应注意与店铺的Logo、色调、字体等元素保持一致性，营造出统一的品牌形象。

（二）产品对比图的设计要点

产品对比图有助于顾客全面了解产品的各项特点，通过在同一幅图中展示多个产品，并突出显示它们之间的差异，顾客可以轻松地比较产品的颜色、尺寸、材质、功能等关键信息。在设计产品对比图时要考虑以下几点：

1．直观、简洁明了。要点突出，减少顾客的浏览时间，提高购物效率。

2．有助于强化产品的优势特点。在设计对比图时，商家可以根据目标顾客的需求和偏好，有针对性地突出产品的优势特点。例如，如果一款产品具有独特的材质或功能，那么可以在对比图中通过放大、高亮等方式进行强调，以吸引顾客的注意力并提升购买欲望。

3．有助于建立顾客对品牌的信任感。通过展示多个产品的对比信息，商家可以展现其产品的多样性和专业性，从而增强顾客对品牌的信任感。同时，如果商家能够提供真实、客观的产品对比信息，还能够提升顾客对产品的满意度和忠诚度。

4．确保对比图的清晰度和准确性，合理布局。可以运用色彩、线条等视觉元素来突出产品的关键信息，提高对比图的吸引力。要确保对比图与整体店铺风格的协调性，以保持品牌形象的统一性和一致性。

（三）FAB法则

FAB法则是一种营销技巧，用于向客户展示产品的特点、优点和利益。它通过特性（feature）、优点（advantage）和利益（benefit）三个方面来介绍产品，以达到说服客户的目的。

FAB法则的组成部分：

特性：描述产品的基本特点和属性，例如，产品的材质、功能等。

优点：说明产品与竞争对手的不同之处，强调其独特优势。

利益：阐述产品如何满足客户的需求，带来实际的好处。

在设计产品信息图和产品对比图时，要充分考虑FAB法则。

> ▶ **行业前沿**
>
> 　　产品信息图和对比图，这两者不仅仅是简单的图片展示，更是集信息可视化、用户体验优化于一体的营销战略手段。产品信息图通过直观、生动的图像，精准传达产品特性与优势，帮助消费者快速理解产品价值。而对比图则巧妙利用差异化展示，突出产品与竞品的优劣之别，有效增强消费者的购买决策信心。
>
> 　　伴随数字化与智能化趋势的发展，店铺产品信息图正逐渐融合AR、VR技术，为消费者提供沉浸式、互动式的购物体验。店铺对比图也开始提供定制化服务，根据消费者的需求和关注点，定制对比项目和指标，帮助消费者更加精准地比较不同产品的优劣。这些趋势不仅提升了产品信息图和对比图的制作水平和展示效果，也为消费者提供了更加便捷、高效、个性化的购物体验。

三、任务实施

（一）设计产品信息图

1. 新建组，命名为"产品信息"，将上一组的素材复制，向下拖动，将文案改为"产品信息"，效果如图3-3-54所示。

CHANPIN 产品信息

图3-3-54

2. 将产品素材导入拖动到合适位置，选择"直线工具"，填充颜色为纯红色，RGB值为（158，36，45），"无描边"，粗细为"4像素"，如图3-3-55所示。

3. 设置完成后，保存文档，围绕着产品的宽度、高度，两侧绘制，左侧和后面的直线需要按住【SHIFT】键绘制，效果如图3-3-56所示。

图3-3-55

图3-3-56

4．输入文字"手柄高：15厘米"，参数设置为：大小"30点"，字体为"微软雅黑"，间距为"0"，颜色为红色，RGB值为（158，36，45），如图3-3-57、图3-3-58所示。将文案移动到合适位置，如图3-3-59所示。

5．复制文字，内容改为"高：25厘米"，参数设置为：大小"30点"，字体为"微软雅黑"，间距为"0"，颜色为红色，RGB值为（158，36，45），将文字移动到合适位置，如图3-3-60所示。

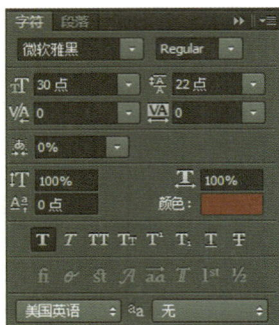

图3-3-57

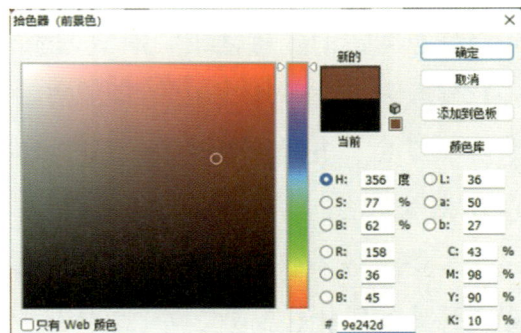

图3-3-58

图3-3-59

图3-3-60

6．复制文字，内容改为"宽：10厘米"，参数设置为：大小"30点"，字体为"微软雅黑"，间距为"0"，颜色为红色，RGB值为（158，36，45），将文案移动到合适位置，如图3-3-61所示。

7．复制文案，内容改为"长：35厘米"，参数设置为：大小"30点"，字体为"微软雅黑"，间距为"0"，颜色为红色，RGB值为（158，36，45），将文案移动到合适位置，如图3-3-62所示。

图3-3-61

图3-2-62

8. 选择"圆角矩形工具"，绘制一个圆角矩形，填充颜色RGB值为（255，243，235），调整到合适位置，效果如图3-3-63所示。

9. 选择"矩形工具"，绘制一个矩形，颜色填充RGB值为（158，36，45），将图层复制两次拖动到合适位置，效果如图3-3-64所示。

图3-3-63

图3-3-64

10. 输入文案，"品牌名称""艾迪"。"品牌名称"的颜色为纯白色，"艾迪"的参数设置为：大小为"30点"，字体为"微软雅黑"，间距为"150"，颜色为红色，RGB值为（158，36，45），如图3-3-65所示，效果如图3-3-66所示。

11. 依次输入文案"产品材质""头层牛皮，德国五金"和"产品用途""产品用途"，参数设置为：大小"30点"，字体为"微软雅黑"，间距为"150"，颜色填充为红色，RGB值为（158，36，45），"产品材质"颜色为白色，"产品用途"颜色为白色，拖动到合适位置，效果如图3-3-67所示。

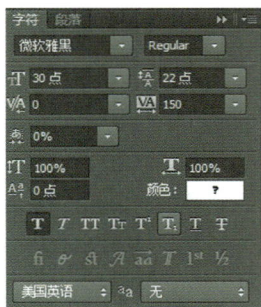
图3-3-65

图3-3-66

图3-3-67

（二）设计产品对比图

1. 新建一个组，将组的名字命名为"产品对比"，将上一组的素材右键复制，向下拖动，将文案改为"产品对比"，效果如图3-3-68所示。

2. 将产品素材导入拖动到合适位置，将产品素材复制移动到右侧，将新复制的图层命名为"其他品牌"，选中名为其他品牌的素材，单击右键选择"栅格化图层"，按【CTRL+T】组合键，单击右键选择变形，如图3-3-69所示，变形产品后，效果如图3-3-70所示。

图3-3-68   图3-3-69   图3-3-70

3. 设置完成后，保存文档，选择"其他品牌"图层的产品效果，右键单击"混合模式"，设置参数缩放为40%，更换材质，如图3-3-71所示，效果如图3-3-72所示。

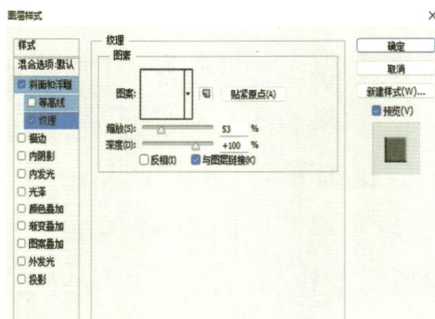

图3-3-71   图3-3-72

4. 将上一组的文案复制拖动到合适位置，将内容改为"艾迪女包"，"其他品牌"，效果如图3-3-73所示。

5. 将下方复制部分进行调整，按住【SHIFT】键向上拖动到合适位置，选中复制过来的三个矩形，右键复制，按住【SHIFT】键拖动到合适位置，效果如图3-3-74所示。

图3-3-73   图3-3-74

6. 输入文案，将原有文案依次改为"设计师款""用料考究""标新立异"，选择"自定形状工具"，如图3-3-75所示，找到"对号"，如图3-3-76所示，选择绘制并按住【SHIFT】键绘制，然后拖动到合适位置，效果如图3-3-77所示。

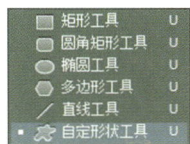

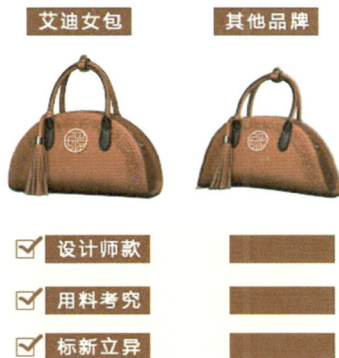

图3-3-75　　　　　　　图3-3-76　　　　　　　图3-3-77

7. 将左侧文案复制拖动到右侧，如图3-3-78所示。

8. 选择"自定形状工具"，如图3-3-79所示。找到"叉号"，如图3-3-80所示，按住【SHIFT】键绘制，并拖动到合适位置，效果如图3-3-81所示。

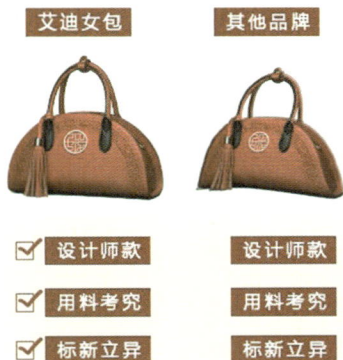

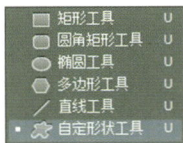

图3-3-78　　　　　图3-3-79　　　　图3-3-80　　　　　图3-3-81

四、任务延伸

设计产品展示图

五、知识测试

知识测试

六、总结评价

评价表

评价内容	分值	评价标准	得分		
			自评	互评	师评
品牌定位准确	10	优秀：定位精准：9～10分 良好：定位准确：7～8分 合格：完成定位：6分 不合格：定位不合理：0～5分			
设计元素合理 （配色、字体、文案、构图、排版、氛围）	10	优秀：设计美观：9～10分 良好：设计合理：7～8分 合格：完成设计：6分 不合格：设计不合理：0～5分			
模块布局合理	10	优秀：布局美观：9～10分 良好：布局合理：7～8分 合格：完成布局：6分 不合格：布局不合理：0～5分			
商品海报美观	10	优秀：海报美观：9～10分 良好：海报设计合理：7～8分 合格：完成海报设计：6分 不合格：海报设计不合理：0～5分			
基本信息准确	10	优秀：信息准确：9～10分 良好：信息完整：7～8分 合格：重点信息完整：6分 不合格：信息不完整：0～5分			
展示细节和卖点	10	优秀：展示有吸引力：9～10分 良好：展示准确：7～8分 合格：展示完整：6分 不合格：展示不完整：0～5分			

续表

评价内容	分值	评价标准	得分		
			自评	互评	师评
关联销售	10	优秀：关联性突出：9~10分 良好：关联性强：7~8分 合格：有关联性：6分 不合格：关联性弱：0~5分			
主图 设计规范	10	优秀：设计美观：9~10分 良好：设计合理：7~8分 合格：完成设计：6分 不合格：设计不合理：0~5分			
主图 主题突出	10	优秀：主题突出：9~10分 良好：主题明显：7~8分 合格：有主题：6分 不合格：主题缺失：0~5分			
主图 有视觉冲击力	10	优秀：耳目一新：9~10分 良好：吸引兴趣：7~8分 合格：效果一般：6分 不合格：设计不合理：0~5分			
	100				
		得分			
说明：自评、互评、师评的平均分为最终得分					

任务三　设计售后图、企业文化图

一、任务描述

在电商视觉设计中，产品详情页是吸引和转化顾客的关键环节。其中，产品售后图不仅展示了品牌对顾客服务的重视，还增强了顾客的购买信心。优质的售后服务是吸引和留住顾客的重要因素。产品售后图作为展示售后服务的直观方式，能够让顾客在购买前就感受到品牌的关怀和保障。通过售后图，顾客可以清楚地了解产品的退换货政策、保修期限、客服联系方式等关键信息，从而消除购买疑虑，提高购买意愿。

企业文化图不仅能够展现品牌独特的魅力和价值观，还能增强顾客对品牌的信任感和归属感。企业文化图是企业文化和价值观的视觉化呈现，它能够直观地展现品牌的历

微课 设计售后、
企业文化图

史、使命、愿景和核心价值观。在产品详情页中加入企业文化图，可以让顾客更深入地了解品牌背后的故事，从而建立更深层次的情感联系。这种联系能够增强顾客的购买信心，提高顾客对品牌的忠诚度，提升品牌的口碑。

本任务要求学习者在掌握产品包装图、售后图及企业文化图的内容和设计技巧的基础上，设计一组产品详情页中的售后图及企业文化图。

任务示例图

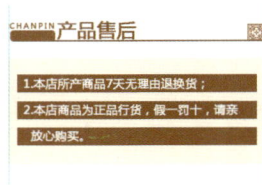

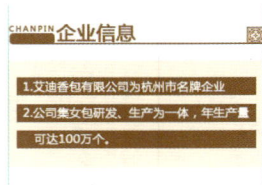

图3-3-82　　　　　　　　　　　　　图3-3-83

导图引领

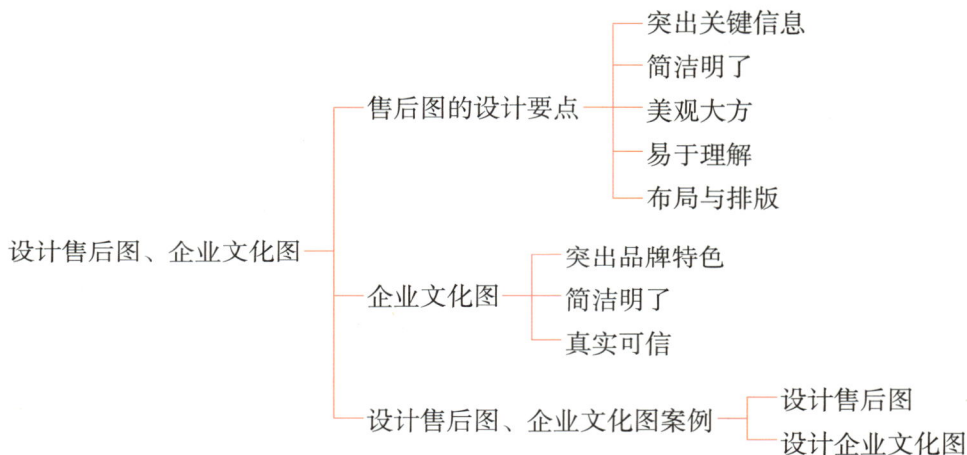

学习目标

1．了解产品售后、企业文化图的作用；掌握产品售后、企业文化图的设计要点。

2．能够灵活、创意设计产品售后图和企业文化图，展示企业良好的售后服务优势和品牌的独特魅力，增强顾客的购买信心，提高转化率。

3．通过本任务的设计实施，关注消费者售后服务需求，树立品牌意识，搭建企业与顾客之间沟通的桥梁，展示企业良好的文化形象。

重点

产品售后图和企业文化图的作用、设计方法和技巧。

难点

创意设计产品售后图和企业文化图，展示企业良好的售后服务和品牌文化。

二、知识铺垫

（一）售后图的设计要点

通过精心设计和布局，售后图不仅能够展示品牌的售后服务优势，还能够增强顾客的购买信心，提高转化率。因此，应充分重视售后图的设计工作，不断优化和完善设计方案，以满足市场和顾客的需求。在设计时要考虑以下几点：

1. 突出关键信息：售后图应突出展示退换货政策、保修期限、客服联系方式等关键信息，确保顾客能够一目了然地获取所需信息。

2. 简洁明了：设计时要注重简洁明了，避免过多的文字和复杂的图案，以免给顾客带来阅读困难。

3. 美观大方：售后图应具有良好的视觉效果，采用与品牌风格相符的配色和字体，提升品牌形象。

4. 易于理解：对于某些专业术语或复杂政策，可以采用图解或示例的方式进行说明，帮助顾客更好地理解。

5. 布局与排版：售后图应遵循清晰、有序的原则。可以将关键信息放在显眼的位置，如页面顶部或中间部分，以便顾客快速找到。同时，可以通过适当的空白和分隔线来划分不同的信息区域，提高阅读体验。

（二）企业文化图的设计要点

通过精心设计和布局，企业文化图不仅能够展现品牌的独特魅力和价值观，还能增强顾客对品牌的信任感和归属感。因此，应充分重视企业文化图的设计工作，不断优化和完善设计方案，以满足市场和顾客的需求。在设计时要考虑以下几点：

1. 突出品牌特色：企业文化图应突出品牌的独特性和核心价值，让顾客一眼就能感受到品牌的魅力。

2. 简洁明了：设计时要注重简洁明了，避免过多的文字和复杂的图案，以免给顾客带来阅读困难。同时，要保持图形的清晰度和辨识度。

3. 真实可信：企业文化图的内容要真实可信，不得夸大其词或虚假宣传，这能增强顾客对品牌的信任感。

▶ **行业前沿**

售后图和企业文化图能够建立消费者对品牌的信任，提高客户满意度，为企业的长远发展奠定坚实基础。它不仅能够激发顾客对品牌的信赖，提升产品转化率，还能够塑造企业的品牌形象，增强企业的核心竞争力。

三、任务实施

（一）设计产品售后图

1. 新建组，组名为"物流信息"，选择"圆角矩形工具"，半径设置为"20像素"，填充色RGB值为（158，36，41），绘制圆角矩形，并调整圆角矩形图层的"不透明度"为"50%"。导入素材图片，放置在圆角矩形上方，鼠标右键单击图片，选择"创建剪贴蒙版"，效果如图3-3-84所示。

图3-3-84

2. 输入文字"企业相关信息"，设置参数，如图3-3-85所示，大小为"50点"，字体为"微软雅黑"，间距为"150点"，颜色为白色，效果如图3-3-86所示。

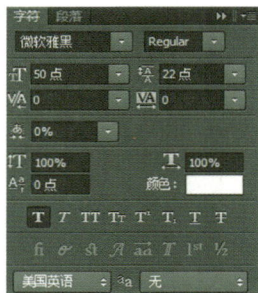

图3-3-85

图3-3-86

3. 新建组，命名为"物流信息"，用相同的方法，将上一章节的素材复制，移动到合适位置，将文字改为"物流信息"，如图3-3-87所示。

4. 选择"矩形工具"，绘制矩形，填充颜色RGB值为（255，243，235），效果如图3-3-88所示。

5. 选择"矩形工具"，填充颜色RGB值为（158，36，41），将矩形图层复制两遍，调整到合适位置，效果如图3-3-89所示。

图3-3-87

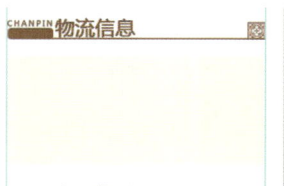

图3-3-88

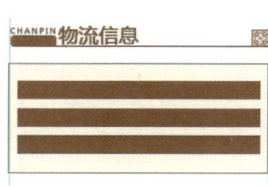

图3-3-89

6．输入文案"1．本店所有产品包邮（偏远地区不包邮）2．本店默认快递为××快递，如需指定快递，请联系客服"。参数设置：大小为"30点"，字体为"微软雅黑"，间距为"0点"，颜色为白色，如图3-3-90所示，效果如图3-3-91所示。

7．新建组，命名为"产品售后"，将上一组的所有素材复制，移动到合适位置，将上方文案改为"产品售后"，将内容文案改为"1．本店所有商品7天无理由退换货；2．本店商品为正品行货，假一罚十，请亲放心购买。"参数同上，效果如图3-3-92所示。

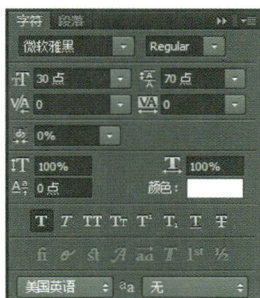
图3-3-90

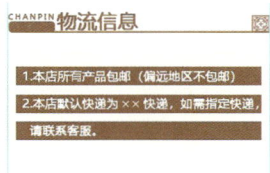
图3-3-91

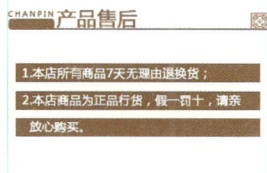
图3-3-92

（二）设计企业文化图

1．新建组，命名为"企业信息"，将上一组所有素材复制，移动到合适位置，将上方文案改为"企业信息"，将内容文案改为"1．艾迪香包有限公司为杭州市名牌企业；2．公司集女包研发、生产为一体，年生产量可达100万个。"参数同上，效果如图3-3-93所示。

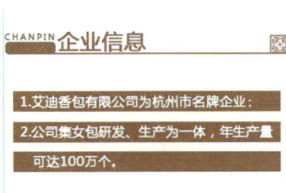
图3-3-93

四、知识测试

知识测试

五、总结评价

评价表

评价内容	分值	评价标准	得分		
			自评	互评	师评
品牌定位准确	10	优秀：定位精准：9~10分 良好：定位准确：7~8分 合格：完成定位：6分 不合格：定位不合理：0~5分			
设计元素合理 （配色、字体、文案、 构图、排版、氛围）	10	优秀：设计美观：9~10分 良好：设计合理：7~8分 合格：完成设计：6分 不合格：设计不合理：0~5分			
模块布局合理	10	优秀：布局美观：9~10分 良好：布局合理：7~8分 合格：完成布局：6分 不合格：布局不合理：0~5分			
商品海报美观	10	优秀：海报美观：9~10分 良好：海报设计合理：7~8分 合格：完成海报设计：6分 不合格：海报设计不合理：0~5分			
基本信息准确	10	优秀：信息准确：9~10分 良好：信息完整：7~8分 合格：重点信息完整：6分 不合格：信息不完整：0~5分			
展示细节和卖点	10	优秀：展示有吸引力：9~10分 良好：展示准确：7~8分 合格：展示完整：6分 不合格：展示不完整：0~5分			
关联销售	10	优秀：关联性突出：9~10分 良好：关联性强：7~8分 合格：有关联性：6分 不合格：关联性弱：0~5分			
主图 设计规范	10	优秀：设计美观：9~10分 良好：设计合理：7~8分 合格：完成设计：6分 不合格：设计不合理：0~5分			

续表

评价内容	分值	评价标准	得分		
			自评	互评	师评
主图 主题突出	10	优秀：主题突出：9～10分 良好：主题明显：7～8分 合格：有主题：6分 不合格：主题缺失：0～5分			
主图 有视觉冲击力	10	优秀：耳目一新：9～10分 良好：吸引兴趣：7～8分 合格：效果一般：6分 不合格：设计不合理：0～5分			
	100				
		得分			
说明：自评、互评、师评的平均分为最终得分					